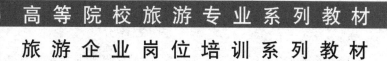

高等院校旅游专业系列教材

旅游企业岗位培训系列教材

旅游电子商务

（第2版）

赵立群　贾　静　主　编

叶一粟　刘芊池　副主编

U0361881

清华大学出版社

北京

内 容 简 介

本书根据旅游电子商务操作规程、结合旅游企业实际应用,具体介绍:旅游电子商务体系结构、信息技术、电子商务安全、网络营销、支付结算、管理方法和工具、旅行社电子商务、旅游中间商电子商务、酒店电子商务、航空公司机票业务电子商务等旅游电子商务基本知识,并通过指导学生实训、强化应用技能培养。

本书具有知识系统、重点突出、注重创新、强调结合行业和企业应用等特点,因而本书既可作为普通高等院校本科旅游管理专业的首选教材,同时兼顾高职高专、成人高等教育,也可以作为旅游企业信息化从业者的培训教材,并为社会广大中小微旅游电子商务企业创业者提供学习指导。

图书在版编目(CIP)数据

旅游电子商务/赵立群,贾静主编. —2 版. —北京:清华大学出版社,2018(2022.1重印)
(高等院校旅游专业系列教材 旅游企业岗位培训系列教材)
ISBN 978-7-302-50976-9

Ⅰ. ①旅… Ⅱ. ①赵… ②贾… Ⅲ. ①旅游业—电子商务—高等学校—教材 Ⅳ. ①F590.6-39

中国版本图书馆 CIP 数据核字(2018)第 185349 号

责任编辑:陆浥晨
封面设计:常雪影
责任校对:宋玉莲
责任印制:杨 艳

出版发行:清华大学出版社
    网　　　址:http://www.tup.com.cn,http://www.wqbook.com
    地　　　址:北京清华大学学研大厦 A 座　　　　邮　　编:100084
    社 总 机:010-62770175　　　　　　　　　　邮　　购:010-62786544
    投稿与读者服务:010-62776969,c-service@tup.tsinghua.edu.cn
    质量反馈:010-62772015,zhiliang@tup.tsinghua.edu.cn
    课件下载:http://www.tup.com.cn,010-83470332
印 装 者:北京鑫海金澳胶印有限公司
经　　销:全国新华书店
开　　本:185mm×260mm　　　印　张:16.25　　　字　数:387 千字
版　　次:2013 年 6 月第 1 版　2018 年 9 月第 2 版　　印　次:2022 年 1 月第 8 次印刷
定　　价:49.00 元

产品编号:077439-01

旅游系列教材编审委员会

序　言

随着我国改革开放进程加快和国民经济的高速发展,随着交通和通信技术的不断进步,随着旅游景区维护、旅游文化挖掘,以及宾馆酒店设施设备的不断完善提高,随着居民收入和闲暇时间的增多,旅游正日益成为现代社会人们主要的生活方式和社会经济活动;大众化旅游时代已经到来,旅游业也以其强劲发展势头成为全球经济中最具活力的绿色朝阳产业。旅游作为现代服务文化创意型产业的核心支柱,在国际交往、商务活动、文化交流、拉动内需、解决就业、促进经济发展、丰富社会生活、构建和谐社会、弘扬中华文化等方面发挥着越来越大的作用,因而成为我国服务经济的重要产业。

2016 年 1—6 月,我国旅游市场规模稳步扩大,继续领跑宏观经济:国内旅游 22.36 亿人次,比上年同期增长 10.47%;入出境旅游 1.27 亿人次,增长 4.1%。目前我国是全球第四大入境旅游接待国和亚洲最大的出境旅游客源国,旅游业对 GDP(国内生产总值)综合贡献、占 GDP 总量的 10%左右,旅游直接和间接就业 8 000 万人,占全国就业总人口的 10%以上。

2016 年 12 月,国务院印发了《“十三五”旅游业发展规划》,确定了“十三五”时期旅游业发展的总体思路、基本目标、主要任务和保障措施,是未来 5 年我国旅游业发展的行动纲领和基本遵循,为我国的旅游业发展指明了方向。

规划指出“十三五”期间我国旅游业发展要实现四大目标:一是旅游经济稳步增长,城乡居民出游人数年均增长 10%左右,旅游总收入年均增长 11%以上,旅游直接投资年均增长 14%以上,到 2020 年旅游市场总规模达到 67 亿人次,旅游投资总额 2 万亿元,旅游业总收入达到 7 万亿元。二是综合效益显著提升,旅游业对国民经济的综合贡献度达到 12%以上。三是人民群众更加满意,旅游交通更为便捷,旅游公共服务更加健全,带薪休假制度加快落实,市场秩序显著好转,文明旅游蔚然成风,旅游环境更加优美,厕所革命取得显著成效。四是国际影响力大幅提升,入境旅游持续增长,出境旅游健康发展,与旅游业发达国家的差距明显缩小。

当前随着全球旅游业的快速发展,旅游观念、产品、营销方式、运营方式及管理手段等都在发生着巨大的变化,面对国际旅游业激烈的市场竞争,旅游行业的在职从业员工急需更新观念、提高服务技能、提升业务与道德素质,旅游行业和企业也在呼唤“有知识、懂管理、会操作、能执行”的专业实用型人才;加强旅游经营管理模式的创新、加速旅游经营管理专业技能型人才培养已成为当前亟待解决的问题。

针对我国高等教育“旅游管理”专业知识老化、教材陈旧、重理论轻实践、缺乏实际操作技能训练等问题,为适应社会就业发展急需、为满足日益增长的旅游市场需求,我们组织多年从事旅游教学实践的国内知名专家教授及旅游企业经理精心编撰了此套教材,旨在迅速提高大学生和旅游从业者专业素质,更好地服务于我国旅游事业。本套系列教材根据高等教育旅游管理专业教学大纲和课程设置,包括《旅游电子商务》《旅游英语》《旅游职业道德与法规》等教材。

本套书作为应用型大学旅游管理专业的特色教材,融入了旅游管理的最新教学理念、坚持科学发展观,力求严谨、注重与时俱进,在吸收国内外旅游界权威专家学者最新科研成果的基础上,依照旅游活动的基本过程和规律,全面贯彻国家新近颁布实施的旅游法律法规和旅游业管理规定,按照旅游企业用人需求模式,结合解决学生就业、注重校企结合、贴近行业企业业务实际,强化理论与实践的紧密结合,注重管理方法、管理能力、实践技能与岗位应用的培养训练,采取通过实证案例解析与知识讲解的写法,严守统一的创新型格式化体例设计,并注重教学内容和教材结构的创新。

本次旅游管理专业系列教材的出版,对帮助学生尽快熟悉旅游操作规程与业务管理,以及毕业后顺利走上社会就业具有特殊意义。

牟惟仲

第 2 版 前 言

根据国家发布的统计公报,2016 年 1—6 月,我国旅游市场规模稳步扩大,继续领跑宏观经济:国内旅游 22.36 亿人次,比上年同期增长 10.47%;入出境旅游 1.27 亿人次,增长 4.1%;其中,外国人在华花费 310 亿美元,增长 6.9%。

旅游作为文化创意产业的核心支柱,在国际交往、文化交流、拉动内需、解决就业、丰富社会生活、促进经济发展、构建和谐社会、弘扬中华文化等方面发挥着巨大作用。旅游已成为我国服务经济发展的重要产业,在我国经济发展中占有极其重要的位置。

2016 年 12 月 26 日,国务院印发了《"十三五"旅游业发展规划》,确定了"十三五"时期旅游业发展的总体思路、基本目标、主要任务和保障措施,是未来 5 年我国旅游业发展的行动纲领和基本遵循,这也是党中央和中国政府的伟大战略决策。

电子商务作为现代科技进步和经济发展催生出的新型生产力,改变了企业的商务运作模式,也在彻底地改造着传统旅游业,并在现代旅游业发展进程中发挥重要作用。传统旅游企业通过旅游电子商务突破了传统经营模式与手段,开拓旅游市场、探索新的旅游业务模式、寻求旅游行业新的利润增长点,形成了规模化、产业化、标准化的旅游发展新格局,以此适应游客个性化需求,并获得旅游企业的可持续快速发展。

2016 年 12 月,《国家旅游局办公厅关于印发〈"十三五"全国旅游信息化规划〉的通知》,对促进旅游信息化和旅游电子商务应用提出了新的要求。目前面对国际旅游业激烈的市场竞争,加强旅游业经营管理模式的创新、加速旅游电子商务从业者科技培训、强化旅游职业岗位服务技能人才培养已成为当前亟待解决的问题。为满足日益增长的旅游市场需求,为了培养社会急需的旅游电子商务应用型、实用型、操作技能型人才,我们组织多年从事旅游电子商务教学和实践活动的专家教授精心编撰了此教材,旨在迅速提高学生和旅游服务人员的专业技术素质,更好地服务于我国旅游事业。

本教材自 2013 年出版以来,因写作质量高、突出学用结合,深受全国各类高校广大师生的欢迎,目前已经多次重印;此次再版,作者审慎地对原教材进行了压缩篇幅、更新案例、补充新知识等相应修改,以使其更好地为国家旅游经济服务。

本教材作为普通高等教育旅游管理专业的特色教材,坚持科学发展观,严格按照教育部"加强职业教育、突出实践技能培养"的要求,针对旅游电子商务教学要求和职业能力培养目标,既注重旅游电子商务应用的规范化、又突出旅游电子商务知识技能的创新运用;本书的出版对帮助学生提高业务技术素质,尽快掌握旅游电子商务操作规程,走上社会顺利就业具有特殊意义。

旅游电子商务既是旅游管理专业的核心主干课,也是一门信息技术应用课程,还是旅游服务从业就业者所必须掌握的关键知识技能。全书共 11 章、以学习者应用能力培养为主线,根据旅游企业电子商务活动的基本工作流程和操作规程,具体介绍:旅游电子商务体系结构、信息技术、电子商务安全、网络营销、支付结算、管理方法和工具、旅行社电子商务、旅游中间商电子商务、酒店电子商务、航空公司机票业务电子商务等旅游电子商务基本知识,并通过指导学生实训,强化应用技能培养,提高就业能力。

　　由于本教材融入旅游电子商务最新实践教学理念、力求严谨、注重与时俱进,具有知识系统、重点突出、注重创新、强调结合行业和企业应用等特点,因此本书既可作为普通高等院校本科旅游管理专业的首选教材,同时兼顾高职高专、成人高等教育,也可用于旅游信息化从业者培训,并为广大中小微旅游电子商务企业创业者提供学习指导。

　　本教材由李大军筹划并具体组织,赵立群和贾静主编、赵立群统改稿,叶一粟、刘芊池为副主编,由我国旅游电子商务专家吴霞教授审定。作者编写分工:牟惟仲(序言),唐宏维(第一章),赵立群(第二章、第四章),贾静(第三章、第九章),刘芊池(第五章、第六章),叶一粟(第七章、第八章),赵宝生(第十章),陈杨(第十一章),范晓莹(附录);华燕萍(文字修改、版式调整),李晓新(制作课件)。

　　在教材再版过程中,我们参阅了国内外大量旅游电子商务的最新书刊资料、企业案例、网络信息,以及国家新颁布实施的旅游法律和管理规章制度,并得到中国旅游协会有关专家教授的具体指导,在此一并致谢。为配合各高校教学,我们提供配套电子课件,读者可从清华大学出版社网站(www.tup.com.cn)免费下载使用。因作者水平有限,书中难免存在疏漏和不足,恳请专家和读者批评指正。

编　者

目　　录

第一章
旅游电子商务概论

【本章内容】

本章从多个角度对旅游电子商务进行了研究,涉及旅游电子商务定义、运作模式与经营模式、现状与发展过程,最后研究了旅游电子商务存在的问题及发展策略。通过本章的学习希望读者对旅游电子商务有一个全面的理解与掌握,并为后续的学习打下一个良好的基础。

【本章重点】

旅游电子商务的定义、运作经营模式,旅游电子商务网站的分类及其特点;

旅游电子商务存在的问题及发展对策。

引导案例

中国旅游研究院发布了《2015年中国旅游业统计公报》,报告显示,2015年中国旅游电子商务(基于互联网平台的在线旅游业交易)市场规模达到5 402.9亿元人民币,占整体旅游收入34 195.1亿元人民币的15.8%。公众对旅游电子商务企业品牌认知度的排名中,携程、途牛、去哪儿网居于前三位。

报告认为,我国旅游电子商务发展呈现三大特征:一是产品和价格信息最受关注。居民出游前最希望获取的信息主要是旅游核心产品及价格信息,包括旅游目的地与旅游线路、景区、住宿与交通价格信息,其次是食住行游购娱等旅游关联产业信息和服务质量情况。二是散客化趋势更加明显。三是网络成为信息收集主渠道。互联网和亲朋好友对旅游目的地的评价,成为居民出游前了解相关信息的重要渠道。

报告显示,随着互联网环境日趋优化、消费者在线消费习惯的养成,曾经在中国旅游电子商务交易中占据重要地位的呼叫中心(call center)业务比率呈现持续下降的趋势,在艺龙、同程等OTA(在线旅行社)的刻意引导之下,呼叫中心用户稳定向在线预订转移,此举对于削减旅游电子商务企业成本具有重大意义,也为将来竞争格局的转换埋下了伏笔。

调查显示,游客使用最多的三项旅游网站服务分别是:网上订机票(61.0%)、网上订酒店(45.5%)和查找旅游资讯(44.6%),如图1-1所示。此外,2015年旅游领域的网络营销有两个主要的动向:微博和团购,其中微博增长率高达208%。团购也成为现在旅游消费的主要渠道。

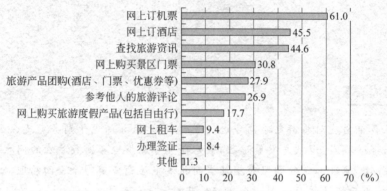

图1-1 旅游网站服务分类

 引言

旅游业与信息产业同是当今世界最大、最有发展潜力的两大产业。旅游电子商务正是这两大产业相结合的产物。它的异军突起标志着一种新兴商务模式的产生。旅游业是信息密集型和信息依托型产业,它与电子商务的天然适应性,使得旅游电子商务走在产业电子商务应用的前沿。国外的旅游电子商务历经萌芽、发展,正处于繁荣阶段,而我国旅游电子商务的发展落后于西方发达国家,正在积极探索的过程中成长。

本章将介绍旅游电子商务概念及我国旅游电子商务的现状与发展过程。

第一节　旅游电子商务概念

一、旅游电子商务的定义

进入21世纪以来,随着中国社会经济的飞跃发展,人民生活水平显著提高,旅游业迅速发展起来并保持着持续发展的活力。2015年,中国接待入境过夜游客5 688.57万人次成为世界第四大入境旅游接待国,同时出境旅游1.2亿人次成为第四大出境旅游客源国。

2015年全年,中国国内旅游人数突破40亿人次,同比增长10.5%;国内旅游收入3.42万亿元人民币,增长13%;入境旅游人数13 382万人次,增长4.1%;入境过夜人数5 688万人次,增长2.3%;旅游外汇收入1 136.5亿美元,增长7.8%。2015年全年实现旅游总收入 4.13 万亿元,同比增长 11%。

在科技迅速发展的今天,以互联网、通信技术为核心的信息技术正在引起整个旅游业的一场革命,改变着旅游业的管理经营和运营模式,促进旅游业飞速发展成为当今世界旅游商务活动的主要推动力。截至 2015 年 12 月底,中国网民总数达到 6.88 亿人,年度增长率为 6.1%。中国互联网的普及率达到 50.3%。网上消费市场商机无限。在这种背景下,旅游、电子商务的迅速融合将不可避免,并创造出难以估量的价值,网络旅游将推动 IT 领域内互联网电子商务的迅速发展,也将为旅游业界带来新的生机。

旅游电子商务可以把众多的旅游供应商、旅游中介、旅游者紧密联系在一起。通过旅游网站,消费者能迅速得到比具体旅游服务更为重要的各种旅游信息。景区、旅行社、旅游饭店及旅游相关行业,可借助同一网站招徕更多的顾客,将原来市场分散的利润点集中起来,提高了资源的利用效率。同时激烈的市场竞争要求旅游企业扩大规模、降低成本、提高收益,可是传统方式的扩张带来的将是庞大的机构,管理问题层出不穷,经营成本居高不下。旅游电子商务的出现则是新时代旅游业的新机会,不仅可以提高效率,降低成本,寻求新的利润增长点,而且可以增强企业竞争力,保持企业持续高速增长。

旅游电子商务的概念始于 20 世纪 90 年代,最初是瑞佛·卡兰克塔(Ravi Kalakota)提出的,由约翰·海格尔(John Hagel)进一步发展。

目前,国际上沿用较广的是世界旅游组织对旅游电子商务的定义,"旅游电子商务就是通过先进的信息技术手段改进旅游机构内部和对外的连通性,即改进旅游企业之间、旅游企业与上游供应商之间、旅游企业与旅游者之间的交流与交易,改进旅游企业内部流程,增进知识共享"。这一定义概括了旅游电子商务的应用领域,侧重的是对其功效的描述,但并未凸显旅游电子商务自身的特征。

对于旅游电子商务的定义,应从以下两个方面着手。

(一)旅游电子商务的本质属性

无论是早期的电子数据交换(EDI),还是新兴的移动网络、多媒体终端等技术,它们都是旅游电子商务所凭借的技术手段,最终的目的是服务于旅游商务活动。简言之,电子是手段,商务是核心。

(二)旅游电子商务类型

从应用类型和环境来看,旅游电子商务分为三个层次。

(1)面向市场,以市场活动为中心,包括:促成旅游交易实现的电子贸易活动——网上发布旅游信息、网上公关促销、旅游市场调研。实现旅游交易的电子贸易活动——网上旅游企业洽谈、售前咨询、网上旅游交易、网上支付、售后服务。

(2)利用网络重组和整合旅游企业内部的经营管理活动,实现旅游企业内部电子商务,主要是旅游企业建设内部网,使得内部管理信息化。

(3)外部环境的支持,包括旅游电子商务的通行规范、旅游行业管理机构对电子商务活动的引导、协调和管理,旅游电子商务的支付与安全环境。

综上所述,杨路明、巫宁给出的定义较为科学:旅游电子商务是指通过先进的网络信息技术手段实现旅游商务活动各环节的电子化,包括通过网络发布、交流旅游基本信息和商务信息,以电子手段进行旅游宣传营销、开展旅游售前售后服务,通过网络查询、预订旅游产品并进行支付,也包括旅游企业内部流程的电子化及管理信息系统应用等。

二、旅游电子商务的影响

（一）改变旅游业传统经营模式

旅游电子商务从根本上改变了传统旅游业的经营模式。电子商务在旅游业的应用和普及,使旅游者可直接通过网络进行旅游活动的信息查询、线路安排、票务酒店预订等,足不出户即可获得关于旅游地的详细资料。可见,传统旅行社帮助游客设计线路、安排交通等职能在旅游电子商务中已非必需之物,旅行社将面临迷失于网络旅游营销中的困境,未来旅行社必将转化角色,由代表供应商利益向代表消费者利益转变。

（二）改变旅游消费结构和方式

旅游电子商务可以增强旅游企业之间的信息沟通和业务联系,旅行社直接面对旅游目的地企业和客源地的消费者,更有针对性地提供个性化、人性化服务,从而提高服务水平和效率,变被动营销为主动营销。

（三）改变旅游市场格局

旅游电子商务使传统旅游市场格局发生了巨大的变化,它打破了地区垄断,扩大了旅游消费者的选择范围,开拓了新的旅游客源市场。市场格局的变化,也使旅游业面临新的竞争,一方面市场准入门槛低了,市场范围大了,竞争的层次和深度必然加大;另一方面市场的开放性加强,要求合作的程度更高。因此,旅游电子商务将引发竞争中的合作与合作中的竞争,从而将传统旅游市场导入以网络为核心的旅游电子商务领域。

（四）方便旅行者安排旅游活动

近几年,旅游电子商务蓬勃发展,人们开始逐渐了解并使用电子商务来计划自己的旅行。旅游的几大要素:吃住行,游购娱,电子商务网站包办一切。以携程网为例,从机票的预订到酒店的预订,还有度假预订、商旅管理、特惠商户以及旅游资讯的全方位旅行服务。旅行者选择其是因为已经认识到它的可靠性,更为方便简洁,更为重要的是能够有很大的折扣。携程网可以为旅行者处理很多烦琐的前期准备,旅行者能够愉悦地去旅行。

根据国家旅游局对外发布的十一黄金周旅游市场消费特点分析,旅游市场的散客化趋势日趋明显,消费者对假日旅游的需求趋于个性化和多样化,自由行、自驾游、动车游等旅游方式持续升温,在线旅游预订规模进一步增长,旅游电子商务出现了"门票预订""旅游团购"等新特点。

电子商务正成为中国旅游业越来越强大的助推器,尤其是互联网已成为一种重要的旅游信息传播渠道和旅游产品分销渠道,相关数据如表1-1所示。统计显示,2015年,我国网民继续保持增长态势,截至12月,总体网民规模达到6.88亿,而在线旅游预订的使用率为37.7%,用户规模达到25 955万人,增长17.1%。随着电子支付系统的成熟,在硬件上也给予旅游电子商务以强力支持。在网上订旅游线路,打个电话,点点鼠标就能出行,便捷的出游方式正被越来越多的中国消费者所接受。

表 1-1　2011—2015 年我国旅游在线预订市场、用户规模

年　份	2011	2012	2013	2014	2015
市场规模/亿元	1 313.9	1 708.6	2 204.6	3 670	5 402.9
同比增长/%	38.5	30	29	66.5	47.2
用户规模/万人次	4 207	11 167	18 077	22 173	25 955
同比增长/%	16.5	165	61.9	22.7	17.1

三、旅游电子商务的运作模式与经营模式

(一)鼠标＋水泥＋传统旅游业务

鼠标＋水泥＋传统旅游业务网站中最具代表性的是目前国内最大的综合性旅游网站——携程旅行网。携程网最初的目标是做旅游门户网站,靠广告盈利。随着"网络泡沫"的破灭,携程网及时转向,收购国内最大的订房中心和北京最大的票务中心,形成了酒店＋机票的主营业务。

2004 年初,携程网又与上海翠明国际旅行社合作,将业务范围拓展到具有较高利润的出境旅游市场,成功实现了业务转型后,携程成为中国旅游业第一家在美国纳斯达克上市的公司。

(二)水泥＋鼠标＋新型旅游业务

中青旅通过设置单独的旅游电子商务公司来推出青旅在线。随后成立青旅在线所属的票务中心和酒店预订中心,以之统筹标准化程度较高的酒店预订、机票配送等业务。

青旅在线结合自身优势和网络特点,独立开发出"机票＋酒店"、旅游自助行线路等适合网上销售的产品。中青旅和青旅在线形成了相互供求关系:中青旅向青旅在线提供旅游线路产品,负责接待青旅在线的游客;中青旅的机票、酒店全部向青旅在线采购。

(三)专业搜索服务

专业搜索服务以携程旅游搜索、去哪儿网、途牛网为代表,它们可称为旅游网站中的"百度",其主营业务是为消费者提供航班、酒店比价的查询。

由于可以搜索更多的直销网站,旅游搜索引擎比在线预订服务商可以提供给消费者更多的选择和更优惠的价格。

(四)增值服务

目前已有不少企业将其服务通过免费的形式提供出去,有可能会有广告的收益作为支持,也可能没有。通过游客的相互传递,网络上的推荐,非广告式的搜索引擎推广等形式,有效地获得众多的用户,然后再向游客群体以有偿的方式提供额外的服务,或是提供现有服务基础上的增强版本。

用户会在互联网上使用企业提供的服务,并在非强迫式的方式下,愿意为这样的服务付费,企业就可以迅速且有效地构建一个用户群。这种模式有一个关键:在最初提供旅游服务的时候,企业对用户的定位是越少越好。

（五）网络＋手机模式

4G 时代的到来，让手机上网进一步方便。通过手机互联网，查找旅游信息、订购旅游产品会愈演愈烈。e 游天下是国内首家移动新媒体旅游服务平台，提供覆盖互联网和移动通信网的旅游主题信息服务。

第二节 旅游电子商务的现状与发展过程

旅游电子商务是一个以信息技术服务为支撑的旅游经济的动态发展过程，是电子商务技术在旅游业中的应用。它可以从两个方面来认识：狭义的理解是在互联网上在线销售，即旅游网站在线为每一位旅游者提供专门的服务。广义的理解是以整个旅游市场为基础的电子商务，泛指一切与数字化处理有关的商务活动，除了信息搜索、在线服务，企业还通过计算机网络与供应商、银行、政府机构建立业务联系。

一、电子商务网站分类

目前我国旅游电子商务大致分为三种形式：第一类是综合信息服务类网站，如新浪网、搜狐、网易和中华网的旅游频道等；第二类是传统旅游企业建立起来的旅游网站，如中青旅网、春秋旅游网等；第三类是支持服务类网站，如携程旅行网、华夏旅游网、艺龙旅行网等。这三类电子商务网站各有特色，如表 1-2 所示。

表 1-2 旅游电子商务网站分类

类型	综合信息服务类	传统旅游企业自建类	支持服务类
代表	新浪旅游频道	中青旅	携程旅行网
主要服务	旅游信息搜索、发布、网络推广	为自营的旅游产品进行网上宣传推广，网上预订线路、订票、订房、计算支付	为旅游产品、服务提供第三方支持服务，如在线预订（机票、客房、旅行社线路）、自助旅游、在线交易
收入来源	网络广告	线路预订	代理返利、差价收益
优势	巨大的信息库、强大的搜索引擎	旅行社强大的知名度、美誉度，客户的忠诚度，较安全的交易	信息沟通速度快、层次少，个性产品自由组合，庞大的目的地和酒店数据库
劣势	多由广告商代理，不支持在线交易	客户群体覆盖面小，线下业务比重过高	旅游业务覆盖面小，基本收益在辅助业务层面
模式	第三方服务	自营	第三方服务

（一）综合信息服务类旅游电子商务网站

综合信息服务类旅游电子商务网站其主要服务职能在于旅游商情发布和面向旅游企业的营销推广。目前这类网站由专业互联网企业运营，在网络营销方面具有丰富的行业经验,在旅游电子商务发展进程中担当重要角色,是推动旅游电子商务发展的助推器。目前国内几大综合门户网站均开辟了旅游频道,并且有着不俗的经营业绩。

(二)传统旅游企业建立的旅游电子商务网站

传统旅游企业建立的旅游电子商务网站是传统旅游企业开展网上经营的平台。目前主要服务职能包括信息发布、旅游线路预订。

(三)支持服务类旅游电子商务网站

其主要服务职能在于旅游服务支持与增强,它们直接介入旅游服务的某些环节,从而获得服务增值收益。比如携程网,以提供酒店预订服务为主营业务;比如艺龙旅行网以提供打折机票为主营业务。支持服务类网站对于改进传统旅游服务方式、加快旅游电子商务的发展有着积极的推动作用。

二、我国旅游电子商务的发展现状

(一)市场需求——持续增长

旅游电子商务市场需求的不断增长与中国互联网网民数量的稳定增长有着直接的关系。据 CNNIC(中国互联网络信息中心)第 37 次《中国互联网络发展状况统计报告》,截至 2015 年 12 月底,中国网民规模达到 6.88 亿人,较 2015 年底增长 2.4%,上网普及率达到 50.3%。网民规模持续扩大,互联网普及率平稳上升。中国大陆网民规模与互联网普及率,如图 1-2 所示。

图 1-2 中国大陆网民规模与互联网普及率

根据艾瑞网 2016 年《中国在线旅游度假市场研究报告》,2015 年中国网上旅行预订市场规模达 4 326.3 亿元,相比 2014 年同比增长 39.9%。2009—2019 年中国旅游产业规模数据,如图 1-3 所示。

随着网络的发展,旅游业进一步繁荣,游客对网上查询、网上预订的需求越来越大。

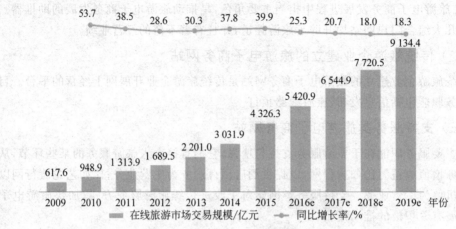

图 1-3　2009—2019 年中国旅游产业规模

中国在线旅游市场受网络普及、旅游产业规模猛增、中国用户旅游消费支出增长、国内电子商务环境改善等诸多因素影响,中国网上旅行预订市场强势增长。

（二）市场供给——不断增加

传统旅游企业正逐步加大在旅游电子商务方面的投入。随着电子商务迅速发展,加快旅游业的数字化进程已成为旅游业界的共识。传统旅游企业大多已经意识到发展网上业务是大势所趋,网上营销可开拓新市场。部分实力比较雄厚的企业,如一些星级酒店、大旅行社、名胜景点等,开始自建网站或借用电子旅行社开拓网络销售渠道。

在线旅游服务企业通过不断地与产业链当中的企业合作开拓市场,市场集中度相对较高,新兴企业不断涌现。随着居民收入水平的稳步提高与带薪休假制度的不断完善,我国已拥有世界上规模最大的国内旅游市场。

2015 年中国网上旅行预订用户 2.6 亿人,国家旅游局统计数据显示 2015 年国内旅游人数达 40.0 亿人次。也就是说,旅游市场只有非常少的一部分交易真正通过网络完成,而随着网络的普及和网络旅游服务市场的日趋完善,将会有越来越多的网络用户通过在线预订各类旅游服务,网络旅游服务市场有着巨大的增长空间和广阔的发展前景。

传统在线旅游服务已无法满足大众需求,市场发展急需一种新的服务模式,在线服务商应运而生。携程网、去哪儿网就是在这样的背景下,抓住机遇,成为我国较大的在线旅游服务企业。另外,51766、同程网等很多在线旅游服务企业的旅游电子商务正如火如荼地发展。

（三）市场环境——不断改善

随着互联网的不断发展和网络环境的优化,旅游电子商务的经营环境也在不断向着有利于行业发展的方向变化。目前,国家旅游局也正在酝酿推出一系列相关标准,进一步规范行业发展,推动产业的进步。已推出《旅行社计算机管理系统技术规范》《旅游电子商务技术规范》《旅游饭店计算机管理系统技术规范》等。

由于越来越多的旅游企业认识到旅游电子商务的重要性,旅游企业之间的合作不断向纵深化方向发展,旅游网站与传统旅游企业的合作不断加深,形成了有利于旅游电子商务发展的市场环境。

三、旅游电子商务的发展历史

随着电子商务被广泛应用,旅游业电子商务问题逐渐受到重视,亦有很多企业探索出了符合中国国情的旅游电子商务模式。但是由于我国电子商务的基础薄弱,各项配套设施和相关法律制度不健全,我国旅游电子商务主要是在借鉴国外的经验和模式,在摸索中前进,它经历了以下几个阶段。

(一)萌芽阶段(1996—1998)

我国旅游网站的建设最早可以追溯到 1996 年。1997 年由国旅总社参与投资的华夏旅游网的创办是中国旅游电子商务预订网兴起的引人注目的先声。此后,各类旅游预订网站如雨后春笋纷纷建立,行业规模逐渐扩大。

(二)起步阶段(1999—2002)

1999 年 5 月,携程旅行网(以下简称"携程")成立,可以说是这一阶段的一个标志。携程是一家吸纳海外风险投资组建的旅行服务公司,在当时被称为一个"没有门店的旅行社",它将信息技术、现代运作管理理念与传统旅游业相结合,打造了具有极强竞争力的服务价值链,形成了全新的服务和业务模式。这种全新的模式和理念,拓展了旅游电子商务的发展模式,适应了旅游业的发展要求,对旅游业的发展起了巨大的推动作用。

(三)发展阶段(2003—2004)

发展阶段以 2003 年携程在美国纳斯达克成功上市为标志,当时也是互联网全面复苏的时期。在这个阶段中,中国旅游电子商务市场还处于探索和摸索的阶段,携程上市客观上加速了我国旅游电子商务市场服务水平的提升。

(四)完善阶段(2005—2008)

2005 年我国第三方支付平台——支付宝的出现,为解决网上支付这一瓶颈问题,提供了非常好的解决方案,更重要的是为消费者建立了网上支付的信心,旅游电子商务也开启在线交易的新纪元,特别是对于机票产品,越来越多地实现了在线支付。

(五)新探索阶段(2009 年至今)

2009 年 1 月,千橡互动以 1 850 万美元收购 e 龙 5 283 202 股流通股,占后者总流通股本的 23.7%。千橡互动收购 e 龙这一事件表明,在中国旅游电子商务市场日益发展的前提下,Web 2.0 应用正逐渐探索与旅游业结合的有效模式,未来在盈利模式方面需要形成具有中国特色的突破点。

四、未来展望

旅游电子商务的兴起是全球经济信息一体化的必然趋势,为旅游业带来一场真正的变革。从根本上改变了旅游业原有的运作模式,蕴含了无限机遇和挑战,提高了旅游服务产品的交易效率、降低交易过程中的成本和传递旅游信息资源,旅游电子商务的高可进入性导致新的竞争者随时可能加入,使这一领域的竞争更加激烈。

（一）新的技术引入给整个市场格局带来变数

直接服务于游客的技术。如自助语音导游服务、4G 无线网的应用,都给旅游业带来新契机。4G 无线网络的出现将成为旅游业发展的催化剂,这项将无线通信与国际互联网等多媒体相结合的移动通信系统在壮大信息产业的同时,也为旅游业发展带来新契机。

服务于旅游企业和旅游目的地的技术。如基于 SOA 构架的旅游网站和旅游信息管理系统、基于 SaaS 的旅游企业信息系统,这些技术的运用为企业（目的地）优化业务流程、提高业务效率,进而更好地为游客服务,为旅游企业规模不断扩大奠定一定的基础,客观上加剧了旅游企业（旅游目的地）之间的竞争。

（二）新的应用将引领旅游电子商务的深度发展

移动商务引领旅游电子商务发展的新趋向。随着各种移动终端的普及、移动通信网络的完善、移动服务提供商的增多,移动商务将成为一个新的切入点,结合智能网络技术,真正实现以人为中心的旅游电子商务应用。移动支付、短信息服务、全球定位系统等移动商务技术的全面应用将给旅游业乃至旅游电子商务带来一场新的旅游革命。

顾客无论在何时何地,通过移动电话等终端就能完成对企业或对个人的安全的资金支付,移动商务可以随时随地把顾客、旅游中间商和旅游服务企业联系在一起,预订的结果、航班的延迟等信息皆可随时通知旅游者。移动电子商务技术的应用将使旅游电子商务服务功能更加完善,应用更加普及。

Web 2.0 技术的应用对旅游电子商务的影响。我国旅游网络的建设在网络技术、配套设施、人员素质以及网站有效性和技术功能等方面存在很大差距,缺乏能满足不同需求层次的动态信息整合;难以完成个性化的定制服务;旅游产品重复、单一、缺乏创新和无针对性等弱点成为制约我国旅游网站发展的瓶颈。

Web 2.0 网站以其独特的优势迅速崛起,成为未来旅游网站发展的方向。网站信息提供方式不再采用由网站编辑提供,而是让用户变成网站信息的提供者和使用者;直接获取用户的需求和习惯,征求用户的意见,加强用户的互动,用户在网站上停留的时间越久,参与的程度越高,就会有越多的朋友。这样网站的用户就不易流失。

（三）新的整合将推进旅游电子商务体系的演进

国内的旅游电子商务还处于发展初期,具有"中国特色"的旅游电子商务体系和业务模式逐步在一些企业获得成功。从国外发展的经验看,随着企业的发展壮大,规模扩张与效益最大化的矛盾也会逐渐显现,这时就会出现行业内部的并购与整合,产生若干个拥有资金和资源优势的大型企业。

未来几年内,由于信息技术的支撑,为旅游企业更好地整合奠定了良好的基础。旅游电子商务行业将形成覆盖范围广、成本低廉的旅游业通信交流平台,使旅游企业之间增进交流与合作,为游客创造一体化的旅游服务感受;来自众多旅游企业的动态旅游产品信息将更多地通过大型旅游电子商务平台、GDS（全球分销系统）、CRS（计算机预订系统）等系统汇聚、共享、传播,企业建网形成"信息孤岛"的不成熟模式将得到改观;旅游分销渠道将更加多样化,会有众多的非旅游机构成为旅游产品的分销渠道。

第三节 旅游电子商务发展存在的问题及策略

一、旅游电子商务发展存在的问题

虽然我国旅游电子商务服务行业具有巨大的潜在市场和高速的发展速度,但是市场的不成熟和较快的发展迅速使得行业的问题暴露得更快更彻底。

(一)总体发展水平低

从我国旅游电子商务 B2C(企业对消费者的交易方式)和 B2B(企业对企业的消费方式)两个平台的发展来看,还处于发展初期。相对于 B2B 来说,B2C 的发展更早受到了消费者的接受和国内外资本的关注,但是 B2C 市场仍以酒店、机票预订为主要收入来源,而且预订方式并没有完全网络化,电话预订、网下支付仍占据很大的份额。这一方面说明我国消费者的大额网络消费习惯仍然没有形成,而且,在上网人群中具有度假消费能力的消费者的比例还很小;另一方面说明我国 B2C 市场的服务比较单一。

我国旅游电子商务的 B2B 市场发展落后于 B2C 市场,很大程度是由于传统的旅游服务提供商并没有实现网络运营,上网旅游服务企业很少,这也是华夏旅游网的网上交易平台逐渐没落的原因。随着 B2C 的高速发展带给传统旅游服务商的压力不断增大,网络营销开始逐渐被旅游服务企业接受。

(二)经营模式雷同

旅游网站主营的电子商务业务有机票、酒店、旅行团预订三大项,每个旅游网站都有。当网站把自己看成旅行社的时候,发现所提供的这些服务跟传统旅行社、酒店预订中心、机票销售公司相比没有太大的优势可言,因此,旅游网站必须提供更好的服务、更好的产品,或者寻求新的立足点与发展契机,避免经营模式的雷同。

作为旅游电子商务市场另外一类主体的用户,由于受企业投入不足的影响,表现出了一定的不满,直接的结果就是有效消费不足。从图 1-4 中可以看到,信息不全面、信息不准确等,成为影响在线旅游用户网上预订度假产品的限制因素之一。

(三)优秀旅游电子商务资源流失

从各大旅游电子商务企业的投资背景看,具有发展前景的优秀旅游电子商务企业往往受到国际资本的青睐。携程、e 龙、易网通都为纳斯达克、伦敦上市公司。在其股东中我们可以看到很多国际资本的身影,如携程股东之一的乐天是日本领先的电子商务企业,全球在线旅游巨头 Expedia 已经持有 e 龙 52％的股份成为其控股股东,易网通股东中也有美国胜腾的背景。

中青旅的遨游网也是和美国有方国际旅游服务集团共同投资成立,同程网也受到了软银赛福、IDG 等国际风投的青睐等,国际资本对我国旅游电子商务的投资促进了我国旅游电子商务行业的发展,同时也使得我国优秀旅游电子商务资源流失。

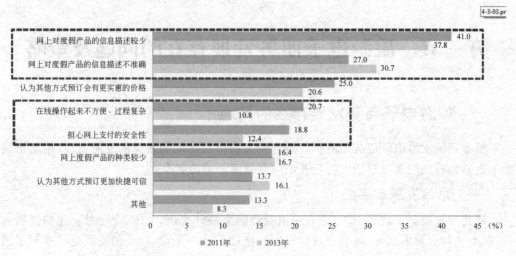

图 1-4　2011 年和 2013 年影响在线旅游用户网上预订度假产品的限制因素

（四）旅游电子商务服务产品标准缺失

标准化是 IT 时代的特征,从我国旅游电子商务行业的发展特点可以看出,比较容易标准化的酒店、机票预订成为发展最为迅速的业务,但是旅游度假服务产品是个性化产品,行业标准的缺失导致了旅游度假产品的销售仍以线下销售为主,至今还没有较快的发展,e 龙甚至已经退出度假产品的网上销售,标准的缺失也阻碍了旅游 B2B 交易平台的发展。

（五）电子商务软环境不完善

电子商务软环境主要包括各项法律法规和电子认证 CA(certificate authority)、电子合同、数字签名、电子凭证、电子支付等辅助交易手段。我国电子商务相关的法律法规还处于起步阶段,电子认证 CA、电子合同、数字签名、电子凭证、电子支付等辅助交易工具的标准还并不统一,导致旅游电子商务表面化,实际仍以线下交易为实现手段。

（六）旅游电子商务综合性人才缺乏

我国现有的旅游电子商务人才大部分都以技术见长,对于既拥有技术又掌握旅游管理、旅游产品设计、旅游产品营销等综合性人才非常缺乏。

二、我国旅游电子商务发展对策

旅游电子商务能够提高旅游企业的工作效率,方便快捷地为旅游者提供服务,必将成为未来旅游业发展的必经之路。因此,我们应该正视我国旅游电子商务与其他发达国家的差距,虚心学习,结合我国旅游电子商务发展的实际状况,采取相应的措施,加快我国旅游电子商务发展的步伐,从而推动旅游业的发展。

（一）充分发挥政府主导作用

政府应充分发挥主导作用,为旅游电子商务创造良好的环境,建设旅游信息资源库。

政府应革新管理形式,加强协调与联合,为企业开展电子商务创造良好的金融和法律等环境。对于电子支付、安全保密、法律认可等旅游电子商务亟须解决的问题,政府要牵头组织旅游企业、银行、信息产业、法律等有关部门集中力量攻关解决。重点解决网上支付问题,突破旅游电子商务"瓶颈"。

推出电子商务法规,使旅游企业开展电子商务有法可依。高标准建设统一、权威的旅游信息资源库。用政府主管部门具有管理的权威性、号召力和公众信服力,拥有的全方位旅游资讯,由政府部门牵头建立电子旅游的行业标准。以景区景点、宾馆饭店、旅行社的计算机管理系统为基础,扩大行业联网,实现资源共享,建设面向全国的旅游信息资源库。

(二)确定合理的电子商务战略

在电子商务应用飞速发展的今天,应用方式层出不穷。对于旅游业来说,由于各个旅游企业自身所处产业价值链位置、行业市场竞争地位、经济能力及人力资源等因素的不同,对电子商务的应用需求、投资能力及应用能力也各不相同。因此,旅游企业在应用电子商务的过程中,应根据企业自身的实际情况,确定自身合理的电子商务战略,建设有特色的、个性化的旅游电子商务。

作为一种新的业务探索模式,旅游电子商务不是简单地建立网站进行宣传,而是传统旅游业务在虚拟时空中的补充,其定位应满足旅游市场的发展要求,顺应旅游战略创新的趋势。由于网络不能解决集体团队旅游服务的个性与特性问题,网络也无法达到传统服务模式所达到的一些要求。因此,网络与传统服务两者应相互辅助,优势互补,共同发展;只有这样,才能降低旅游企业经营成本,提高市场竞争力。

(三)走联合经营之路

我国旅游业应走联合之路,国内各公司应合作上网,并和国外驰名的旅游公司进行必要的合作。形成强大的阵营和优势,在网络经营中才有力量和国际上的同行进行竞争并取得成功。在网络空间中,信息共享是其最大的特点。商家在网上的商业运作,与同行间良性的合作无形中会共享合作者的利益。只有竞争没有合作的商业手段,在网上会失去不少的商业机会和客户;各自为政的经营,对旅游业来说,将会丧失很多机会和生意。

因旅游资源和货物不同,一个商店可以拥有应有尽有的商品,而旅游资源只有靠合作才能形成丰富的资源优势,这是不言而喻的。合作,可以成立股份有限公司,也可采用各分公司网站的合理链接,还可以采用建立统一数据仓库的方法。

在国内,不一定每一个旅游点都上网建站;可采用同类旅游点建立统一网站,再将不同的网站有机地链接在一起的策略。网站过多,使客户查找起来很费力,无形中增加了客户的各种费用和时间,将会大大影响商业的整体效益。因而,选择恰当的联合方式,将给旅游业带来更多的繁荣和利益。

(四)加大宣传力度,加强相关专业人才培养

目前人们对旅游电子商务的认识及利用还处于萌芽阶段,利用报刊、电视、电脑等媒体对旅游电子商务进行宣传,让广大消费群体对旅游电子商务的方便、快捷、经济实惠等各种优点有充分、深刻的认识,不仅能加快发展旅游电子商务事业、增加旅游收入,而且对广大人民也有着极其深远的意义。同时,注重培养一批网络旅游的专业人才。

对于各旅游企业而言,要组织从业人员学习计算机知识和技能,结合信息化建设的特点,针对不同应用层面的管理和应用人员开展培训教育,提高企业推进旅游信息化和掌握电子商务技能的综合能力,培养和造就一支既熟悉业务、又懂信息技术的专业队伍。面对世界旅游发展的新形势,中国要抓住机遇,实施科技兴旅战略,实现旅游的管理创新、经营创新和市场创新,通过旅游电子商务的实施,必将产生巨大的经济效益和社会效益。

（五）传统旅游企业应积极推行旅游电子商务

传统旅游企业应积极触网,实现规模化、网络化经营。旅游企业只有转变传统的营销观念,积极上网,建立自己内部的业务处理和管理信息系统,并和互联网高度融合,建设面向代理商的电子分销系统和面向旅游者的在线销售系统,创建、巩固和发展自己的品牌,才能实现规模化、网络化经营。传统旅游企业与新兴的旅游网站之间的整合与战略联盟是大势所趋,是中国传统旅游企业与旅游网站的共同出路与新的增长点。

针对不同规模的旅游网站和企业,应有不同的选择——中小旅游企业可以采取"入主市场"的方式,利用旅游代理商的知名度和资源优势开拓国内及国际市场;大型的旅游企业可采用"网社合一"的方式,把旅游网站作为一种新渠道,投入资金人力,完善网上的各种服务,建立国际知名的品牌形象。

 本章小结

本章从多个角度对旅游电子商务进行了研究,涉及旅游电子商务定义、运作模式与经营模式、现状与发展过程,最后研究了旅游电子商务存在的问题及发展策略。希望读者熟练掌握旅游电子商务的定义、运作经营模式,旅游电子商务网站的分类其特点,旅游电子商务存在的问题及发展对策。了解旅游电子商务的发展过程及我国旅游电子商务的发展现状。进而对旅游电子商务有较全面的理解。

本章习题

1. 什么是旅游电子商务?
2. 简述旅游电子商务运作与经营模式。
3. 简述旅游电子商务网站的分类和特点。
4. 简述我国旅游电子商务在现阶段存在的问题。
5. 简述我国旅游电子商务的发展现状。
6. 简述我国旅游电子商务的发展趋势。

第二章

旅游电子商务体系结构

【本章内容】

电子商务是我国旅游业参与国际市场竞争的重要手段,旅游企业和政府相关部门应了解旅游电子商务的发展方向,构建和发展我国的旅游电子商务体系,促进我国旅游电子商务的广泛应用。将我国的旅游业由传统旅游业推向以电子商务应用为手段的现代旅游业。

本章主要介绍旅游电子商务体系的构成;旅游电子商务体系的功能;旅游电子商务体系的特点以及交易模式等。

【本章重点】

旅游电子商务体系的构成;

旅游电子商务体系的特点。

引导案例

国家旅游局发布《产业竞争力明显提升——十六大以来旅游业发展述评之二》,文章显示,目前,中国旅游产业已经确立了以信息化带动旅游业向现代服务业转变的基本途径。携程、去哪儿、艺龙、芒果、驴妈妈等一大批旅游电子商务公司已经在旅游市场占据一席之地,2015年中国旅游电子商务市场规模达到5 402.9亿元,占整体旅游收入份额将近15.8%。

文章指出,2002年,中国旅游信息化建设起步;今天,中国旅游产业已经确立了以信息化带动旅游业向现代服务业转变的基本途径。《中国旅游业"十二五"发展规划信息化专项规划》发布,《旅游电子商务服务技术研发及应用示范》国家科技支撑计划项目完成,北京、江苏、浙江、福建、湖北等省市均已启动了智慧旅游试点工作……智慧旅游的初级成果已经直接应用于旅游产业要素,一批智慧旅游景区、智慧旅游企业快速成长,旅游电子商务业务成为众多旅游企业新的盈利方式。

同时,科技创新能力的提升,离不开人才队伍的建设。十几年来,旅游产业人才素质不断提升,截至 2015 年末,全国具有大专及以上学历的旅游人才达到 480 万人,占全国旅游直接从业人数总量的 32%;人才结构不断优化,具有初、中、高级专业技术职务人员的比例达到 64∶27∶9,比 2005 年的 54∶37∶9 更趋合理。

旅游教育培训体系不断完善,共有旅游院校 1 518 所,涵盖研究生(博士、硕士)、本科、专科等各个层次。2015 年旅游行业培训总量达到 475.4 万人次。旅游人才发展的体制机制建设不断加强,人才使用效能不断提高,人才有效发挥作用的环境正逐步形成。

 引言

电子商务正在和必将成为我国旅游业参与国际市场竞争的重要手段,我国各级旅游主管部门正在大力推进旅游业电子商务的开展,各旅游企业和旅游营销机构也看到了旅游电子商务作为一种主要的营销手段在企业的经营中逐渐发挥出了越来越大的作用。

对于接受新鲜事物比较快的年青一代,他们既是旅游者中的主要组成部分,同时也掌握了先进的信息技术,他们已经接受了电子商务这种交易方式,旅游电子商务将是他们参与旅游的主要手段。总之,旅游电子商务将随着电子商务发展潮流发展,并赶在时代的潮头。

第一节　旅游电子商务体系的构成

一、旅游电子商务体系

商务活动是整个社会活动的一个重要方面,不仅涉及参与交易的双方,为了保证交易的公平原则,参与交易的主体之间的平等关系,还要涉及政府、银行等社会的诸多方面。旅游商务活动,通常是在旅游者与旅游营销机构间、旅游者与旅游企业间、旅游企业与旅游企业间进行的商务活动,一般在诸如旅行社、饭店、机场、车站等环境下双方面对面达成交易。

旅游电子商务是在旅游商务活动中引入了现代网络技术、信息技术而形成的一个不同于传统商务活动的交易平台,旅游电子商务使得原本由人们互相见面从而互相交换信息达成交易,变成了利用电子交易平台不需要互相见面就可信息交换,从而更简单、更节省成本的达成交易。

在旅游电子商务活动中,旅游者、旅游营销机构和旅游企业是交易的直接参与者;而他们需要使用的信息交换平台,实际是一个网络信息系统,所以网络服务提供商是一个间接参与者;旅游电子商务中涉及实物传递比较少,但是还不能完全避免,所以物流配送企业也是一个间接的参与者;交易的达成必然涉及支付结算,有些结算可以在提供服务时现金支付,但是方便的现代支付手段不断出现,利用这些手段金融企业也是一个间接参与者。

以上各方组成了电子商务活动的主要部分,可以形成市场运作,但是旅游产业是一个对外部环境影响非常敏感的行业,包括整个社会的经济环境、技术环境、社会环境、政府的政策、法规等都对旅游活动的开展有着很重要的作用。图 2-1 展示了电子商务体系的各主要因素。

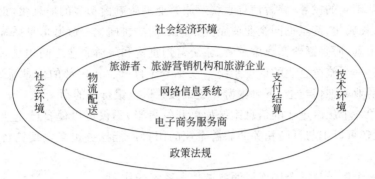

图 2-1　旅游电子商务体系

二、旅游电子商务体系的构成

旅游电子商务体系是一个复杂的系统,由多种因素组成。我们将主要讨论如下内容:作为旅游电子商务的基础信息平台的网络信息系统;提供技术和网络支持的电子商务服务商;作为参与主体的旅游者、旅游营销机构和旅游企业;起到规范和推动作用的旅游信息化组织,以及现代支付体系和物流配送体系。

(一)网络信息系统

1. 发达国家旅游信息化的发展过程

国外发达国家旅游信息化的建设已经经历了几十年,在此过程中国际航空、旅游和饭店业市场经历了几次大的信息技术应用变革,首先是 1959 年由美利坚航空公司和美国商用机器公司联合开发了世界上第一个计算机定位系统 SABRE,这是在旅游业中首次引入信息化的概念。其次是 1987 年美国通过航空管制取消法案,游客购买机票的选择范围增大,因此使得计算机预订系统的使用范围扩大,很多代理商也使用此系统。

之后的 10 年中计算机预订系统的业务不断攀升,几乎绝大多数代理商都在使用计算机预订系统开展业务。然后是旅行社建立专门的银行结账方式来完成支付结算。互联网逐渐普及后,民航旅游界又着手研究使用互联网的方法,使之能够为用户提供快速的查询、预订和支付等服务。

与此相应的、传统的一些经营、营销和管理方法也因信息技术的渗透而发生着改变,它们逐渐向智能化、网络化、集团化转变。如 1994 年,美国出现新的"电子机票",实行"无票旅行"方式。旅游企业营销策略也发生着转变,出现了集团化和各种战略联盟的趋势。

酒店通过管理合同、转让经营特许权,形成遍布全球的酒店连锁店,以航空公司的经常乘客项目为纽带的航空公司与酒店、度假村游船公司以及各种俱乐部和租车公司等结成的营销联盟,几乎为常客们提供了所能想到的一切优惠。

现代信息技术的应用,可以更好地了解旅游者的个性特征及偏好,更好地对客源市场进行统计分析和市场细分,这些都是旅游业向更高层次发展的特征。现在由于各国旅游目的地信息系统正在逐渐走向成熟,新的信息系统能提供食、住、行、游、购、娱六要素的综合信息即集查询、检索、预订于一身。

经过了几十年的发展,旅游信息系统对旅游业的影响由初步的信息化,正逐步走向完全的网络化、集成化,甚至不同企业或企业集团之间的协同化。旅游信息系统不再是旅游企业的辅助工具,而是逐渐变成旅游者、旅游营销机构和旅游企业之间相互联系不可缺少的主要手段。一个旅游企业的信息系统不只要考虑自己企业内部的信息流通,更主要的是考虑自己的业务如何与上、下游旅游企业或顾客以及银行等的衔接。

可以想象一个旅游企业的信息系统如果开发得当,不仅可以使自己企业的产能充分被市场消化,还可以把与自己相关的旅游企业的闲置产能挖掘出来实现销售并从中得到利益。

以下举一个例子从一个侧面说明旅游信息系统的作用。

 案例

戴维和克利斯·格兰特于 1996 年购买了位于英国康沃尔郡的科里桑德·马诺尔饭店。他们希望能有效地与顾客进行信息沟通,但是发现在全国性的报纸上做广告既贵且达不到预期的宣传效果。戴维自学了互联网的使用,并学习了如何开发网页,帮助企业促销,后来戴维决定不再做广告,而开发一个关于自己饭店的网站,注册域名为 www.corwall-calling.co.uk,并介绍康沃尔郡地区的情况及其有关景点。

该网站每个页面都邀请浏览者住到自己的饭店中去,每个页面都有与饭店网页的链接。网站的费用相当于在星期日报纸上做一则普通的广告,他的回报已经超过了投资,取得了满意的效果。

这次网站开发成功后,戴维注册了"软选择"互联网公司(www.soft-option.co.uk)。它为小饭店提供了一揽子解决方案,包括设计和管理它们的网站,第一年收费 950 英镑,以后费用逐年递减。他认为每天 100 到 200 的点击率是给饭店带来客源的起码要求,根据他的经验,一般有 1% 的点击客户会给饭店发邮件了解更多的信息,如果饭店回复及时而且饭店的位置和质量合适,这些人中 50% 会预订。

2. 互联网与电子商务

互联网(Internet)又称因特网,它是将遍布全球的网络连接在一起形成的一个巨大的网际网。而在遍布全球的各个企业或各种机构的网络上已经提供了各具特色的服务,可以查询到各种各样的信息。互联网把它们连接在一起后这些信息和服务就变成了面向所有连入互联网的用户,也就是说原本面向局部的服务就面向全世界了。由于互联网的普及,现在用户上网的费用也比较低廉,用户通过自己的电脑就可以访问互联网上的信息。

如果在互联网上构筑商业信息平台,它将是一个为全世界的用户提供 7×24 小时不间断的旅游信息的平台,企业将可以随时开展业务达成交易。用户对于旅游项目的了解不再只是文字和图片,而且可以有声音、影像等更为丰富的多媒体形式,更有利于用户了解项目的内涵,企业也不会为在网上增加一个或几个项目而提高很多成本。

3. 企业内部网与电子商务

企业内部网(Intranet)是在互联网发展的基础上发展起来的,企业的局域网原本是提供企业在某一地区办公的需求,但很多企业尤其是旅游企业具有很多分散的办公地点,为了使整个企业在不同地点办公的人们达到信息共享的目的,将原有局域网连入互联网,再进行必要的改造从而形成一个虚拟的企业内部网络。

互联网上的信息是任何人都可以使用的,但企业内部网中的信息受到保护,只允许得到授权的企业内部人员访问。而外部人员如果需要访问企业内部网,首先要向企业内部网的管理者申请,得到授权后才可以访问对他开放的内容。企业内部网将分散的企业分支机构和办公地点连接到了一起,形成了信息的有效流通共享,在旅游企业内被广泛采用,大大地提高了办公效率,同时也降低了通信成本。

4. 增值网与电子商务

基于增值网络的旅游电子商务的主要模式就是 EDI(electronic data interchange,电子数据交换),EDI 电子商务是指按商定的协议,将商业文件标准化,并通过计算机网络,在商务伙伴的计算机网络系统之间进行数据交换和自动处理。

EDI 主要应用于旅游企业之间的商务活动。相对于传统的手工模式,EDI 大大解决了时间和费用问题,EDI 系统具有很强的安全性,使用者须有较可靠的信用保证,并有严格的登记手续和准入制度,还具有多极权限的安全防范措施,使得包括付款在内的全部交易过程自动化。

但是早期的 EDI 必须租用 EDI 网络专线,即通过购买增值网服务才能实现,费用较高,网络速度慢。另外还需要专门的操作人员自行开发所需应用程序,并要求业务伙伴也使用 EDI,这就使租用 EDI 的企业受到一定制约,只有航空公司和大型的饭店集团有能力使用。近年来随着计算机和互联网应用的普及和发展,基于互联网使用可扩展标记语言(XML)的 EDI,或称开放的 EDI 正逐步取代传统的 EDI。

传统的 EDI 指计算机预订系统(CRS)和全球分销系统(GDS)。

我国在发展 EDI 系统建设自己的增值网上走出了一条具有特色的道路。世界上成熟的航空企业都是依托于某一个或几个 GDS,把自己的营销渠道扩展到全球各个角落。大多 GDS 系统的拥有者都集中在欧美发达国家。中国航空企业要参与国际竞争,在分销领域上也必须通过 GDS 这一成功模式。然而,依靠国外的 GDS 显然不行,因为国外的 GDS 厂商占有丰富的航空数据,可以控制和遏制我国尚处于发展初期的航空旅游市场的发展。

随着中国加入 WTO(世界贸易组织),中国民航业面临着严峻的挑战,为了保住现有市场并开拓新市场,中国民航业必须建立自己的销售体系和销售网络,利用最新的 IT 技术降低经营成本,提高工作效率,适应市场竞争的新环境。这样才能在国外实力雄厚的航空公司和集团的强力冲击下立于不败之地。

世纪之交,在中国加入 WTO,中国民航业面临严峻挑战的背景下,中国民航总局决定建设中国自己的全球分销系统,在整合并发展现有民航机票分销系统的基础上,逐步向酒店、旅游、租车等非航空业务领域拓展。民航总局与国内包括东航、南航、国航在内的 20 家航空公司签署协议,共同组建中国民航信息网络股份有限公司,使其成为服务于中国航空旅游业的占主导地位的专门的信息技术供应商，经过两三年的发展基本上建成了世界同等水平，甚至高于世界水准的GDS。

建成后的中国民航GDS具有以下几个功能系统。

（1）航空公司订座系统。航空公司订座系统是中国GDS的核心组成部分之一，现在基本可以满足航空公司需要，但须进一步完善系统功能。

（2）代理人分销系统。代理人分销系统是应用于民用航空运输及整个旅游业的大型计算机信息服务系统。通过此系统，旅游销售机构可以及时地从航空公司、酒店、租车公司等获得大量与旅游有关的信息。

（3）网络平台。在现有网络基础上，有效与旅游企业网络对接，开拓潜在的网络增值服务市场。

（4）电子商务。支持基于本系统的电子商务，丰富系统信息、提供旅游产品分销、提高支付能力、提供个性化服务，以及支持各种销售方式。

（5）数据服务体系。为航空公司提供更好的数据服务，开发数据挖掘系统，为民航系统的发展保驾护航。

可以看到，中国民航GDS的应用非常有利于促进国内旅游分销市场发展，以它为中心，中国旅游业将会有一次跨越式的发展过程，随着GDS的完善，中国旅游市场标准化、国际化将必然成为发展方向。随着GDS的投入使用已经产生并会继续产生巨大的经济效益。

（二）电子商务服务商

1. 系统支持服务商

对于系统支持服务商，根据应用层次的不同可以分为三类。

（1）接入服务商（Internet access provider，IAP）。接入服务商主要提供互联网通信和线路租借服务，如中国电信、中国网通、中国联通等。

（2）互联网服务提供商（Internet service provider，ISP）。互联网服务提供商主要为旅游企业建立电子商务系统提供全面支持。一般旅游机构和旅游者上网时只通过ISP接入Internet，由ISP向IAP租用线路资源。

（3）应用服务提供商（application service provider，ASP）。应用服务提供商主要为旅游企业、旅游营销机构建设电子商务系统时提供解决方案。这些服务一般都是由专业的信息技术公司提供的，如IBM、HP、联想、浪潮等公司都曾为一些大型旅游企业提供过电子商务解决方案。有的IT企业不仅提供电子商务系统解决方案，还为企业提供电子商务系统租借服务，企业只需要租赁使用，无须创建自己的电子商务系统。

2. 专业的旅游电子商务平台运营商

专业的旅游电子商务平台运营商，不直接参与网上旅游电子商务活动，只是起着中间商的作用。一方面，它为旅游电子商务活动的实现提供信息系统支持和配套的资源管理服务，是旅游企业、旅游营销机构和旅游者之间信息沟通的技术基础。另一方面，它还为网上旅游交易提供商务平台，是旅游市场主体间进行交易的商务活动基础。

专业旅游电子商务平台的特点是规模大、知名度高、访问量大，有巨大的用户群。它收集并整理旅游市场信息,提供虚拟的交易场所,为参与旅游商务活动的各个方面提供信息通达的市场环境,降低交易成本,提高商务活动效率。旅游企业通过加盟电子商务平台就可轻松地实现电子商务,无须自建网站。

作为专业的旅游电子商务平台运营商,携程旅行网(www.ctrip.com)就是一个很好的例子。其网页如图2-2所示。

图 2-2　携程旅行网主页

携程网是一家吸纳海外投资组建的旅行服务公司,创立于1999年初,是国内最大的旅游电子商务网站。由于其拥有先进的理念和对旅游行业深刻的理解,创立以来发展迅速,2000年并购了国内规模最大的订房中心——北京现代运通商务旅游服务有限公司;2001年实现盈利;2002年全年交易额超过10亿元人民币,其中网上交易额占40%;2002年4月收购了北京最大的散客票务公司——北京海岸航空服务公司,并建立了全国统一的机票预订服务中心;2003年在美国纳斯达克上市。

携程旅行网提供饭店、机票、度假产品的预订服务以及国内、国际旅游实用信息的查询。利用互联网和电话呼叫中心系统等先进技术平台及各类软硬件,为客户提供全天候的网上网下预订服务。携程网作为一个旅游商务平台,只是通过在合作伙伴和客户之间建立一个桥梁的关系就获得了巨大的效益,在这个体系中所有参与各方都是赢家。客户、携程旅行网及其合作伙伴乃至整个行业都可共同创造和共享利益。

(三)旅游者、旅游营销机构和旅游企业

旅游者、旅游目的地营销机构和旅游企业是旅游电子商务活动的直接参与者,旅游电子商务能为经营者和消费者搭建一个能够充分进行信息交换的交易平台,它们有各自的电子商务应用特点。

1. 旅游者

旅游者是旅游电子商务的最终服务对象，满足他们的旅游需求才是旅游电子商务网站存在的根本。信息手段在旅游电子商务中的运用为旅游者提供了丰富的信息服务，使旅游者享受查询、预订、咨询及服务等多方面的便利，节省了时间和费用。

旅游者原本只有旅游的愿望，但是大多数旅游者不具有合理地组织自己行程的必要信息，旅游电子商务网站解决了用户的问题，为旅游者提供了大量的相关信息，同时，旅游企业和旅游营销机构准备了很多具有特色的旅游项目，但是这些信息通过其他手段很难准确地传达到具有旅游意向的旅游者手中，而电子商务网站正好起到了中间的桥梁作用。

大量的信息使旅游者具有了比较鉴别的依据，他们可以在其中选择更适合自己的旅游项目。而旅游企业以及旅游营销机构也可以通过了解竞争对手的项目，电子商务平台的成交情况以及和旅游者的交流中分析得出自己旅游项目的优势和缺点，从而更好地为旅游者服务。电子商务平台同时也能够促进我国旅游业的国际竞争能力。

旅游电子商务系统能为旅游者提供覆盖旅游全过程的旅游目的地信息、与旅游相关的公共信息（包括天气、航班、汇率、列车、公交等其他交通信息）、旅游企业信息（如餐厅、酒店、旅行社等）、旅游产品信息；旅游者可通过电子邮件、聊天室、留言板等与旅游企业进行交流和咨询；另外，旅游者还可以通过电子商务平台预订旅游产品，得到确认后再进行网上支付。

在旅行中，游客通过旅游电子商务平台，可了解目的地各种详细情况，查询旅游服务设施，还能够及时做下一站的具体安排以及了解目的地近期情况。对旅行结束的游客，旅游电子商务网站提供了信息交流和反馈的渠道，游客可以通过电子商务网站进行投诉，提出建议，填写调查问卷等。旅游企业可将过去接待的旅游者信息纳入客户关系数据库中，定期向其传递符合其偏好的旅游促销信息。

2. 旅游营销机构

旅游目的地是旅游业存在的理由，也是旅游者旅行的原因，目的地的景点是推动旅游的主要动机。目的地是当地所有相关产品、设施和服务的综合体，这些产品和服务构成目的地旅游行业的整体竞争力。

旅游目的地营销机构是一种专门负责目的地旅游促销事务的组织。这些组织通常是由当地政府的旅游机构充当或由当地旅游行业与相关利益团体合作组成的非营利组织。目的地之所以吸引旅游者除了一些著名城市由于其特殊的历史文化背景，更多的就要依靠旅游目的地营销机构向潜在的消费者宣传介绍本地的旅游资源，为旅游者提供丰富的有关本地的食、住、行、游、购、娱的信息。

目的地营销机构对于本地的旅游资源具有包装、经营、规划、管理的责任，对于旅游目的地营销机构建立相应的目的地旅游电子商务平台，促使旅游目的地营销机构改进经营和管理的能力，由于浏览平台的用户都是潜在的旅游消费者，使宣传也更加有针对性，能够更有效地帮助本地的旅游企业吸引更多的旅游者。同时旅游电子商务平台的建立还能够为旅游者提供及时、恰当和准确的信息，就更容易被选为旅游的目的地，方便的在线预订和支付手段会把潜在的消费者变成真正的旅游者。

奥地利蒂罗尔州的目的地信息系统就是一个非常成功的目的地旅游电子商务平台，

图 2-3 所示为奥地利的目的地信息系统主页。

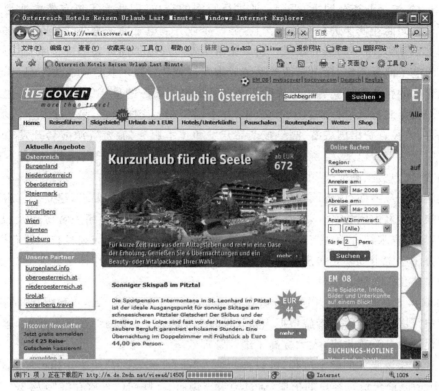

图 2-3　奥地利的目的地信息系统

此系统由奥地利蒂罗尔州旅游委员会于 1991 年开始建设,称为 TIScover 项目,1995
年 TIScover 成为最早使用互联网平台的旅游目的地信息系统并获得成功,成功后不但发
展为奥地利的国家目的地旅游电子商务平台,而且德国和瑞士也利用此项目建立了自己
的目的地电子商务平台。

TIScover 网站所提供的信息涉及 3 200 个旅游地区、城镇和城市。网站提供了主要
旅游景点和文化活动的介绍,同时可以为数千家饭店提供实时在线预订。另外还提供天
气预报和对于一些热门旅游区的评价。2000 年的浏览者超过 3 000 万人次,2001 年达
5 500 万人次,2000 年网站为 TIScover 项目的合作方带来了 1.96 亿欧元的收入。

根据 1999—2000 年欧洲旅游检测报告,奥地利的旅游接待量占欧洲的 6%,但其在
线旅游预订量却占到了欧洲的 13%,这主要应归功于 TIScover 项目的实施。在世纪之
交的目的地电子商务平台建设处于发展阶段时,TIScover 为它的合作伙伴从其他地区拉
来了很多的旅游消费者。我国政府也看到了旅游目的地营销的重要性,开展了"金旅工
程",为我国旅游业的发展增加了竞争力。

3．旅游企业

旅游企业是旅游市场的主体。由于旅游产品本身的特点和网络信息手段商业应用的
倍速增长趋势,电子商务为旅游企业提供了非常有吸引力的全新市场空间。旅游企业作
为市场的主体,是提供产品和服务的一方,如提供旅游产品的信息查询服务、递送服务、支

付结算服务,等等。

另外,旅游企业还要同上、下游企业进行紧密的合作,因此为了更有效率地为客户提供服务以及同商业伙伴进行有效的沟通,旅游企业开展电子商务是非常具有前景的,并可以达到立竿见影、事半功倍的效果。所以旅游企业开展电子商务必须进行系统规划,建设好自己的电子商务系统,让电子商务系统成为发展企业经济增长点的有力工具。

中青旅的企业发展就有力地说明了企业开展电子商务的重要作用。

中国青年旅行社总社成立于 1997 年,并于同年在上交所上市,是一个从事入境旅游、国内旅游、公民自费出国旅游、高科技产品开发和技术服务、旅游资源配套开发等业务的企业。中青旅上市以来,经营规模、经营业绩始终保持着快速增长的态势,在资本市场上树立起"绩优、规范、高成长"的形象。

在旅游业务方面,中青旅按集聚大规模客源和网络化建设的要求,建立了青旅连锁系统与青旅在线网上服务系统,先后投资车队、饭店、度假村等旅游相关资源以及收购了 6 家地方青旅,谋求综合效益与业务协同效果。中青旅将旅游服务与高科技手段有机结合,在中国公民旅游市场率先实现旅游服务虚拟网络、物理网络与操作体系的无缝对接,建起全方位立体化综合服务平台。

2000 年 6 月 1 日正式开通的青旅在线(www.CTYSonline.com),利用互联网技术提供专业旅行服务。同时中青旅根据未来长期发展的要求,投资内部信息化建设,通过信息化建设促进业务流程重组,大大提高了经营管理效率。

中青旅旅游服务的整个流程,可以被归纳为"前台"和"后台"两个互相衔接的部分,如图 2-4 所示。前台负责客户的招揽,通过构筑连锁店、互联网("青旅在线")及 800 免费电话资讯三位一体的销售网络,实现实体门店、电子信息和语音中心相融合的立体销售网络。客户一旦通过任何一种方式与公司签约,他的相关信息和需求即会通过高效的信息网络传送至后台处理中心。

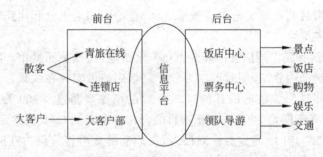

图 2-4 中青旅旅游服务的流程

在后台,中青旅向旅游供应商批量采购产品,实现低成本的优势。产品开发部门组织、包装旅游线路产品,供前台销售。游客成团后,计划调度人员进行交通、饭店和景点的预订及接待安排。从游客踏上旅途开始,专职服务人员就会相伴左右。这个崭新的业务流程,将过去由客户经理一人独立完成的诸多工作,分解为若干个环节,每个环节由专职人员负责,各环节之间在信息系统的组织下紧密配合相互协调。充分体现了分工合作大系统低成本、高效率的特点。

在中青旅的前、后台之间,信息系统每天传递着大量的信息。信息平台替代了纸张、传真等传统信息载体,加强了中青旅各部门之间、总部和连锁店之间的业务协同,成为企业不可或缺的"神经中枢"。

从中青旅的成立到利用信息化平台的成果可以看出其发展的如下特征。

(1) 现代旅行社集团规模的扩大、业务的多元化和专业化分工的发展,必须以强大的信息系统为支持。信息化平台能协同和优化企业集团各部门、分支机构的业务活动,成为企业集团运作的保证。

(2) 传统旅游企业实施电子商务,不仅要考虑在线业务本身,更要考虑在线业务对传统业务的互补和促进。

(3) 企业信息化是一个整体。电子商务和内部信息化相辅相成,使得企业在信息化方面达到一个比较完美的程度。

随着我国全社会信息化的逐渐深入,中青旅的信息化平台逐渐与合作伙伴的网络进一步互相开放,另外通过支付结算手段的完善,中青旅信息化平台将成为一个典型的电子商务平台。

(四) 旅游信息化组织

信息化的优势在于互联。开展电子商务不是单个旅游企业的事情,如果个别旅游企业建设了完备的电子商务系统,而其业务伙伴还没有实现信息化,旅游者对网络的应用也还比较陌生,那么这些企业的电子商务活动依然是难以开展的。只有信息化工作得到了旅游业各方面的参与,才能体现出作用和效益。实施电子商务的旅游企业越多,利用电子商务手段的旅游者越多,旅游业务的信息化越能大规模体现,真正起到提高效率、降低成本、加强市场沟通的作用。

旅游业的运行涉及旅游目的地营销机构、旅行社、航空公司、酒店、主题公园、景点、汽车租赁、火车、轮船公司、文娱场所、旅游购物中心、展览业等各种旅游、文化、信息传播机构等多种机构和环节。这些机构分布在不同的地域,规模大小不一,对信息化的认识和应用程度不同。旅游电子商务在行业内的普及,需要专业的服务与行业的引导者、服务者、规范者。这些工作通常由旅游信息化组织来完成。

旅游信息化组织一方面推动旅游营销机构和旅游企业更好地在旅游电子商务体系中定位自己,保证能从先进的、新的通信技术中获益;另一方面还承担着推进旅游电子商务标准化以及制定旅游电子商务政策法规的职能。

当今国际上主要的旅游信息化组织是国际旅游信息标准化组织——开放旅游联盟(open travel alliance,OTA)。OTA是一个自筹资金进行运营的非营利组织,其发展目标是致力于帮助旅游行业更好地利用互联网。OTA联合了主要的航空公司、旅游饭店、旅游租车公司、娱乐服务企业、旅行社、全球分销系统、电子商务技术提供商和其他相关机构,共同制定并推广适用于全行业的开放的政策法规。

在我国,政府性的旅游业信息化机构,如国家旅游局、地方旅游局的信息中心负责旅游信息化的规划、管理、组织和事业发展的职能,它们在全行业贯彻落实中央关于信息化工作的方针政策,推进旅游业的信息化工作,推进旅游业务处理的电子化、数字化,促进旅游业电子政务和电子商务的开展。

（五）物流、支付等支持系统

支付结算与物流配送体系的稳步推进，是旅游电子商务得以顺利实现的重要支持。

支付结算是旅游网上交易实现的很重要一环，关系到对购买方的信用、能否按时支付，旅游产品的销售方能否按时回收资金并促进企业经营良性循环的问题。对于一个完整的网上交易，它的支付应该是在网上进行的。但由于目前电子商务支付环境和社会认同程度的原因，网上交易还处于初期阶段，许多旅游者和旅游企业还没有接受网上支付这种方式。支付结算是脱离网络进行的，旅游者事先预订了旅游产品，再与旅游企业面对面支付费用。旅游企业之间的支付则采取月结和银行划账的方式。

资料显示，我国旅游行业每年都要承担近20亿美元的拖欠款，其中很重要的原因便是由于支付手段的落后而形成重重漏洞造成的。建设一套由国内及国际银行支持和参与的网上结算系统，正是根除这一痼疾的有效手段。近几年虽然出现了比较方便的网上支付手段，但是由于用户对此支付手段还有疑虑，需要一段时间的适应，相信网上支付这种非常高效、方便的支付手段会被用户接受的。

与其他行业不同，旅游电子商务对物流配送的需求相对较少。旅游产品具有异地购买、当地消费的特点，一个旅行社推广旅游线路，无论消费者身在何处，都要亲临当地进行消费；消费者预订酒店时，可以在地球的另一端，但是只有亲自入住酒店才能完成这次消费。旅游产品的这种消费特点，能够有效地避免电子商务实施过程中商品远距离运送问题，只需要解决一些交通票据的近距离递送。

对于开展旅游电子商务的企业而言，有两种途径管理和控制物流。一种是利用自己的力量建立自己的物流系统。另一种是通过选择合作伙伴，利用专业的第三方物流公司提供票据递送服务。

第二节　旅游电子商务体系的功能

一、旅游电子商务能够促进旅游产业的发展

旅游业引入电子商务，推动了旅游业向结构更加合理和运行水平更加提高的方向发展，对于我国旅游业的产业发展将会带来明显的影响。

（一）旅游电子商务促进旅游企业组织结构的调整

电子商务的发展对于旅游企业带来的影响主要表现在两个方面：一是降低交易费用，推动市场的发展，使企业得以集中资源培养自己的核心业务，导致企业趋向小型化和专业化；二是提高管理效益和组织效率，使企业领导能借助信息技术管理更大的组织和适应更复杂结构的挑战，从而导致企业的规模扩张和集团化发展趋势。

电子商务的发展对我国旅游产业组织的影响突出地体现在对形成规模化、网络化的

旅游企业集团的促进作用。旅游电子商务推动了旅游业务各个子系统之间的协同和配合,增强了食、宿、行、游、购、娱等各个产业的内容关联度和流程紧密度,带动了旅游企业的虚拟联合,是一种松散灵活又彼此互利的协作关系。

总之,旅游电子商务的发展将促进旅游企业的重组与整合,形成我国旅游业走向集团化、网络化、国际化、专业化的产业组织格局的推动力量。

(二)旅游电子商务改变了旅游产业的发展环境

传统的旅游业是劳动密集型或资金密集型产业。而电子商务的介入使得旅游产业的发展正在逐渐改变这些特征,旅游产业的发展环境正在发生着改变。

首先,网络信息技术的运用增加了旅游业中的科技含量。传统旅游模式中,由于地域分隔、渠道限制、条块划分等因素,信息难以广泛沟通,而电子商务的发展使旅游信息可以通过网络汇集、传播、共享,大大增加了每一个旅游市场主体所能获得的信息资源量。

其次,旅游电子商务提高了旅游业对于从业人员素质的提高,提高了旅游业的劳动生产效率。信息技术的广泛应用使得各部门的数据、信息传送全部通过企业内部网进行,用计算机处理。这就需要旅游企业对人员结构进行调整和重组,聘用人员必须熟悉电脑操作,了解信息化流程。

最后,信息技术的应用也使旅游从业人员从繁杂的日常事务性工作中解脱出来,将更多的精力投入市场研究、分析和战略设计。电子商务展示的更广阔的市场,使旅游企业处理信息、分析市场、制定战略的复杂度提高,加之丰富的信息资源,将使旅游行业的运作走向更高的层次水平。

(三)旅游电子商务带来了传统旅游市场结构的转型

电子商务与旅游的结合促进了网络旅游产品直接销售以及电子旅游中间商的发展,并推动着传统旅游中间商的业务转型。电子商务的出现使旅游供应商能更自由地拓展市场,无须受到地域限制,既与旅游中间商又与终端客户发展商务关系;旅游批发商可以利用互联网更广泛地组织旅游产品,旅游代理商也能从网络上获得更丰富的产品源。

与此同时,网络的应用提高了中间商的效率,新型的电子旅游中间商开始产生。电子旅游中间商是一些基于互联网,提供信息服务中介的新型中间商。这些以信息服务为核心的电子旅游中间商的功能包括:信息服务、检索功能、咨询功能、促销功能、信誉评估以及虚拟交易市场。与传统的旅游中间商一样,电子旅游中间商也是连接旅游供应商和旅游者的桥梁与纽带,同样发挥着帮助旅游者进行购买决策和满足需求,降低旅游供需双方达成交易的成本费用的作用。

旅游电子商务虽然冲击了旅游中间商的订房、订票业务,但旅游中间商提供咨询、建议和经验的作用仍然是互联网无法代替的。信息简单的、标准化的旅游产品如机票、饭店等具有在线销售的天然优势,而对于复杂的、不确定因素多的旅游产品如包价旅游,旅游者更愿意求助于旅游代理商的专业经验,此外,与旅游代理商的面对面接触和旅游代理商自身的商业信誉也更能给游客以信任感。

旅游批发商组合、包装旅游产品的功能也十分重要,它们把基本的旅游产品元素加工组合成复杂多元的旅游产品体系。可以这样说,旅游者可以在互联网上预订旅游产品,但如果没有旅游批发商的存在，互联网上的旅游产品绝不会是丰富多样的。

总之旅游电子商务带来的这种变革，将使旅游市场结构向低成本、高效率的方向发展，促进旅游市场和旅游产业的优化。

（四）旅游电子商务有助于旅游业集合竞争力的提高

产业竞争力是在自由、公正的市场条件下，一个国家或地区的某一产业的产品和提供的服务符合国际市场要求的程度。旅游业是一个综合的、联动的产业。

首先，这种综合联动特性体现在旅游服务的提供需要食、宿、行、游、购、娱各类旅游企业及其他相关部门的协作与配合。旅游业运行的质量不仅取决于单个旅游企业的服务水平，更取决于旅游企业之间协调配合运作体现出来的整体效率和服务水平。

其次，这种综合联动特征还体现在旅游业的宣传和推广应采取一种以旅游目的地形象为先导，旅游企业和旅游产品分层次展现和联合模式，才能实现最佳的集成效应。因此，旅游产业竞争力的形成是旅游业各方面协同配合的结果，是一种集合竞争力。

旅游业竞争力不仅取决于单个旅游企业的服务水平，更取决于旅游企业之间的协调运作所体现出来的整体效率和服务水平。旅游电子商务对旅游业竞争力的促进作用集中体现在：电子商务为旅游业提供了优良的信息沟通手段、业务协作网络和联合推广平台；它增进了旅游业各子系统和各机构之间的关联配合程度，提高了协作效率和协作水平；它降低了旅游者或者旅游企业搜寻信息的成本和远距离交流信息的成本，使旅游者和旅游企业之间的直接交易增加；电子商务的发展，不仅为旅游企业提供了机遇，也为政府主导、企业参与的旅游目的地营销提供了良好的实现途径。

二、旅游电子商务能够促进旅游企业发展

旅游电子商务对旅游企业的运作有着举足轻重的作用，这体现在多个方面。

（一）提高企业管理水平

旅游企业通过使用企业内部网可以大大提高协同工作的能力。通过企业内部网，企业可以将位于不同地域的员工召集起来随时召开网络视频会议，交流各自工作情况和出现的新问题，彻底改变了传统的工作流程。各部门员工之间的沟通变得轻而易举，信息传递更准确及时，有利于企业增强凝聚力，过去对于出差中的员工来讲，很难及时准确地得到企业的最新信息，而发达的网络和移动通信可以使这样的问题迎刃而解。

（二）降低企业运营成本

旅游电子商务是企业降低运营成本的一种有效途径，包括如下方面。

1. 降低交通和通信费用

通过电子商务的实现使旅游企业业务人员和管理人员交流沟通变得非常容易，他们可以利用互联网提供的价格低廉有效的工具如电子邮件、网络电话、网络会议等方式进行，甚至还可以使用聊天工具来互相轻松沟通。

2. 降低人工费用

在电子商务平台上，许多由人工处理的业务，都可以由电子商务系统自动完成，达到

了降低费用、减少人为差错、提高效率的作用。

3. 降低企业财务费用

由于参与企业运行的人员减少,企业对员工工作必须提供的固定资产、日常办公开销自然减少,因此可以节省大量资金和费用。

4. 降低企业办公费用

通过互联网甚至可以实现无店铺经营,把业务放在互联网上实现,无须在繁华地段租用昂贵的办公场所。

(三)树立企业良好形象

互联网是服务全球的网络,所以在网络上树立的企业形象是广泛的,具有国际性的。这种良好的形象将会给旅游企业带来大量潜在的顾客,对于旅游市场开拓发挥着重要的作用,从而增加旅游企业在竞争中的优势。

(四)提高企业营销效益

旅游企业在互联网上建立的电子商务平台,发布本企业的旅游信息,通过平台可以广泛地与大众交流,获知他们对产品、服务、营销策略的意见,以及对新旅游项目开发的建议和定价的看法等。如此企业可以更加了解市场的情况,对自己的营销策略加以调整。电子商务平台可以为旅游企业的市场营销提供新的空间,明显提高营销效益。

(五)创造新的市场机会

电子商务平台可以为旅游企业创造更多新的市场机会。

第一,电子商务平台构建在互联网之上,旅游企业可以突破时间的限制。利用互联网可以实现 7×24 的营销模式,同时并不需要增加额外的营销费用,一切工作利用计算机自动完成。

第二,同样由于互联网的优势,旅游企业能够突破传统旅游业中地理位置的分割,轻松地将市场拓展到世界上的任何地方。

第三,可以吸引新顾客。作为新的营销渠道,电子商务平台可以和传统的营销渠道相得益彰,吸引那些在传统营销渠道中无法吸引的顾客,而且不受时间和地理的限制。

第四,可以开拓新的旅游产品。利用电子商务平台可以与顾客进行交互式沟通,顾客可以对企业提出新需求,企业可以及时根据自身需要对顾客开发新的产品和服务。

第五,通过电子商务平台,旅游企业可以为顾客提供定制化服务,最大地细分市场,满足市场中每一个顾客的个性化需求。

(六)提高顾客满意度

旅游企业通过电子商务平台发布信息,顾客可以随时随地根据自己的需要了解感兴趣的内容。它克服了在为顾客提供服务时的时间和空间障碍,能够显著地提高对顾客的服务效率,为顾客提供满意的订单执行服务——用户可以自行查找订单的执行情况。对于售后服务,电子商务平台更具有优势,用户可以在旅游消费后就一些不满意的情况进行投诉,企业可以做出及时的反应,有助于提高企业的服务水平,增加顾客满意度。

第三节　旅游电子商务体系的特点

旅游电子商务体系是构筑在互联网基础之上的，由旅游机构、旅游者、旅游企业以及其他相关机构共同组成的信息化体系，信息技术的引用直接带来了旅游业的大转变。旅游电子商务的特点带有很多信息技术的特点，旅游电子商务的特点有多方参与性、时空无界性、聚合性和高效性。

一、多方参与性

由信息技术推动而形成的旅游电子商务，不仅仅是旅游机构如何利用信息技术提高业务效率和降低运营成本的问题，还涉及为保证旅游电子商务顺利进行所需要的设施和技术支持，配套完善的市场环境和管理手段，必须有多个方面的力量参与其中。

首先，各类旅游企业、旅游营销机构和旅游者都将成为旅游电子商务的参与者。因为旅游电子商务的信息沟通是通过数字化形式实现，所以以上参与各方必须拥有相应的信息技术工具，才能够接入网络信息系统。

其次，通过旅游电子商务实现交易，交易双方在空间上是分离的。为保证交易的顺利进行，必须提供相应的支付结算手段和物流配送服务。由于旅游行业配送货物批量小、批次多的特点，导致自己建立物流配送的成本高、效益低，所以需要依赖传统的物流配送体系。在网上支付充分被社会接受之前，还要利用传统的支付手段。

最后，为保证旅游企业、旅游机构和旅游者能够利用数字化的沟通渠道，使信息技术走进旅游业、服务于旅游业，需要专业技术服务提供者，即电子商务服务商的参与。

旅游电子商务的获益方除了主要参与者：旅游者、旅游营销机构和旅游企业以外，许多与旅游相关的产业也会参与其中并从中获益，例如旅游商品的供货方、生产者也可以在电子商务平台上得到大量数据，从中分析自己应该生产和提供怎样的产品来满足市场。

二、时空无界性

互联网遍布全球，使信息共享的地域空前加大。互联网的超文本文件可以在各种各样的硬件、软件环境中读写，使得信息共享的服务平台空前增多。互联网属于开放的客户机/服务器系统，任何人都享有平等的入网自由。旅游业内的众多增值网络，如全球分销系统（GDS）等，也具有极其广阔的应用范围。

旅游电子商务体系突破了时空限制，全球24小时不间断的服务网络使旅游从业者将不必恪守坐店经营的原则，实现随时随地经营的思想操作模式。网络突破了空间距离的束缚，使得人们可以随时连接到自身所需要的信息。从长远来看，越是空间距离远、对旅游目的地陌生的旅游者，越是倾向于通过网络获取所需要的信息。旅游电子商务体系的发展为国际营销和销售提供了理想的平台。

三、聚合性

旅游产品的构成要素纷繁复杂。旅游电子商务体系像一张大网,将旅游业务各方面的信息资源、服务资源、客户资源集中起来,把服务于旅游业的金融机构、旅游目的地营销机构也集合进来,形成一个虚拟的巨大市场空间。

旅游服务提供商、旅游中间商和旅游者都能充分利用旅游电子商务。使得旅游 B2B 电子商务平台成为永不落幕的旅游产品交易会,旅游 B2C 电子商务平台成为旅游超市。旅游电子商务体系正是实现了大市场的这种供求汇集、信息充分、交易畅通的功能,促进了旅游业的交流与协作。

四、高效性

在传统的旅游经济中,由于地域和其他方面的原因,服务提供方与最终消费者之间存在许多隔离因素,造成信息的迂回流动。操作环节多,旅游中间商的存在分走很多利润,使交易成本上升。

在旅游商务体系中,由于以互联网为基础,在世界范围内处理市场信息,可以直接沟通生产者与消费者,任何旅游企业都可以与遥远的旅游者通过网络直接进行信息沟通,信息交换瞬间完成。信息迟滞和通过中间环节的迂回大大减少,效率提高。旅游电子商务的直接性决定了它将形成比传统模式更为有效的营销和业务运行体系。

第四节 旅游电子商务体系的交易模式

一、B2B 交易模式

B2B 指的是 business to business,即企业与企业之间通过互联网进行产品、服务及信息的交换。也就是进行电子商务交易的供需双方都是商家(或企业、公司),它们使用了 Internet 的技术或各种商务网络平台,完成商务交易的过程。

在旅游电子商务中,B2B 交易形式主要包括以下几种情况。

(1) 旅游企业之间的产品代理,如旅行社代订机票与饭店客房,旅游代理商代售旅游批发商组织的旅游线路产品。

(2) 组团社之间相互拼团,也就是当两家或多家旅行社经营同一条旅游线路,并且出团时间相近,而每家旅行社只拉到为数比较少的客人时,旅行社征得游客同意后可将客源合并,由其中一家旅行社操作,规模运作以降低成本。

(3) 旅游地接社批量订购当地旅游饭店客房、景区门票。

(4) 客源地组团社与目的地地接社之间的委托、支付关系,等等。

旅游业是一个由众多子行业构成、需要各子行业协调配合的综合性产业,食、宿、行、游、购、娱各类旅游企业之间存在复杂的代理、交易、合作关系，旅游 B2B 电子商务有很大的发展空间。

旅游企业间的电子商务又分为两种形式。

一是非特定企业间的电子商务，它是在开放的网络中为每笔交易寻找最佳的合作伙伴。一些专业旅游网站的同业交易平台就提供了各类之间查询、报价、询价直至交易的虚拟市场空间。

二是特定企业之间的电子商务，它是在过去一直有交易关系或者今后一定要继续进行交易的旅游企业之间，为了共同的经济利益，共同进行设计、开发或全面进行市场和存量管理的信息网络，企业与交易伙伴间建立信息数据共享、信息交换和单证传输。

如航空公司的计算机预订系统就是旅游业内的机票分销系统，它连接航空公司与机票代理商（如航空售票处、旅行社、旅游饭店等）。机票代理商的服务器与航空公司的服务器是在线实时连接在一起的，当机票的优惠和折扣信息有变化时，会实时地反映在代理商的数据库中。机票代理商每售出一张机票，航空公司数据库中的机票存量就会发生变化。B2B 电子商务的实现大大提高了旅游企业间的信息共享和对接运作效率，提高了整个旅游业的运作效率。

二、B2E 交易模式

B2E（business to eterprise）中的 E 指旅游企业与之有频繁业务联系或为之提供商务旅行管理服务的非旅游类企业、机构、机关。大型企业经常需要处理大量的公务出差、会议展览、奖励旅游事务。它们常会选择和专业的旅行社合作，由旅行社提供专业的商务旅行预算和旅行方案咨询，开展商务旅行全程代理，从而节省时间和财务成本。另一些企业则与特定机票代理商、旅游饭店保持比较固定的业务联系，由此享受优惠价格。

旅游 B2E 电子商务较先进的解决方案是企业商务旅行管理系统（travel management system，TMS）。它是一种安装在企业客户端的具有网络功能的应用软件系统，通过网络与旅行社电子商务系统相连。在客户端，企业差旅负责人可将企业特殊的出差政策、出差时间和目的地、结算方式、服务要求等输入 TMS，系统将这些要求传送到旅行社。

旅行社通过电脑自动匹配或人工操作为企业客户设计最优的出差形成方案，并为企业预订机票及酒店，并将预订结果反馈给企业客户。通过 TMS 与旅行社建立长期业务关系的企业客户能享受到旅行社提供的便利服务和众多优惠，节省差旅成本。同时，TMS 还提供统计报表功能，用户企业的管理人员可以通过系统实时获得整个公司全面详细的出差费用报告，并可进行相应的财务分析，从而有效地控制成本，加强管理。

三、B2C 交易模式

B2C（business to customer）旅游电子商务交易模式，就是电子旅游零售。交易时，旅游散客先通过网络获取旅游目的地信息，然后在网上自主设计旅游活动日程表，预订旅游饭店客房、车船机票等，或报名参加旅行团。对旅游业这样一个游客高度地域分散的行业来说，旅游 B2C 电子商务方便旅游者远程搜寻、预订旅游产品、克服距离带来的信息不对称。

通过旅游电子商务网站订房、订票,是当今世界应用最为广泛的电子商务形式之一。另外,旅游 B2C 电子商务还包括旅游企业对旅游者拍卖旅游产品,由旅游电子商务网站提供中介服务等。

四、C2B 交易模式

C2B(customer to business)交易模式是旅游者提出需求,然后由企业通过竞争满足旅游者的需求,或者是由旅游者通过网络结成群体与旅游企业讨价还价。旅游 C2B 电子商务主要通过电子中间商(专业旅游网站、门户网站旅游频道)进行。这类电子中间商提供一个虚拟开放的网上中介市场,提供一个信息交易的平台。上网的旅游者可以直接发布需求信息,旅游企业查询后双方通过交流自愿达成交易,如图 2-5 所示。

图 2-5　旅游 C2B 电子商务交易模式

旅游 C2B 电子商务主要有两种形式。

第一种形式是反向拍卖,是竞价拍卖的反向过程。由旅游者提供一个价格范围,求购某一旅游服务产品,由旅游企业出价,出价可以是公开的或是隐蔽的,旅游者将选择认为质价合适的旅游产品成交。这种形式对于旅游企业来说吸引力不是很大,因为单个旅游者订量较小。

第二种形式是网上成团,即旅游者提出他设计的旅游线路,并在网上发布,吸引其他有相同兴趣的旅游者。通过网络信息平台,愿意按同一条线路出行的旅游者会聚到一定数量,这时,他们再请旅行社安排行程,或者直接预订饭店等旅游产品,可增加与旅游企业议价和得到优惠的能力。

旅游 C2B 电子商务利用了信息技术带来的信息沟通面广和成本低廉的特点,特别是网上成团的运作模式,使传统条件下难以兼得的个性旅游需求满足与规模化组团减低成本有了很好的结合点。旅游 C2B 电子商务是一种需求方主导型的交易模式,它体现了旅游者在市场中的主体地位,对帮助旅游企业更加准确和及时地了解客户的需求,实现旅游业向产品丰富和个性满足的方向发展起到了促进作用。

本章小结

旅游电子商务的内涵包括旅游网络信息发布、旅游电子营销、网络旅游交易等,也包括旅游企业内部运营、管理流程的信息化改造。因此,旅游电子商务的涉及面十分广阔,功能十分复杂，那些应用互联网及增值网络的旅游机构、旅游者以及为旅游业提供服务的电子商务服务商都广泛地参与其中。旅游电子商务是一个复杂的系统，而随着旅游电子商务的应用逐渐广泛，其效应和作用也将会更明显。

　　旅游电子商务不但为旅游者提供了不间断的、跨地域的信息及其他服务，同时旅游电子商务也对应用电子商务的旅游企业和整个旅游业的发展起到了优化资源、提高效率的作用，使传统的旅游业走向信息化和现代化。

本章习题

　　1. 旅游电子商务体系中主要涉及哪些因素？这些参与因素在体系中的作用是什么？

　　2. 假设请你为某个旅游发达地区建设一套旅游目的地电子商务系统提供意见，你会建议由谁来主持这项工作，系统中应该有哪些必须的功能？

　　3. 旅游电子商务的发展会对旅游行业有哪些影响？

　　4. 试述旅游电子商务的集中交易模式。

第三章

旅游电子商务中的信息技术基础

【本章内容】

本章主要介绍了旅游电子商务的运行平台互联网中的主要技术。同时介绍了旅游电子商务的交互平台网站在规划与建设时应注意的主要问题。最后介绍了网站进行后台数据处理时涉及的主要技术数据库,并进行了简单的介绍。

【本章重点】

互联网的结构、地址表示、WWW 应用;

网站的建设流程和网站设计;

移动终端的规划与开发;

数据库的结构和数据仓库中的主要技术。

引导案例

国家旅游局发布的《"十三五"全国旅游信息化规划》提出,要狠抓旅游信息化建设,满足游客品质化出行需求。

"现在出门旅游,身边的朋友都习惯从网上订机票、火车票,一到酒店就找 Wi-Fi,到景区前也希望能从官网或者点评网站上提前做攻略。"从江苏到北京旅游的叶先生告诉记者。

上海财经大学旅游管理系主任何建民认为,旅游信息化对提升游客出游品质具有十分重要的作用。在出游前,可以帮助游客做出旅游目的地和产品的选择;在旅游途中发生问题时,可以及时咨询与投诉;同时也为旅游企业如景区点实时告知游客景区内的人流量等情况、动态调节供求关系提供了有效手段。

中国劳动关系学院旅游系副教授翟向坤分析，旅游信息化建设通过融合旅游产业链各要素的旅游信息资源，构建集信息服务、市场营销、产业运行监测、行业监管等多功能于一身的全方位旅游信息化系统。作为提升游客旅游体验和旅游品质的一种全新服务手段，旅游信息化可以在行前、行中、行后三个阶段全面深入地提升游客出游品质。出游前，可以使游客获得丰富的信息支撑，有针对性地了解相关旅游资源，进行虚拟体验，进而有助于游客合理安排行程计划，切实满足其个性化与多样化需求；行程中，有助于游客节约旅游成本，加强出行的便捷和安全；出游后，亦可以通过交流互动，获得游客对旅行经历的分享，及时处理游客的投诉咨询等工作。最终将推动传统旅游消费方式向现代化旅游消费方式转变。

事实上，随着旅游信息化技术的发展，昔日景区人山人海、酒店一床难求、旅游维权艰难等，这些旅行中的囧事或将成为过去。将来，可以通过大数据、北斗系统、云计算应用等技术，实现游客精准分流，合理限流，巧妙避流，更好地满足游客"吃厕住行游购娱"等方面需求，让旅游更有品质、生活更有品位。

12301国家智慧旅游公共服务平台负责人姚丹骞说，现在我们无论是用滴滴还是神州专车，无论是大众点评还是美团，消费者很容易看到对司机和餐厅的点评信息，而与游客出游品质关联最大的导游却还没有权威的导游评价平台。这方面需要按照规划精神，利用具有公信力的信息化手段，进行旅游信息多点整合，从而综合提升游客出行保障和满意度。

据了解，规划确定了全国/全球全域旅游全息信息系统工程、12301国家智慧旅游公共服务平台提升工程、旅游行业监管综合平台提升工程、旅游应急指挥体系提升工程、旅游信息化标准体系提升工程、国家旅游基础数据库提升工程、民宿客栈信息化工程、旅游电子商务平台工程、旅游网络营销平台工程九大重点工程，以旅游信息化引领旅游业转型升级，提高旅游品质。

对于如何落实好规划中关于提升游客出游品质的内容，翟向坤建议，旅游行政管理部门应致力于推动旅游信息化进程，整合各类旅游资源技术平台，通过手机、电脑或移动终端实时互动，及时、便捷地满足游客个性化与多样化需求，并在安全出行、在线支付、旅游维权等方面为游客提供周到服务。旅游企业应通过信息化定制生产对应的旅游产品，从而推动整个旅游产业链创新发展，充分、及时和高效率地满足游客需求。

姚丹骞透露，随着全国旅游公共服务监管平台的上线，导游监管、旅行社监管、团队监管方面将会有新的突破。特别是旅游各核心数据的集中与关联，让游客出游更加便捷、安全，比如游客可以随时了解相关导游的评价信息，寻求12301平台的帮助时，只要报出身份证号码就可以随时了解所报团号、导游姓名、电子合同、电子行程单等关联信息。随着景区电子门票导则的颁布，全国景区电子票号或将实现统一，游客在手机上就可以预订各景区门票，也可以随时了解长假期间各景区实时人流情况，方便游客进行行程选择，提高游客旅游服务体验。

 引言

电子商务是以互联网为平台而从事的商务活动，也就是说，以互联网为核心的计算机网络技术是电子商务的技术支撑。在电子商务活动所涉及的计算机网络技术中,包括了网络传输技术、Web 开发技术、网络数据库技术、网络安全技术、网络资金支付技术,等等。Web 网站是目前人们应用电子商务的一种主要形式,人们进行电子商务活动时,往往要先登录 Web 网站。

电子商务发展需要网络平台与网络技术支持,因此开展电子商务,就需要对电子商务的互联网技术有所了解和掌握。本章介绍互联网的基本概念、互联网与局域网的应用以及互联网接入技术、商务网站构建等知识。特别是将重点介绍在 Web 的开发中所使用到的计算机技术的基础知识。此外,一般认为早期基于专用计算机网络和标准数据传输格式的 EDI 是电子商务的雏形,而今天的 EDI 则是除开 Web 形式之外电子商务的另外一种重要表现形式。

第一节　互联网概述

互联网是世界上最大的计算机网络,它以 TCP/IP(传输控制协议/网际协议)协议进行数据通信,把世界各地的计算机网络连接在一起,进行信息交换和资源共享。互联网可以连接各种各样的计算机系统和计算机网络,不论是微型计算机还是大/中型计算机,不论是局域网还是广域网,不管它们在世界上什么地方,只要共同遵循 TCP/IP 协议,就可以连入互联网。

互联网是一项正在向纵深发展的技术,是人类进入网络文明阶段或信息社会的标志。互联网在为人们提供计算机网络通信设施的同时,还为广大用户提供了非常友好的人人乐于接受的访问方式。互联网使计算机工具、网络技术和信息资源不仅被科学家、工程师和计算机专业人员使用,同时也为广大群众服务,进入非技术领域、商业、千家万户。互联网已经成为当今社会最有用的综合性信息工具。

国内互联网用户数 1997 年以后基本保持每半年翻一番的增长速度。据中国互联网络信息中心(CNNIC)公布的《第 37 次中国互联网络发展状况统计报告》显示,截至 2015 年 12 月底,我国互联网用户规模达 6.88 亿,互联网普及率持续上升增至 50.3%。互联网商务化程度迅速提高,全国互联网购物用户达到 4.13 亿,网上支付、网上购物和网上银行用户增长率均在 20% 以上,远远超过其他类网络应用。互联网正在深入普通百姓日常生活的方方面面。

一、互联网的构成

从逻辑上看,为了便于管理,互联网采用了层次网络的结构,如图 3-1 所示,即采用主干网、次级网和园区网的逐级覆盖的结构。

其中,主干网:由代表国家或者行业的有限个中心节点通过专线连接形成;覆盖到国家一级;连接各个国家的互联网互连中心,如中国互联网络信息中心(CNNIC)。次级网(区域网):由若干个作为中心节点的代理的次中心节点组成,如教育网各地区网络中心,

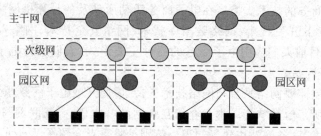

图 3-1　互联网结构

电信网各省互联网中心等。园区网（校园网、企业网）：直接面向用户的网络。

网络中主要的硬件设备有通信线路、路由器和主机等。其中通信线路是互联网的基础设施，它负责将互联网中的路由器和主机连接起来。互联网中的通信线路可以分为两类：有线通信线路（电缆、光缆等）和无线通信线路（微波等）。通常使用"带宽"和"传输速率"等术语来描述通信线路的数据传输能力。

所谓传输速率，指的是通信线路每秒可以传输的比特（bit）数，单位是 b/s（bps）。为了书写方便，经常使用以下的表示方式：1kbps $= 10^3$ bps，1Mbps $= 10^6$ bps，1Gbps $= 10^9$ bps。

所谓带宽，指的是传输线路上某数据信号所占据的频率范围。通信线路的最大传输速率与它的带宽成正比。通信线路的带宽越宽，它的传输速率也就越高。

路由器是互联网最重要的设备之一，它负责将互联网中的各个局域网或广域网连接起来。当数据从一个网络传输到路由器时，它需要根据数据所要达到的目的地，通过路径选择算法为数据选择一条最佳的输出路径。

主机是互联网不可缺少的成员，它是信息资源与服务的载体。在互联网中主机可以是大型计算机，也可以是微型机或便携机。按照在互联网中的用途，主机可以分为两类：一是服务器，二是客户机。其中主机是信息资源与服务的提供者，客户机是信息资源与服务的使用者。

二、互联网的通信协议与工作原理

互联网允许世界各地的网络作为它的子网联入互联网，而连入的各个子网的计算机可以是不同类型的，它们所使用的操作系统也可以是不同的。那么，对于一个这么复杂的系统，用什么办法保证互联网能够正常工作呢？方法只有一个，那就是让所有连入互联网的计算机都使用相同的通信协议，这个协议就是 TCP/IP 协议。

（一）TCP/IP 协议

TCP/IP 协议是网络中使用的基于软件的通信协议，包括传输控制协议（transmission control protocol，TCP）和网际协议（internet protocol，IP）。TCP/IP 是普通使用的网络互联的标准协议，可使不同环境下不同节点之间进行彼此通信，是连入互联网的所有计算机在网络上进行各种信息交换和传输所必须采用的协议。

TCP/IP 协议并不只是 TCP 协议和 IP 协议两个协议，它们实质上是一个协议集。

和 OSI 参考模型相比,TCP/IP 通信协议采用了 4 层的层级结构,每一层都呼叫它的下一层所提供的网络来完成自己的需求,这 4 层分别为应用层、传输层、互联网络层和网络接口层。

1. 应用层

应用程序间沟通的层,即应用层。如简单电子邮件传输(SMTP)、文件传输协议(FTP)、网络远程访问协议(Telnet)等。

2. 传输层

在传输层中,它提供了节点间的数据传送服务,如传输控制协议(TCP)、用户数据包协议(UDP)等,TCP 和 UDP 给数据包加入传输数据并把它传输到下一层中,这一层负责传送数据,并且确定数据已被送达并接收。

3. 互联网络层

互联网络层负责提供基本的数据封包传送功能,让每一块数据包都能够到达目的主机(但不检查是否被正确接收),如网际协议(IP)。

4. 网络接口层

网络接口层位于 TCP/IP 协议的最低层,它包括所有使得主机与网络可以通信的协议。TCP/IP 协议没有为这一层定义具体的接入协议,以适应各种网络类型。它的功能主要是为通信提供了物理连接,屏蔽了物理传输介质的差异,在发送方将来自互联网络层的分组透明地转换成了在物理传输介质上传送的比特流;在接收方将来自物理传输介质的比特流透明地转换成分组。

(二)互联网的工作原理

计算机网络是由许多计算机组成的,要实现计算机之间的传输数据,必须做两件事:数据传输目的地址和保证数据迅速可靠传输的措施,这是因为数据在传输过程中很容易丢失或传错,互联网使用一种专门的计算机语言(协议),以保证数据安全、可靠地到达指定的目的地,这种语言分为 TCP 和 IP。

TCP/IP 协议所采用的通信方式是分组交换方式。所谓分组交换,简单说就是数据在传输时分成若干段,每个数据段称为一个数据包,TCP/IP 协议的基本传输单位是数据包。TCP/IP 协议包括两个主要的协议,即 TCP 协议和 IP 协议,这两个协议可以联合使用,也可以与其他协议联合使用,它们在数据传输过程中主要完成以下功能。

首先由 TCP 协议把数据分成若干数据包,给每个数据包写上序号,以便接收端把数据还原成原来的格式。

其次 IP 协议给每个数据包写上发送主机和接收主机的地址,一旦写上源地址和目的地址,数据包就可以在物理网上传送数据了。IP 协议还具有利用路由算法进行路由选择的功能。

最后这些数据包可以通过不同的传输途径(路由)进行传输,由于路径不同,加上其他的原因,可能出现顺序颠倒、数据丢失、数据失真甚至重复的现象。这些问题都由 TCP 协议来处理,它具有检查和处理错误的功能,必要时还可以请求发送端重发。简言之,IP 协议负责数据的传输,而 TCP 协议负责数据的可靠传输。

（三）IP 地址及域名地址

在互联网上，主机的网络地址起着至关重要的作用，因为当一台主机与另一台主机进行通信或访问对方的资源时，都必须先获得对方的地址才能进行通信。正如电话系统的工作原理一样，你要给对方打电话，必须知道对方的电话号码，相反，如果对方要打电话给你，他也必须知道你的电话号码。

同样的道理，互联网上主机的网络地址是指连入互联网的计算机的地址编号，用于标识一台计算机，必须注意的是，在互联网中的每一台计算机都有一个地址而且该地址是唯一的。

1. IP 地址

互联网的网络地址有两种表示形式：一种是机器可以识别的地址，就是 IP 地址，用数字表示，如 192.168.2.100；另一种是便于记忆的地址，称为域名地址，用字符表示，如 www.21cn.com。下面分别介绍这两种形式的网络地址。

IP 地址的长度为 32 位（指二进制位），占 4 个字节，由 4 组数字组成，为了方便用户理解和记忆，通常采用 X.X.X.X 的格式来表示，每个 X 为 8 位二进制数，故每个 X 的取值范围是 0～255，如 192.168.1.2，这种格式的地址通常称为点为十进制地址。

我们把 IP 地址分为两个部分——网络标识和主机标识。网络标识，即同一物理网络上的所有主机都用同一个网络标识，网络上每一个主机都有一个主机标识与其对应。主机标识，即某个网络中特定的计算机号码。

如一个主机服务器的 IP 地址为 192.168.10.2，其中，网络标识为 192.168.10.0，主机标识为 2。

2. 域名地址

域名的引入是为了解决上面说到的 IP 地址是不好记忆的问题。主机在互联网上直接使用 IP 地址就可以访问互联网中的其他主机，但由于 IP 地址采用数字表示网络地址，用户很难记住 IP 地址，为此，互联网提供了一种便于记忆的地址表示形式，即用字符来表示一个网络地址，如 www.sina.com、www.263.net，在这种表示方式中，每一个用点号隔开的字符串都有一定的意义，并且书写也有一定的规律，使得用户很容易理解和方便记忆，这种形式的地址叫作域名地址。

域名地址也称标准地址，它是由一定意思的字符串来标识主机地址，IP 与域名地址两者相互对应，而且保持全网统一。

注意：一台主机的 IP 地址是唯一的，即只能有一个 IP 地址，但是它的域名数却可以有多个！ 对一般互联网用户而言，只要输入主机的域名地址就可以访问对应的主机。

互联网的域名结构是由 TCP/IP 协议集的域名系统（DNS）定义的，域名地址结构采用的是层次结构。域名的结构如下：

计算机名.组织机构名.网络类型名.最高层域名

由此我们看出，域名结构由若干个分量组成，各个分量之间用点隔开：….三级域名.二级域名.顶级域名。各分量代表不同级别的域名，级别最低的域名写在最左边，级别最高的顶级域名则写在最右边。完整的域名不能够超过 255 个字符，一个域名可以包含下级域名的数目并没有明确的规定,各级域名由各自的上一级域名管理机构管理,而最高的顶级域名则由互联网的有关机构管理。

现在顶级域名有三大类:第一国家级:遵循 ISO 3166 的规定。如.cn 表示中国,.us 表示美国,.uk 表示英国,等等。第二国际级:如.com 表示公司,.net 表示网络服务机构,.org 表示非营利性组织,.edu 表示教育机构,等等。

在国家级的顶级域名下注册的二级域名由该国家自行决定。我国将二级域名划分为"类别域名"和"行政区域名"。其中常见的"类别域名"有:.gov 表示政府机构,.edu 表示教育机构,等等;行政区域名则用来表示我国的各省、自治区和直辖市(如.mail.dg.cn)。我国负责二级域名下申请三级域名(二级域名.ed 除外)的机构叫作中国互联网网络信息中心(China Internet Network Information Center,CNNIC);申请二级域名.edu 下的三级域名的机构是中国教育和科研计算机网络中心。

例如,中文新浪网的 Web 服务器的域名地址表示为 www.sina.com.cn。

这里,cn 对应域名结构中的最高层域名,即中国,com 对应域名结构中的网络类型名,这里为商业组织网,sina 对应域名结构中的组织机构名,这里为新浪的英文简写,www 对应域名结构中的计算机名,这里是 Web 服务器的名字,完整的表述就是:中国商业网下的新浪公司 WWW 服务器。由此我们可以看出,如果用域名地址来表示中国新浪网的另一台服务器,如邮件服务器,这里假定它的名字为 mail,则邮件服务器的域名地址应为:mail.sina.com.cn。

3. 域名解析

域名解析就是将域名地址转换成 IP 地址的工作过程,由安装有域名服务系统 DNS (domain name system)的服务器完成域名解析工作,该服务器中存放了域名与 IP 地址的对照表(映射表)。

当您键入某个域名的时候,这个信息首先到达提供此域名解析的服务器上,再将此域名解析为相应网站的 IP 地址。完成这一任务的过程就称为域名解析。域名解析的过程是:当一台机器 a 向其域名服务器 A 发出域名解析请求时,如果 A 可以解析,则将解析结果发给 a,否则,A 将向其上级域名服务器 B 发出解析请求,如果 B 能解析,则将解析结果发给 a,如果 B 无法解析,则将请求发给再上一级域名服务器 C……如此下去,直至解析完成。

三、互联网提供的服务

互联网提供的主要服务有万维网(WWW)、文件传输(FTP)、电子邮件(e-mail)、远程登录(telnet)等。这些服务中应用得最为广泛是 WWW 服务。WWW 是建立在客户机/服务器模型之上的。它以超文本标注语言 HTML(hyper markup language)与超文本传输协议 HTTP(hyper text transfer protocol)为基础。并能够提供面向 Internet 服务的、一致的用户界面的信息浏览系统。从服务形式上看,一般认为主要有 Web 1.0、Web 2.0 两种内容服务。

(一) Web 1.0 的特征

Web 1.0 时代是一个群雄并起,逐鹿网络的时代,虽然各个网站采用的手段和方法不同,但第一代互联网有诸多共同的特征,表现在如下方面。

Web 1.0 基本采用的是技术创新主导模式,信息技术的变革和使用对于网站的新生与发展起到了关键性的作用。新浪最初就是以技术平台起家,搜狐以搜索技术起家,腾讯以即时通信技术起家,盛大以网络游戏起家,在这些网站的创始阶段,技术性的痕迹相当重。

Web 1.0 的盈利都基于一个共通点,即巨大的点击流量。无论是早期融资还是后期获利,依托的都是为数众多的用户和点击率,以点击率为基础上市或开展增值服务,受众群众的基础,决定了盈利的水平和速度,充分地体现了互联网的眼球经济色彩。

Web 1.0 的发展出现了向综合门户合流现象,早期的新浪与搜狐、网易等,继续坚持了门户网站的道路,如图 3-2 所示,而腾讯、MSN、GOOGLE 等网络新贵,纷纷走向了门户网络,尤其是对于新闻信息,有着极大的、共同的兴趣。这一情况的出现,在于门户网站本身的盈利空间更加广阔,盈利方式更加多元化,占据网站平台,可以更加有效地实现增值意图,并延伸至主营业务之外的各类服务。

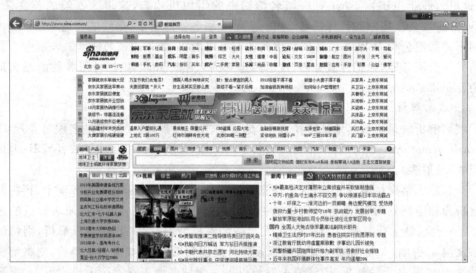

图 3-2　Web 1.0 时代的门户网站

Web 1.0 的合流同时还形成了主营与兼营结合的明晰产业结构。新浪以新闻+广告为主,网易拓展游戏,搜狐延伸门户矩阵,各家以主营作为突破口,以兼营作为补充点,形成拳头加肉掌的发展方式。

Web 1.0 不以 html 为标志,在 1.0 时代,动态网站已经广泛应用,比如论坛等。

（二）Web 2.0 的特征

Web 2.0 是相对 Web 1.0 而言的,和 Web 1.0 一样 Web 2.0 不是一种技术的代名词,而是一种总称。Web 2.0 是以 Blog、TAG、SNS、RSS、wiki 等应用为核心,依据六度分隔、xml、aj 个时代 ax 等新理论和技术实现的互联网应用的新模式。现在众多 Web 2.0 概念下的应用已经开始融入传统的门户网站。如新浪推出了互动式的搜索引擎爱问（iAsk）、VIVI 收藏夹、RSS 以及博客服务。这些新的服务都带有明显的 Web 2.0 特征,如图 3-3 所示。

图 3-3 Web 2.0 的网站

从知识生产的角度看,Web 1.0 的任务,是将以前没有放在网上的人类知识,通过商业的力量,放到网上去。Web 2.0 的任务是,将这些知识,通过每个用户的浏览求知的力量,协作工作,把知识有机地组织起来,在这个过程中继续将知识深化,并产生新的思想火花。

从内容产生的角度看,Web 1.0 是商业公司为主体把内容往网上搬,而 Web 2.0 则是以用户为主,以简便随意方式,通过 blog/podcasting 方式把新内容往网上搬;从交互性看,Web 1.0 是网站对用户为主;Web 2.0 是以 P2P 为主。

从技术上看,Web 1.0 客户端化,出现胖客户端模式,比如 GoogleMAP/Gmail 技术。

Web 2.0 时代,用户在互联网上的作用越来越大。他们贡献内容,传播内容,而且提供了这些内容之间的链接关系和浏览路径。在 SNS 里面,内容是以用户为核心来组织的。Web 2.0 是以用户为核心的互联网。伴随着 Web 2.0 的诞生,互联网进入了一个更加开放、交互性更强、由用户决定内容并参与共同建设的可读写网络阶段。

第二节　电子商务网站的规划与构建

一、电子商务网站的建站流程

(一)注册域名和申请 IP 地址

接入互联网的每个用户在网络上都应该有唯一的标识记号,即 IP 地址,以便别人能够访问。由于 32 位二进制数的 IP 地址不容易记忆,所以每个 IP 地址都可以申请唯一与其对应的、便于记忆的域名。域名可以理解为接入互联网的企业在网络上的名称,它是每个网络用户 IP 地址的别名,是一个公司或企业的网络地址。一个好的域名必须遵循以下原则:简短,切题,易记,与企业密切相关。

一个著名的域名如同一个著名的品牌、一个著名的商标,具有无形资产价值。取好域名后,必须向权威机构申请注册,获得批准后方可使用。

(二)确定网站的技术解决方案

注册域名和确定 IP 地址是建立电子商务网站的第一步,接下来需要选定网站软、硬件平台。无论是自己拥有独立的服务器,还是租用虚拟主机,如果想进行电子商务活动,都要根据企业的规模、网站预计的访问流量、建站的投资及以后网站运营的费用来选择确定网站的建站方案。在建站时要考虑确定的技术因素有以下几点。

(1)根据网站不同的规模,选择不同的主机方案,搭建不同的网站建设平台。

(2)根据网站不同的规模,选择网络操作系统、Web 服务器和数据库系统。

(3)决定电子商务管理系统的解决方案,是选购还是自己开发。

(4)确定相关的开发系统,如网页编辑软件、ASP、JSP、数据库软件等。

(5)确定网站的安全措施,如防黑客、病毒、商业欺诈等方案。

(三)规划网站的内容并制作网页

网页是电子商务网站的对外表现形式,制作网站主页是电子商务网站重要的环节之一。在制作主页前需要考虑网站的风格和主要实现的功能,需要根据自己企业的特点做充分的准备,使网站的基调符合客户的需要,网站的外观设计及制作将直接影响到浏览访问者的兴趣,一个好的、有鲜明特色的电子商务网站会吸引很多的浏览者再次访问。这就需要在网站的内容、外观、栏目、功能上多下功夫。

(四)网站的发布和推广

利用 Dreamweaver MX 或其他软件可将制作完成的网页上传到 Web 服务器中,在 Internet 上发布。但是,网站的建设不是一劳永逸的事情,企业在不断发展,网站的内容也需不断地更新,所以网站信息的发布是一项经常要做的工作。

网站建设完毕后,网站推广工作又是一个重要的环节。一个电子商务网站如果不进行推广宣传,一般很难有较大的访问量,这个辛辛苦苦建设起来的网站便毫无意义。必须利用服务进行及时推广宣传电子商务网站,网站的推广一般有以下方式。

(1)在各大搜索引擎上注册,让客户可以通过搜索引擎找到网站。

(2)在传统的广告媒体中对网站的内容、网站的地址、产品的性能以及可以提供的便捷服务进行宣传,扩大网站的影响。

(3)在访问量较大的 BBS(电子公告板)上发布广告信息或开展与企业相关问题的讨论,进一步扩大网站的影响。

(4)通过电子邮件将网站的信息发送给客户和消费者。

(5)通过与其他类似网站合作,建立友情链接,获得双赢。

(五)网站的更新维护

网站建成之后,在运营过程中需要定期更新网站的信息,及时总结经验与教训,逐步完善网站的数据库服务系统,使客户可以通过网络查询网站上的产品信息及各种资料;建设 FTP 服务、电子邮件服务及搜索引擎等;设立 BBS 区和产品服务登记区等。

互联网的发展也伴随着安全问题,一个电子商务网站也经常会遭到"黑客"和"病毒"的袭击。在网站的日常维护中,网站的安全是至关重要的。网站的管理人员需要定期对网站的服务器、数据库、网页程序进行测试,对可能出现的故障和问题进行评估,制定出应急方案、解决方法和响应时间,使网站的维护制度化、规范化。

二、网站的技术架构

从技术上看,WWW 主要由两部分组成:WWW 服务器程序和 WWW 客户程序。服务器存放 Web 页,并根据请求将页面传送到客户端。客户端负责显示页面。因此网站的技术架构决定着网站的性能。当前网站的技术架构一般是用"Web server—中间件—数据库"的"三层架构"思想去实现网站的框架,如图 3-4 所示。

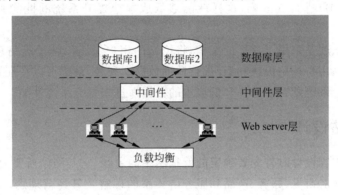

图 3-4　Web 网站的架构

此种结构的最大优点是网络规模的扩大不会对现有的设备和技术有太大的冲击,而是在现有状况下比较容易地加以改动。添加设备只是对上层应用加以改变,低层所采用的技术和设备并不需要做出大的改变,从而轻松达到网站升级的目的。

其中 Web server 层的作用是直接面向用户,运行 HTTP 服务,为用户提供浏览功能,同时运行一些应用服务。服务器的数目完全取决于网站的大小和实际的负载量。通过负载均衡技术,让多个服务器可以根据当时的访问流量自动达到负载均衡,均匀地将来自用户的请求分配到不同的服务器上。

如果网站的访问量增加到一定的程度时,发现前端服务器的负载较重,而造成了用户访问速度降低,那么我们所需要做的只是在第一层再增加服务器,或升级前端服务器的配置。如果第二层和第三层的服务器可以承受当时的负载,那么根本不需要做出任何改动。

中间层是整个系统体系结构中最重要的一个环节。它是联系前台应用和后台数据库的唯一纽带,该软件系统选择是否得当,对整个网站技术的运用至关重要。中间层的应用越来越广泛,并逐渐成为 Web 应用设计的核心。

在这种 Web 应用中,并非所有的业务逻辑都是通过 Web 页中的脚本来实现,而是利用位于用户界面与持久系统(如数据库服务器)之间的中间层组件来实现。它通常由一组能在服务器端运行的已编译好的组件组成,它封装了所有的业务逻辑,其优点是能共享整个应用中的业务功能,并提高性能。

对于较大型网站来讲,一般都有复杂的应用,而这些应用必须使用数据库,那么在面对大量访问的时候,数据库的瓶颈很快就能显现出来,这时一台数据库将很快无法满足应用,于是我们需要使用数据库集群或者库表散列。

在数据库集群方面,很多数据库都有自己的解决方案,Oracle、Sybase 等都有很好的方案,常用的 MySQL 提供的 Master/Slave 也是类似的方案,使用了什么样的数据库,参考相应的解决方案来实施即可。

数据库集群由于在架构、成本、扩张性方面都会受到所采用数据库类型的限制。就需要从应用程序的角度来考虑改善系统架构,库表散列是常用并且最有效的解决方案。我们在应用程序中安装业务和应用或者功能模块将数据库进行分离,不同的模块对应不同的数据库或者表,再按照一定的策略对某个页面或者功能进行更小的数据库散列,比如用户表,按照用户 ID 进行表散列,这样就能够低成本地提升系统的性能并且有很好的扩展性。

搜狐的论坛就是采用了这样的架构,将论坛的用户、设置、帖子等信息进行数据库分离,然后对帖子、用户按照板块和 ID 进行散列数据库和表,最终可以在配置文件中进行简单的配置便能让系统随时增加一台低成本的数据库进来补充系统性能。

三、网站设计

进行网站内容设计时首先要确定的就是网站的主题,它是网站所要表达的主要内容,综合反映了企业对市场、顾客、产品和服务诸关系的理解及其经营理念,并直接影响网站的结构、内容、营销策略和服务模式。

电子商务网站一般应包括企业简介、产品介绍、服务内容、价格信息、联系方式、网上订单等基本内容。另外,电子商务类网站还应该提供会员注册、详细的商品服务信息、信息搜索查询、订单确认、付款方式、相关帮助等方案。网站的重要信息应放在突出醒目的位置上,对主要商品的描述应该尽量细致,让浏览者能在最短的时间内了解商品的信息。

规划网站内容时应该将所有信息按类别分开,分别纳入不同层次的页面中。应先把主要的内容放到首页上,其他内容分主次地依次安排在下级网页页面中。应该依据要建立的网站内容确定站点的结构图。网站的结构图有顺序结构、网状结构、继承结构、Web 结构等。多数比较复杂的电子商务网站会综合应用几种不同的结构图。定义好网站结构图便于有效地组织站点的页面链接,这种网站结构图将有利于网站的创建和维护。

(一)网页的版面设计

版面是一项非常重要的工作,涉及方方面面的内容。因为它要利用有限的空间,将各种文字和图片有效地组合在一起。文字太多,显得沉闷,缺乏生气;图片太多,缺少文字,就显得信息量过少。图片和文字又不能简单地堆放在一起,同时还要考虑色调搭配问题。在设计版面时应该努力做到简洁、美观、主次分明、图文并茂。

版面又因人而异,每个人的兴趣不同,因而影响不同的版式,没有定式。那么如何设计好自己的版面呢?一般来说可以依据以下几个原则来设计。

1. 简洁的版面

简洁是版面最重要的原则,因为设计网页的主要目的是了解信息,网页上的信息是最精华的、最重要的,除此以外的东西均应处于次要地位。不要使版面显得过于花哨,虽然访问者会被精美的动画和花哨的图片所吸引,但访问者真正关心的是网页的内容,如果网页的内容是有价值的,那么他们才会经常地光顾。在这方面有很多的大网站是值得大家学习的。图 3-5 所示的版面就显得非常简洁。

图 3-5　版面设计式例

2. 选择合适的主色调

色彩是网站的霓裳。页面的色彩搭配是与网站的主题分不开的,好的页面搭配能够烘托主题,增强主题的表现力。在色彩搭配上,一般来说,页面的主体文字应尽量使用黑色(与背景对比明显),按钮、边框、背景等使用彩色,这样,页面既不显单调,浏览时也不会有眼花缭乱的感觉。

色彩的应用最好根据网站主题风格选定一种基调,再根据这个基调来搭配其他颜色。通常主基调色还好确定,关键是其他颜色的搭配,对于没有一定美术知识的人来说,很可能越配越糟。一般来讲,绿色配以金黄、淡白,可以产生优雅、舒适的气氛;蓝色与白色混合,能给人柔顺、淡雅、浪漫的感觉;红色和黄色、金色搭配能渲染喜庆的气氛;而金色和咖啡色搭配则会给人带来暖意。

选择一种与主题基调一致的方案，并由此发挥，就形成了整个网页的色彩。整个页面在视觉上应是一个整体，以达到和谐、悦目的最佳视觉效果。在具体操作时，可以借助一些好用的工具软件来辅助完成这些工作，如图3-6所示。

图3-6　版面设计式例

3．善用表格

利用表格，可以随心所欲地安排页面，使页面的内容整齐有序，层次清晰。另外，当图片很大时，可以裁剪成小的图片，再用表格将裁剪好的小图片拼接在一起，这样可以提高下载速度。

4．网站的风格要统一

一个网站是由很多个网页组成的，如果每个网页的风格都不一样的话，那么一定会使整个网站显得凌乱、不协调，甚至很容易使浏览者感到迷惑，不知自己是否还在同一个网站内浏览，所以一定要使网站的风格保持一致。特别是在一个网站由多个人共同开发的情况下，更应注意这个问题。

一般来说，要使网站的风格保持一致，可以从以下几个方面着手：第一，版面设计要一致。如网页的主色调要一致，字体的风格要一致（包括字体的类型、大小、颜色等）。第二，网页中有代表性的东西要一致，如网站的名称、网站的徽标、有代表性的图形和动画等均要一致。第三，导航条的风格要一致。导航条实际上就是一组链接，它可以告诉浏览者目前所在的位置，而且可以使浏览者很方便地转向网站中的其他页面。

一般说来，网络中的每一页都要设置一个导航条。导航条的设置风格要一致，如导航条在网页中的位置要统一，所有的导航条要么都用文本，要么都用图形，如果用的是文本的导航条，那么字体的大小、颜色均要统一。为了保持整个网站的风格统一，最好是使用CSS技术。CSS 就是一种叫作样式表（STYLE SHEET）的技术，也叫层叠样式表（cascading style sheet）。使用 CSS，可以统一地对所有页面的布局、字体、颜色、行距、缩进量、背景等进行控制

（二）网站内容

网站的内容是网站的灵魂，它可以分为两个维度：交易维和信息维。交易维包含了交易内容和交易方式，如表 3-1 所示。信息维包括基本交易信息、附加交易信息、信息沟通，基本交易信息包含产品与服务信息、交易优惠信息、交易网站企业信息、交易条例与承诺，如表 3-2 所示。

表 3-1 交 易 维

形　式	分　类
交易内容	单个产品与服务
	酒店、会议预订
	机票
	出租车、火车票
	门票、导游
	旅游保险、会员卡
	旅游商品、证件
	网上单品拍卖
	网上比价搜索
	组合产品与服务
	包价旅游线路
	酒店、机票、出租车、门票的组合
	高尔夫等特种旅游线路
交易方式	购买方式
	网上预订
	e-mail 预订
	电话预订、传真预订
	付款方式
	网上信用卡付款
	前台付款

表 3-2　信　息　维

基本交易信息	产品服务信息、交易优惠信息	附加交易信息	民航、列车、客运信息
	价格、标准、地址、联系方式		外部信息
	折扣酒店、航线、车票		旅游知识
	推荐产品、酒店、会议		天气、股票、货币兑换
	消费积分、中奖		友情链接
	交易网站企业信息		综合信息类旅游网站
	企业介绍		酒店集团、商务类旅游网站
	企业动态、招聘		单个酒店网站
	企业联系方式		旅行社网站
	经营许可证 ICP 证		旅游目的地、景点网站
	地址、电话、传真		航空公司网站、交通信息网站
	交易条例与承诺		保险公司网站、银行网站
	价格承诺		俱乐部网站、公司网站
	质量承诺		餐饮、鲜花、健身、购物
	合作企业信息证实		地图类网站
附加交易信息	特别交易信息		其他(非)官方、非营利性网站
	旅游投诉、法律咨询、旅游急救		酒店管理公司、人才中介
	产品服务信息		价格、旅游规划、教育影视、法律、商贸、域名服务等
	产品与服务设施、特色、交通		
	电商		合作企业
	顾客评论	信息沟通	合作企业服务(网上)
	访问人数、更新时间		顾客—企业
	旅游目的地其他信息		顾客意见、服务热线
	消费、娱乐、购物信息		顾客—顾客—企业互动沟通
	会展节庆、产品信息		旅游社区、论坛、BBS

第三节　移动终端的规划与开发技术

一、常见的运行平台

做移动终端的程序开发，首先要面对的就是作为运行环境的操作系统的支持与帮助。

目前比较常用的是苹果的 IOS、谷歌的 Android 和微软的 Windows mobile。

苹果系统版本 iOS，基于 Apple 的 Cocoa Touch 框架，采用 MVC（model view controller）的设计模式，使用 Http 及 Socket 两种主流的通信方式，以 Objective-C 语言开发，提供优秀的产品设计与用户体验。APP 格式有 ipa，pxl，deb，它们都运行在 iPhone 系列的手机和苹果平板电脑上（图 3-7）。

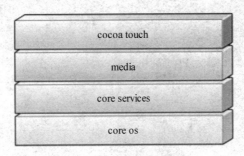

图 3-7　苹果操作系统架构

系统架构从下到上依次为：核心操作系统（the core os layer），核心服务层（the core services layer），媒体层（the media layer），cocoa 触摸框架层（the cocoa touch layer）。

安卓 Android，基于 Android 的手机和平板应用软件开发，采用 mvc 设架构，应用最新的技术，适配全部主流机型分辨率，有丰富的 APP 产品开发经验，快速开发出稳定可靠的手机应用软件产品，有效降低预算，严格控制开发周期，因为开发一款 APP 的成本也是很高的。Android 格式有 apk，运行在使用安卓系统的智能手机上，这类手机在中国市场上的占用率最高，约占 80%。

系统架构底层以 Linux 核心为基础，由 C 语言开发，只提供基本功能。中间层包括函数库 Library 和虚拟机 Virtual Machine，由 C++ 开发。最上层是各种应用软件，包括通话程序、短信程序等，应用软件则由各公司自行开发，以 java 编写（图 3-8）。

微软 Windows Phone，是微软发布的一款手机操作系统，它基于微软操作系统开发，可与电脑实现无缝连接，功能强大，可用的第三方软件较多。它将微软旗下的 Xbox Live 游戏、Xbox Music 音乐与独特的视频体验整合至手机中，APP 格式为 xap。市场占有率较低。

二、Native APP 开发与 Web APP 开发

（一）Native APP 开发

Native APP 开发即我们所称的传统 APP 开发模式（原生 APP 开发模式），该开发针对 IOS、Android 等不同的手机操作系统要采用不同的语言和框架进行，该模式通常是由"云服务器数据＋APP 应用客户端"两部分构成，APP 应用所有的 UI 元素、数据内容、逻辑框架均安装在手机终端上。

Native APP（原生型 APP）应用呈现以下特点。

（1）每次获取最新的 APP 功能，需要升级 APP 应用。

（2）原生型 APP 应用的安装包相对较大，包含 UI 元素、数据内容、逻辑框架。

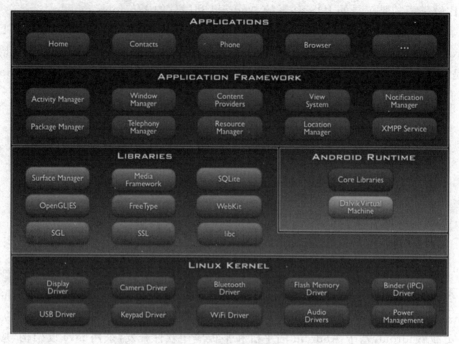

图 3-8　安卓操作系统架构

（3）手机用户无法上网也可访问 APP 应用中以前下载的数据。

（4）原生型 APP 可以调用手机终端的硬件设备（语音、摄像头、短信、GPS、蓝牙、重力感应等）。

（5）APP 应用更新新功能，每次要向各个应用商店进行提交审核。

（二）Web APP 开发

Web APP 开发即一种框架型 APP 开发模式（HTML5 APP 框架开发模式），该开发具有跨平台的优势，该模式通常由"HTML5 云网站 + APP 应用客户端"两部分构成，APP 应用客户端只需安装应用的框架部分，而应用的数据则是每次打开 APP 的时候，去云端取后呈现给手机用户。

Web APP 应用呈现以下特点。

（1）每次打开 APP，都要通过 APP 框架向云网站取 UI 及数据。

（2）手机用户若上网则无法访问 APP 应用中的数据。

（3）框架型 APP 无法调用手机终端的硬件设备（语音、摄像头、短信、GPS、蓝牙、重力感应等）。

（4）框架型 APP 的访问速度受手机终端上网的限制，每次使用均会消耗一定的手机上网流量。

（5）框架型 APP 应用的安装包小巧，只包含框架文件，而大量的 UI 元素、数据内容存放在云端。

（6）APP 用户每次都可以访问实时的最新的云端数据。

（7）APP 用户无须频繁更新 APP 应用，与云端实现的是实时数据交互。

三、APP 操作界面交互设计

APP 移动终端的快速发展改变了人类的生活,以智能手机为代表的终端产品同时也刺激了相应软件平台的发展。事实上智能手机,不仅是生活、学习的必备品,甚至使用智能手机已经成为一种生活习惯。目前,市场上已经存在大量的 APP 应用,这些软件产品要实现功能,其中一个最主要的问题就是软件界面的交互设计。

主流的移动设备操作系统,如安卓、iOS 等,为软件界面设计提供了很好的技术平台。交互设计的目的是更加实用、易用,实现传统文字、语音的交互创新和扩充。对电脑、电视机等设备来说,移动终端设备的特点是小巧、便捷,但这同时也是它的局限性。

由于设备较小,在功能方面的限制就多,通常只有一个显示屏幕,通过输入机制来实现信息的访问;虽然在智能手机的应用中基本实现了触屏方式,可以大大解决传统手机键盘的空间,但这并没有本质上的变化;移动应用软件操作界面的交互设计更关注内容和内涵的研究,而不仅是形式的变化;界面设计被称为"UI 设计",UI 设计是一种基于信息技术发展的生产形式,旨在通过改变人机交互、操作逻辑和界面美观等内容之间的融合,促使软件变得更加人性化、个性化。

(一)移动应用软件操作界面交互设计的原则

1. 内容优先原则

移动应用软件在早期的交互页面设计中缺乏合理性,甚至将网页内容直接转移到移动终端。很明显,对智能手机等移动终端来说,这种方式很难发挥交互功能。基于"移动性"的需求,移动终端设备的尺寸都不大,因此界面交互设计应以内容为核心。

内容是用户的基本需求。事实上,移动终端软件的全部功能都是以内容为基础展开的,交互的目的同样是为了实现内容的获取。为了更好地利用屏幕资源,对传统网页形式进行生搬硬套的移植是不可取的,在移动应用交互设计的过程中需要对内容呈现的方式、途径等进行重新组合。内容优先,简单地说就是以用户熟悉的维度来组织内容展示,这样既可以保障用户习惯应用的延续,又可以提高效率,更快、更方便地找到目标。基于此,在设计中要尽量减少与内容无关的要素,如精简导航、装饰等,促使内容更加简洁。

2. 触摸基础原则

在传统的计算机操作范围,交互主要是通过鼠标和键盘来完成的,而在移动终端设备中这种方式不具备基本条件,主要依赖于手指的操作。结合当前移动终端发展的现状,触摸屏已经成为基本形式,手势操作的适应性优劣直接影响了交互的自然性、灵活性,但同时也存在一定的缺陷,如识别较差、操作精度不高等。因此,在移动终端软件交互设计的过程中应重点结合触摸功能展开,以信息架构为基础,以功能实现为目的,建立起手势交互规范。

基于移动应用的软件交互设计提出了一个全新的设计概念,即"手势交互规范",它研究的主要是实现统一性(功能实现方面),使用户在任何移动终端软件操作界面上不需要额外学习,都可以自主正确地催生手势,并实现交互的功能。很显然,手势教育本身并不是硬性规定的,而是通过软件操作界面交互设计的形式来"限制"的。

例如,移动应用软件操作界面中的导航菜单,为了实现屏幕资源的最佳利用需要进行隐藏,手势向下滑动或点击,层级导航出现,向上滑动,菜单收回。另外,如删除操作,通过简单的"拖动"形式到达一定的功能区域,具有一定的形象性。

3. 易学易用原则

作为最典型的移动终端设备,智能手机已经成为人人必备的通信工具。移动终端产品不仅具有简单的通话功能,而且在日常学习、工作中给人们带来了很大的便利,如各类APP软件的开发,使人们摆脱了室内空间的限制,可以在户外进行同等效果的操作。但是相应的,基于其先进性,目前大部分智能移动终端都被视为年轻人的玩具,依然有在操作方面存在困难的人群。

事实上,对移动应用产品而言,在操作界面的交互设计上提倡的是简单、直接的操作形式,能减少操作步骤就要尽量减少,更加突出地彰显产品的目标和价值,使用户在不需要看任何使用手册、使用说明的前提下,通过尝试摸索就能快速上手。实现易学易用原则的前提,就是保障导航设计的清晰、明确和便于理解,简单地说,就是功能越简单,软件操作界面交互性的优势就越突出。

(二)移动应用软件操作界面交互设计方法

1. 原型图设计

原型图,即移动应用软件操作界面设计的框架图,是对一个产品的可视化呈现,在设计工作中展示出作品的功能、内容、架构和交互方式,其中交互内容的设计是联系其他部分的纽带。原型图是一种设想,前期来说与功能设计没有太多的联系,甚至只是一种风格或者色彩。通过原型图来征求意见,然后针对选择方案进行分析,最后设计人员和程序人员要相互配合,将视觉和功能展开统一。

原型图设计中可以使用手绘和鼠绘两种形式。专业的设计人员根据需求确定纸质原型,分解各部分的功能内容和特点,之后可以利用 PS、fireworks、visio 等工具进行切图。其中,纸张的原型图便于修改和绘制,能够很好地发挥创意作用,实现设计原型、示意图等功能,但相对地在应用和保存上存在缺陷。而低保真原型是通过制作软件实现的设计稿,具有示意明确的特点,能够很好地实现交互和反馈;高保真原型则是通过概念设计展示对象,在视觉上实现了实际产品的等效设计,具有很强的真实感,在很大程度上体现了设计师的审美能力以及技术人员交互实现的能力。

2. 视觉效果设计

视觉效果设计,即对移动应用软件界面的最终静态设计图。虽然存在一定的概念特征,但其功能方面的结合基本完成。从功能角度来说,视觉设计并不是设计层面的进一步渲染和夸张,而是实现层面的有效展示,促使更加直观和易懂功能的发挥,高度模拟了真实的操作和交互,设计者基于这一情况来验证用户的感受。

结合当前主流的移动终端应用软件,操作界面与操作系统必须相适应,如安卓系统、iOS 系统等。不同的操作系统部分构成了独具特色的视觉设计层次,主要有以下几种类型。

第一,交互意图。在设计过程中,设计师能否理解交互功能的内在本质,会影响交互意图的侧重和表达,需要参照目标群体心理模型以及交流形态展开设计。

第二,布局设计。移动应用软件操作界面中的版面布局规范十分重要,这是由于在有限的屏幕空间中实现交互功能更多的是以按钮交互的形式展开的。如果布局设计存在欠缺,很容易导致层次感的误差,在整体视觉感受上有凌乱的感觉。

版式设计的常见布局有十三种:骨骼型、满版型、上下分割型、左右分割型、中轴型、曲线型、倾斜型、对称型、重心型、三角型、并置型、自由型、四角型。

图 3-9 所示的左图是一个注册页面,btn 采用了中轴型的构图,清晰地展现了操作项和注册流程。右图采用了上下分割的版面构成,上面为图片展示,下面为选项和操作,结构非常清晰。

图 3-9　移动终端的界面设计

第三,信噪比。基于交互方面的需求设计,整个操作界面要满足清晰、整洁、有序的特征,减少杂乱信息带来的干扰,有效突出信息的实用性。

第四,字体与色彩。字体与色彩是最具有表现力的元素。字体主要包括样式和颜色,而色彩则表示的是整个页面的风格和基调。无论是色彩还是字体,在形式变化上都不要超过三种,这样才能确保主体内容被有效识别。

除此之外,在整个设计中也要把握相关元素的使用,突出"画龙点睛"的作用即可,而不能"画蛇添足",如在页面中具有装饰性质的内容,要严格控制数量、内容和风格,不能与主体框架产生冲突。

第四节　数据库技术

数据处理的中心问题是数据管理,数据管理是指对数据的分类、组织、编码、存储、检索和维护,而数据库技术正是数据处理技术发展比较成熟后的产物。数据库技术对电子商务的支持主要表现在两个方面。

第一,存储和管理各种商务数据,这是数据库技术的基本功能。

第二,决策支持。近几年,随着数据仓库和数据挖掘技术的产生与发展,使企业可以科学地对数据库中海量的商务数据进行科学的组织、分析和统计,从而更好地服务于企业的决策支持。

可以说,数据库技术是电子商务的一项支撑技术,在电子商务的建设中占有重要的地位。

一、数据库技术的基本理论

（一）数据库系统的体系结构

数据库系统的体系结构是数据库系统的一个总体框架。绝大多数数据库系统在总体结构上都具有三级模式的结构特点,如图 3-10 所示。

图 3-10　数据库体系结构

概念模式又称数据库模式或模式,是数据库中全部数据的逻辑结构和特征的描述。它仅仅对数据库结构进行描述,而不是数据库本身,通常以某种数据模型为基础。概念模式可以被看作现实世界中的一个组织或部门的实体及其联系的抽象模型在具体数据库系统中的实现。

外模式又称用户模式或子模式,由概念模式导出,是概念模式的子集,它是用户的数据视图,即与某一应用有关的数据的逻辑表示。由于不同的用户有不同需求,看待数据的方式不同,适用的程序设计语言也可以不同,因此不同用户其外模式的描述是不同的。

内模式又称存储模式,用来定义数据的存储方式和物理结构。例如记录是顺序存储还是索引存储,索引的组织方式是什么,数据是否压缩存储,是否加密等。三种模式的定义通常是由数据库系统提供的数据定义语言 DDL(data definition language)来定义的。

数据库系统的三级模式是对数据的三个抽象级别,数据的具体组织是由 DBMS 进行管理的,使用户能逻辑地处理数据,不必关心数据在计算机中的表示和存储。为了实现这三个抽象层次的联系和转换,数据库系统在这三级模式中提供了外模式/概念模式和概念模式/内模式二级映像。

外模式/概念模式映像对应于同一概念模式,可以有任意多个外模式。外模式/概念模式映像定义某个外模式和概念模式之间的对应关系,这些映像定义通常包含在外模式中。当概念模式改变时,只要将外模式/概念模式映像做相应的改变,就可以保证外模式保持不变,它提供了数据的逻辑独立性。

概念模式/内模式映像定义数据逻辑结构和存储结构之间的对应关系。当数据库的存储结构改变时,只要将概念模式/内模式映像做相应的修改,就可以使得概念模式保持不变,它提供了数据的物理独立性。值得注意的是,三级模式结构的划分在具体的数据库产品中通常是不清晰的,所以不可以生搬硬套。

(二)数据模型

数据库是一个企业、组织或部门各方面数据的综合。它既要反映数据本身的内容,又要反映数据之间的联系。由于计算机不可能直接处理现实世界中的具体事物,所以必须事先把具体的事物转换成计算机能够直接处理的数据。在数据库中用数据模型这个工具来抽象表示和处理现实世界中的数据与信息。

1. 任何一种数据模型都是经严格定义的概念的集合

这些概念必须能够精确地描述系统的静态特性、动态特性和完整性约束条件。因此数据模型通常都是由数据结构、数据操作和完整性约束这三个要素组成的。

(1)数据结构用于描述系统的静态特征。数据结构是所研究的对象类型(object type)的集合。这些对象是数据库的组成成分,它们包括两类:一类是与数据类型、内容、性质有关的对象,例如网状模型中的数据项、记录,关系模型中的域、属性、关系等;一类是与数据之间的联系有关的对象,如网状模型中的系型(set type)。

数据结构是描述一个数据模型性质最重要的方面。因此在数据库系统中,人们通常按照其数据结构的类型来命名数据模型。例如,层次结构、网状结构和关系结构的数据模型分别命名为层次模型、网状模型和关系模型。

(2)数据操作用于描述系统的动态特性。数据操作是指对数据库中各种对象(型)的实例(值)允许执行的操作的集合,包括操作及有关的操作规则。数据库主要有检索和更新(包括插入、删除和修改)两大类操作。数据模型必须定义这些操作的确切含义、操作符号、操作规则(如优先级)以及实现操作的语言。

(3)数据的约束条件是一组完整性规则的集合。完整性规则是给定的数据模型中数据及其联系所具有的制约和储存规则,用以限定符合数据模型的数据库状态以及状态的变化,以保证数据的正确、有效和相容。数据模型应该反映和规定本数据模型必须遵守的、基本的、通用的完整性约束条件。

例如,在关系模型中,任何关系必须满足实体完整性和参照完整性两个条件。此外,数据模型还应该提供定义完整性约束条件的机制,以反映具体应用所涉及的数据必须遵守的语义约束条件。例如,在学校的数据库中规定大学生的年龄不得超过 29 岁,硕士生不得超过 38 岁,学生累计成绩不得有 3 门以上不及格等。

2. 数据模型是直接面向数据库中数据逻辑结构的

例如关系、网状、层次、面向对象等模型,涉及数据在计算机系统中的表示,被称为"基本数据模型"或"结构数据模型"。人们在研究数据库的过程中,从不同的角度提出了不同的数据模型。流行的基本数据模型有:层次模型、网状模型、关系模型和面向对象模型。在这些数据模型中,面向对象模型是用对象方法实现的,关系模型是用表描述的,而层次模型和网状模型是用图来表示的。

(1)层次模型。层次模型是用树形结构表示实体及其他实体之间联系的模型。它是以树结构作为基本结构,通过树结构及树结构之间的逻辑关系来表示数据间联系的,它反映了现实世界中实体之间的一对多关系。数据的结构如同一棵树,由根长出若干分支,每一分支又可长出若干更小的分支……其体系满足下列条件的基本层次关系的集合:有且仅有一个最高级的结点,称为根;其他结点有且仅有一个父结点。

在层次结构中,树的结点是实体,树枝表示实体间的关系。树中有唯一的一个结点向上没有联系,该结点就是上面所说的根结点;还有若干结点向下没有任何关系,把这些结点称为叶;其余结点称为中间结点。

中间结点向上只与一个结点相关联,而向下可与多个结点相关联。习惯上,把上一层的结点称作"父"结点,而把下层的结点称作"子"结点。从子结点到父结点的映像是唯一的,通过父结点可以找到其全部子结点,这也是层次式结构中存取结点的一个基本方法。用层次模型来表示 $1:n$ 联系非常直接、方便。但它不能直接表示 $m:n$ 联系,必须设法转换成几个 $1:n$ 的联系才行。

层次式数据模型是数据处理中发展较早和技术上比较成熟的一种数据结构,用支持层次模型的数据库管理系统建立的数据库简称层次数据库,其典型代表是 IBM 公司的大型数据库管理系统(information management system,IMS)。层次模型的主要缺点是处理个别记录效率较低,尤其是处理最低层的个别记录。另外,数据库文件的维护较麻烦,尤其是当经常大量地执行增、删记录的操作时,需要整理、更新数据库文件。

(2)网状模型。网状模型是用网络结构表示实体及其实体之间联系的模型。它反映了现实世界中实体之间存在的较为复杂的关系。网状模型是美国 CODASYL 委员会数据库任务组(DBTG)于 1969 年提出的一种模型,用于设计网状数据库。其体系满足下列条件的基本层次关系的集合:可以有多个结点没有父结点;允许有些结点有多个父结点。

在网状模型中,处于某一层次的实体不但可以有多个下层实体,而且它可同时归属多个上层实体。例如,医生可以既是门诊医生又是病房医生还是附属学校的教师;病人可以由两个医生共同负责治疗。现实生活中多数网状结构比较复杂,其数据处理也很烦琐,而且适合于这一网状结构的处理方法往往不适合于别的网状结构。

实际上,在多数数据库系统中,复杂网状结构常常先转变为简单网状结构或层次结构来处理。网状模型和层次模型在本质上是一样的。从逻辑上看,它们都是基本层次联系的集合,用结点表示实体,用有向边表示实体间的联系;从物理上看,它们每一个结点都是一个存储记录,用链接指针来实现记录之间的联系。当存储数据时,这些链接指针就固定下来了,数据检索时必须考虑存取路径问题;数据更新时,涉及链接指针的调整,缺乏灵活性;系统扩充相当麻烦,网状模型中的指针更多,纵横交错,从而使数据结构更加复杂。

(3)关系模型。关系模型(relation model)是用二维表的形式来表示实体和实体间联系的数据模型。从用户观点来看,关系的逻辑结构是一个二维表,在磁盘上以文件形式存储。用编制的一张二维表格来表达现实世界中实体间的相互关系是最常用的也是最熟悉的方法。表格是同类各属性的集合。

在一张二维表中,一个关系就是一张二维表,以文件的形式存储在磁盘上。一个竖列反映实体的某一属性,称之为字段。实体的多方面特性可用多个竖列来反映;表中的一行形成一个实体,称之为记录(或元组),它由各个数据项(字段值)组成,反映了某一实体的所有有关特性。这样由若干行、若干列组成的二维表可以用来反映同类实体(或实体集)的所有有关信息。由于表中的实体属于同一类实体,这些实体才联系在一起,使它们具有某种共同的特征。这样的二维表格也称作"关系表"。

在关系表格的处理中,具有下列三种基本操作:第一投影操作,它是从关系表格中选取指定的某些字段(某些列),以形成新的关系。第二选择操作,它是从关系表格中选取满足某种条件的记录(某些行),以建立新的关系。第三连接操作,它是把两个关系中属性满足一定条件的记录结合在一起形成新的关系。

因为关系式数据结构具有坚实的数学理论基础,简单、明了、直观、容易理解和掌握,已成为几种数据模型中最主要的模型。自20世纪80年代以来,新推出的数据库管理系统几乎都支持关系模型,因此,关系式数据库被认为是今后数据库的发展方向。

(4)面向对象模型。面向对象的数据库系统,它的数据模型是面向对象模型(object oriented model,OOM)。虽然在数据处理领域中普遍使用关系模型数据库,但是随着计算机技术的飞速发展,新的应用领域不断出现,它们对数据处理技术的要求也比一般事务处理环境复杂得多。在很多领域中,一个对象由多个属性来描述,而其中某些属性本身又是另一个对象,也有自身的内部结构,构成复杂对象。

例如,计算机辅助设计(CAD)的图形数据;多媒体应用的图像、声音和文档等。应用领域的扩展对数据库技术提出了许多新的要求。面向对象的数据库是面向对象的概念与数据库技术相结合的产物。面向对象模型中最基本的概念是对象(object)和类(class)。

对象是对信息世界中实体的模拟,实体的各种属性在对象中亦用属性(attribute)来刻画,但与传统的模型有所不同。一个对象属性的值又可为另一个对象所用,这种嵌套结构可构造出任意复杂的对象。在OOM中,实体的行为用一组方法(method)或操作(operation)表示,并把它们与描述实体结构的属性封装为一个整体,即对象。因此,对象由属性和操作两部分组成。每个对象有一个唯一性标识(object identity,OID),对象是OOM的基本要素。

类是对同类型对象的抽象,并给予命名。每个类由两部分组成:一是对象类型;二是对这个对象类型进行的操作方法。同类对象具有相同的属性和方法。这样,一个类定义由类名、属性和方法构成。对象的状态是描述该对象属性值的集合,对象的行为是对该对象操作的集合。类的定义使得共享同样属性集合和方法集合的对象组合成一类。一个类就是某同类所有对象的集合,该集合的任一子集可对应一个新类,成为原类的子类

(subclass),而原类成为该子类的超类(superclass)。

一个系统中所有的类和子类组成一个树状的类层次。在类层次中,子类除了继承其超类的所有属性和方法外,还可以定义新的属性和方法,但只需定义特殊的对象类型和方法即可,有利于实现扩充。例如,研究生除继承了大学生的所有属性外,还定义了新的属性:研究方向、指导教师等。树状类层次由于面向对象模型中不仅包括描述对象状态的属性集,而且包括类的方法及类层次,具有更加丰富的表达能力。因此,面向对象的数据库比层次、网状、关系数据库使用方便。但由于模型复杂,系统实现起来难度大。目前,已出现了一些商用面向对象的数据库系统,但尚未被广泛使用。

二、数据仓库技术

近年来,随着数据库技术的应用和发展,人们尝试对数据库(data base,DB)中的数据进行再加工,形成一个综合的、面向分析的环境,以更好支持决策分析,从而形成了数据仓库技术(data warehousing,DW)。作为决策支持系统(decision-making support system,DSS),数据仓库系统包括:数据仓库技术、联机分析处理技术(on-line analytical processing,OLAP)、数据挖掘技术(data mining,DM)。

(一)数据仓库技术

数据仓库是一种只读的、用于分析的数据库,常常作为决策支持系统的底层。它从大量的事务型数据库中抽取数据,并将其清理、转换为新的存储格式,即为了决策目标而把数据聚合在一种特殊的格式中。

数据仓库之父 W. H. Inmon 对数据仓库的定义是:数据仓库是支持管理决策过程的、面向主题的、集成的、随时间变化的、但信息本身相对稳定的数据集合。

其中,"主题"是指用户使用数据仓库辅助决策时所关心的重点问题。每一个主题对应一个客观分析领域,如销售、成本、利润的情况等。那么,所谓"面向主题"就是指数据仓库中的信息是按主题组织的,按主题来提供信息。"集成的"是指数据仓库中的数据不是业务处理系统数据的简单拼凑与汇总,而是经过系统地加工整理,是相互一致的、具有代表性的数据。所谓"随时间变化",是指数据仓库中存储的是一个时间段的数据,而不仅仅是某一个时刻的数据,所以主要用于进行时间趋势分析。

一般数据仓库内的数据时限为5~10年,数据量也比较大,一般为10GB左右。"信息本身相对稳定",是指数据一旦进入数据仓库,一般情况下将被长期保留,很少进行变更。数据仓库技术包括很多方面,其中关键技术有以下几项。

1. 数据抽取技术

数据的抽取是数据进入仓库的入口。由于数据仓库是一个独立的数据环境,它需要通过抽取过程将数据从联机事务处理系统、外部数据源、脱机的数据存储介质中导入数据仓库。数据抽取在技术上主要涉及互联、复制、增量、转换、调度和监控等方面。数据仓库的数据并不要求与联机事务处理系统保持实时的同步,因此数据抽取可以定时进行,但多个抽取操作执行的时间、相互的顺序、成败对数据仓库中信息的有效性至关重要。

2. 数据存储和管理技术

数据仓库需要对大量数据进行存储和管理,所涉及的数据量比传统事务处理大得多,且随时间的推移而累积。从现有技术和产品来看,只有关系数据库系统能够担当此任。关系数据库经过近 30 年的发展,在数据存储和管理方面已经非常成熟,非其他数据管理系统可比。目前不少关系数据库系统已支持数据分割技术,能够将一个大的数据库表分散在多个物理存储设备中,进一步增强了系统管理大数据量的扩展能力。采用关系数据库管理数百个 GB 甚至到 TB 的数据已是一件平常的事情。

3. 并行处理技术

在传统联机事务处理应用中,用户访问系统的特点是短小而密集;对于一个多处理机系统来说,能够将用户的请求进行均衡分担是关键,这便是并发操作。而在数据仓库系统中,用户访问系统的特点是庞大而稀疏,每一个查询和统计都很复杂,但访问的频率并不是很高。此时系统需要有能力将所有的处理机调动起来为这一复杂的查询请求服务,将该请求并行处理。因此,并行处理技术在数据仓库中比以往更加重要。

4. 对决策支持查询的优化技术

决策支持查询的优化技术主要针对关系数据库而言,在技术上,针对决策支持的优化涉及数据库系统的索引机制、查询优化器、连接策略、数据排序和采样等诸多部分。普通关系数据库采用的索引,对于性别、年龄、地区等具有大量重复值的字段几乎没有效果。而扩充的关系数据库则引入了位图索引的机制,以二进制位表示字段的状态,将查询过程变为筛选过程,单个计算机的基本操作便可筛选多条记录。

由于数据仓库中各数据表的数据量往往极不均匀,普通查询优化器所得出的最佳查询路径可能不是最优的。因此,面向决策支持的关系数据库在查询优化器上也做了改进,同时根据索引的使用特性增加了多重索引扫描的能力。

5. 数据仓库设计的技术咨询

在数据仓库的实施过程中,有一些更为基本的问题需要解答。它们包括:数据仓库提供哪些部门使用?不同的部门怎样发挥数据仓库的决策效益?数据仓库需要存放哪些数据?这些数据以什么样的结构存放?数据从哪里装载?装载的频率多少为合适?需要购置哪些数据管理的产品和工具来建立数据仓库?等等。这些问题依赖于特定的数据仓库系统,属于技术咨询的范畴。

事实上,数据仓库绝不是简单的产品堆砌,它是综合性的解决方案和系统工程。在数据仓库的实施过程中,技术咨询服务至关重要,是一个不可缺少的部分,它甚至于比购买产品更为重要。目前,数据仓库的技术咨询主要来自数据仓库软件产品的供应商和独立的针对数据仓库技术的咨询公司。

(二)联机分析处理技术

联机分析处理的英文表达是 on-line analytical processing,通常缩写成 OLAP,是 1993 年 E. F. Codd 提出的概念。OLAP 是针对特定问题的联机数据访问和分析。通过对信息的多种可能的观察形式进行快速、稳定和交互性的存取,允许管理决策人员对数据进行深入观察,使分析人员、管理人员或决策者能够从多种角度,对从原始数据中转化出来的、真正为用户所理解、并真实反映企业的信息进行快速、一致、交互的存取，从而获得对数据更深入了解的一类软件技术。OLAP 的目标是满足决策支持或多维环境特定的查询和报表及对应的图形分析展示的需求。

数据仓库采取一种集中式的结构，它将用户所有数据统一存储在一个数据库中。通常，它的数据存储是以数据立方体的方式来表现的，而这种多维度的存储模式能够对数据做许多不同角度的查看和组合。这些数据就如同一大片森林中的众多树木一样，数据管理者必须披荆斩棘，对这些数据做一些相关性的组合后才能看到它们内部隐含的意义。而 OLAP 技术恰恰是基于数据仓库这种立方体式的数据存储规则提炼分析结果的，它的设计将数据目录化，让用户以数据立方体为单位进行操作。

典型的 OLAP 操作包括钻取、旋转、切片、排序、分类汇总、对比、排行、差异等数据分析操作。产生的结果既可以用传统的方式，也可以用表格化的数据库格式呈现，甚至还可以将它们做成图表。

虽然这样的输出可能只是一种固定格式，但它通常允许用户直接操作数据来做进一步的分析。例如，验证趋势（trend）、相关性（correlation）或时间序列（time series）等。使用 Web 上的应用程序来进行线上分析处理，将大大增强 Web 技术的威力。因此，数据仓库与联机数据分析在大多数情况下是相伴而生的。

（三）数据挖掘技术

数据挖掘是从大量的、不完全的、有噪声的、模糊的、随机的数据中提取隐含在其中的、人们事先不知道的、但又是潜在有用的信息和知识的过程。随着信息技术的高速发展，人们积累的数据量急剧增长，动辄以 TB 计，如何从海量的数据中提取有用的知识成为当务之急。数据挖掘就是为顺应这种需要应运而生发展起来的数据处理技术。

从数据库角度看，数据挖掘就是这样一个过程，它从数据库的数据中识别出有效的、新颖的、具有潜在效用的并最终可理解的信息（如规则、约束等）的非平凡过程。非平凡是一个数学概念，用来描述其复杂程序，即数据挖掘既不是把数据全部抽取，也不是一点儿也不抽取，而是抽取出隐含的、未知的、可能有用的信息。

从决策支持的角度看，数据挖掘是一种决策支持的过程，主要基于人工智能、统计学和数据库技术等多种技术，能高度自动地分析企业原始的数据，进行归纳推理，从中挖掘出潜在的模式，使系统能通过这些发现的知识来预测客户的行为，帮助企业的决策者调整市场策略，从而减少风险，辅助做出正确的决策。它是提高商业和科学决策过程质量与效率的一种新方法。

数据挖掘的任务主要是关联分析、聚类分析、分类、预测、时序模式和偏差分析等。

关联规则挖掘是由 Rakesh Apwal 等首先提出的。两个或两个以上变量的取值之间存在某种规律性，就称为关联。数据关联是数据库中存在的一类重要的、可被发现的知识。关联分为简单关联、时序关联和因果关联。关联分析的目的是找出数据库中隐藏的关联网。一般用支持度和可信度两个阈值来度量关联规则的相关性，还不断引入兴趣度、相关性等参数，使得所挖掘的规则更符合需求。

聚类分析是把数据按照相似性归纳成若干类别，同一类中的数据彼此相似，不同类中的数据相异。聚类分析可以建立宏观的概念,发现数据的分布模式,以及可能的数据属性之间的相互关系。分类就是找出一个类别的概念描述,它代表了这类数据的整体信息,即该类的内涵描述,并用这种描述来构造模型,一般用规则或决策树模式表示。分类是利用训练数据集通过一定的算法而求得分类规则。分类可被用于规则描述和预测。

预测是利用历史数据找出变化规律,建立模型,并由此模型对未来数据的种类及特征进行预测。预测关心的是精度和不确定性,通常用预测方差来度量。

时序模式是指通过时间序列搜索出的重复发生概率较高的模式。与回归一样,它也是用已知的数据预测未来的值,但这些数据的区别是变量所处时间的不同。偏差中包括很多有用的知识,数据库中的数据存在很多异常情况,发现数据库中数据存在的异常情况是非常重要的。偏差检验的基本方法就是寻找观察结果与参照之间的差别。

数据挖掘技术是一个年轻且充满希望的研究领域,商业利益的强大驱动力将会不停地促进它的发展。每年都有新的数据挖掘方法和模型问世,人们对它的研究正日益广泛和深入。尽管如此,数据挖掘技术仍然面临着许多问题和挑战,如数据挖掘方法的效率亟待提高,尤其是超大规模数据集中数据挖掘的效率;开发适应多数据类型、容噪的挖掘方法,以解决异质数据集的数据挖掘问题;动态数据和知识的数据挖掘;网络与分布式环境下的数据挖掘等。另外,近年来多媒体数据库发展很快,面向多媒体数据库的挖掘技术和软件今后将成为研究开发的热点。

三、数据库技术对电子商务的支持

数据库技术是电子商务的一项支撑技术,它对电子商务的支持是全方位的,从底层的数据基础到上层的应用都涉及数据库技术。数据库技术对于电子商务的支持可以概括为以下几部分。

(一)进行数据的收集、存储和组织

数据的收集、存储、组织是传统数据库系统的主要功能。对于参与电子商务的企业而言,数据的来源不仅仅是企业内部管理信息系统,还包括大量的外部数据。数据是企业的重要资源,是决策的依据,是进行各类生产经营活动的基础及结果。

(二)提供决策支持

决策是关系到企业未来成败的关键,而数据库存储的数据就是决策的依据。对于参与电子商务的企业而言,由于他们的信息更灵通、过程更规范,这就为决策支持打下了良好的基础。

由于电子商务是利用网络来做生意,网络将时空距离对商务的影响降到最低,所以参加电子商务的企业所面对的市场是一个全球化的市场。这一点给企业带来了机遇,同时也带来了挑战。一方面,由于电子商务的介入,企业可以得到更多的经济信息,有利于企业的经营。另一方面,由于电子商务交易的全球化,某地区或厂商的价格变动就会影响到其他地区,迟早会涉及全球市场,从而使得电子商务市场变化频繁。这样就加大了企业预测市场动向和规划经营管理策略的难度。在这样的环境中,电子商务就变得更加重要了。企业应该充分利用电子商务的海量数据进行分析,并依据分析结果做出正确的决策,随时

调整经营策略，以适应市场的需求。

商务系统如果缺少好的决策支持功能，一方面是对电子商务海量数据资源的一种浪费，另一方面也是从事电子商务企业的一大损失。

（三）对 EDI 的支持

EDI 是电子商务重要的组成部分。要想成功地实现 EDI，企业的基础设施建设是关键，而数据库系统的建设是其中重要的一环。EDI 的最大特点就是把各种贸易单证电子化和标准化。而数据库系统也是把数据管理规范化和标准化。因此，就可以比较容易地实现数据库系统的业务数据与 EDI 的单证之间的自动转换，与手工制作电子单证相比，提高了效率、减少了错误、降低了成本。

（四）与 Web 技术相结合

随着 WWW 的不断扩展，当前许多企业纷纷在 Web 上建设自己的网站。企业通过主页介绍自己的情况；提供琳琅满目的产品信息和优惠的价格，并配有详细的专家评论；同时收集顾客的需求信息。

随着技术的发展，Web 技术和数据库技术结合在一起，产生了 Web 数据库。

目前 Web 上的数据主要以 HTML 方式提供，其优点是表现能力强、链接跳转灵活、与平台无关，但它又存在着数据量大、类型多、缺乏组织和管理等缺点。而且 HTML 文件动态更新特性差，用户很难得到最新的消息反馈。Web 与数据库相结合，可以集 Web 和数据库的诸多优点于一身。前端有界面友好的 Web 浏览器，后台则有成熟的数据库技术做支撑。这样无疑会带给企业一个良好的应用环境。

电子商务应用的前提是企业管理信息系统的广泛应用，而数据库技术是企业管理信息系统的核心技术之一。所以电子商务作为新型的企业经营管理模式，当然也离不开数据库技术的支持。如今，数据库技术正在为推进电子商务应用发挥巨大的作用，随着数据库技术的飞速发展，它一定会为优化企业管理模式做出更大的贡献。

 **本章小结**

本章主要介绍了旅游电子商务中运用的信息技术的基础知识。其中互联网是旅游电子商务的运行平台，网站是进行商务活动前端的主要技术，数据库是后台进行数据处理的主要技术。要求读者熟练掌握互联网的结构、地址表示、WWW 应用形式，熟练掌握网站的建设流程和网站设计中应注意的问题。掌握移动终端界面设计和规划。掌握数据库的结构和数据仓库中的主要技术，了解互联网的工作原理和数据库对电子商务的支持。

本章习题

1. 简述互联网中网络地址常用的表示方法。
2. 简述 WWW 应用的主要形式。

3．简述旅游电子商务网站的主要内容构成。

4．简述建设网站主要流程。

5．简述移动终端设计的基本方法和原则。

6．简述数据库的结构。

7．简述数据仓库中的主要技术。

第四章

旅游网络营销

【本章内容】

本章首先介绍了旅游网络营销的概念、特点、功能、理论基础和在旅游业中的应用;其次讲解了旅游网络营销的一般过程、旅游网络营销规划和旅游网站建设流程;旅游网络市场调查;旅游网络营销组合策略。

【本章重点】

旅游网络营销的概念、特点和功能;

旅游网络营销的规划;

旅游网络营销的市场调查;

重点掌握旅游网络营销组合策略。

引导案例

2015 年 4 月 21 日,携程旅行网与澳大利亚新南威尔士州旅游局正式签署合作协议,双方将整合各自资源,为海外游客提供多样化的出境需求。

根据协议规定,携程将借助线上线下营销平台,为澳大利亚新南威尔士州提供定制化旅行大数据服务、定制化智慧营销整合方案、定制化主题旅游产品,提高新南威尔士州的对外曝光率以及市场知晓度。

事实上,这已经不是携程目的地营销部 2015 年签约的第一个旅游目的地整合营销合作了。从 2015 开年以来,越来越多的海内外旅游目的地主管机构与携程目的地营销部合作,特别是很多海外旅游局,都希望从出境游的源头就引领市场。目前,携程目的地营销部已经与中国香港旅游局、美国旅游局等全球 10 余个目的地旅游主管机构签约,为各目的地提供当地旅游一站式整合营销解决方案。

"携程目的地整合营销打通了携程全网大数据、大平台、大产品资源,建立了一整套成熟的全网全媒体整合营销模式",携程目的地营销全球拓展总监徐蓓君说,携程也在不断探索海外合作的新模式,像此次与澳大利亚签约,共推灯光音乐节,就是从旅游目的地自身需求出发,不但满足了游客多样化的出境需求,同时还助力旅游目的地的发展。

 引言

随着经济的高速发展以及居民收入水平和闲暇时间的增加,人们对生活品质的要求也日益提高,旅游逐渐成为人们不可或缺的生活方式。旅游业以其独有的优势,获得了"无烟产业"和"永远的朝阳产业"的美称。20 世纪 90 年代以来,以信息技术为代表的新技术革命,特别是互联网的迅速普及,极大地拓展了旅游业的发展空间,也为旅游业迎来了繁荣发展的新时代。

旅游业对信息的高度依赖和互联网在信息传播方面的优势,决定了旅游业以网络作为营销工具和手段的必然性。旅游网络营销是适应网络技术发展与信息网络时代社会变革的新生事物,已经成为 21 世纪旅游市场营销的重要手段和方式。

第一节　旅游网络营销概述

一、旅游网络营销的概念

随着电子商务的兴起,传统的营销方式已不能满足电子商务时代企业营销的要求,网络营销应运而生。一般来说,网络营销是指以互联网为主要手段并为达到一定营销目标的营销活动。广义的网络营销是指企业利用一切计算机网络(包括企业内部网、EDI 行业系统专线网及国际互联网)进行的营销活动,而狭义的网络营销专指利用互联网为手段开展营销活动。

利用网络作为载体的旅游网络营销是在传统的旅游市场营销基础上结合网络的特性所进行的网络化营销模式,即利用网络来实现旅游营销目标,向旅游者提供更好的旅游产品和服务的营销活动。由于"网络"一词具有非常丰富的内涵,不仅包括国际互联网,还可以囊括因特网出现前的联机网络和专业网,因此旅游网络营销存在广义与狭义之分。

广义的旅游网络营销是指各类与旅游业相关的组织、机构,利用计算机网络开展的一系列与旅游业相关的活动,狭义的旅游网络营销是指旅游企业利用互联网开展以销售旅游产品为中心的营销活动。

综上所述,可以将"旅游网络营销"定义为:旅游业通过以上各种形式的网络来分析、计划、执行和控制关于旅游商品、服务和创意的观念、定价、促销和分销,以创造符合个人和组织目标的交换的管理过程。

二、旅游网络营销的特点

网络营销作为一种全新的营销方式,与传统营销方式相比具有传播范围广、速度快、无时间地域限制、内容详尽、形象生动、能实现双向交流、反馈迅速、无店面租金成本等特点。具体而言，旅游网络营销表现出以下特点。

（一）双向互动沟通

网络营销与传统营销的最显著特点是网络的互动性。旅游企业和旅游者通过互联网保持双向沟通，使供需双方的直接沟通得以实现。

一方面，旅游企业可以在网络上发布产品或服务信息，或提供在线旅游咨询，使旅游者及时获得最新旅游信息，满足旅游者的信息需求。

另一方面，旅游者可以查询感兴趣的旅游产品和服务信息，对旅游企业提供的旅游产品和线路，根据自己的情况进行选择、组合或重新设计，真正做到"量身定做"。这种双向互动的沟通方式，不仅提高了消费者的参与性和主动性，而且从根本上提高消费者的满意度和忠诚感，从而使营销活动更加有效。

（二）拓展营销空间

互联网可以超越时间约束和空间限制进行信息交换，突破了传统营销媒体手段的制约。旅游企业运用网络营销可以为全球范围的旅游者提供全天候的服务，并且可以是 24 小时，365 天不间断地进行信息传播和咨询服务，宣传旅游产品，展示企业风采。

旅游消费者不需要花多少时间就可以了解相关旅游产品信息，达成网上交易也更加方便快捷。此外，旅游企业还可以发布供求信息和寻找合作伙伴，有利于旅游企业开发更广阔的市场，不仅减少了市场壁垒，而且为企业开展市场营销活动提供了更好的发展空间。

（三）增强营销效果

国际互联网信息存储容量大，精确度高，传输速度快，易于更新，并且可以集成图片、文字、声音、视频等多媒体传播形式，全方位展示旅游产品，有利于给旅游者留下深刻的印象。

利用这些特点，旅游企业可以通过制作精美的图片、旅游视频等，不仅为旅游者提供更加全面的信息服务，还能给旅游者以身临其境的感觉，从而对旅游者的出游决策产生重要的影响。同时，借助网络，旅游企业对市场信息的获取与处理能力大大提高，可以及时了解旅游者需求，并能根据市场需求，及时调整价格或更新产品，提高了营销效率，赢得顾客更高的满意度。

（四）降低营销成本

旅游企业的网上营销可以实现无实体店面操作，从而减少分销环节，节省营销费用。

一方面，网站建设费用、软硬件购置费用以及网络运转费用，通常低于传统营销中的办公用地租金、水电及各类人工成本。另一方面，通过网络发布信息，可以减少印刷与邮递成本，而且可以扩大市场覆盖面，而在网上进行的各种调查活动，费用较低、效率较高。

此外，在网络营销中，旅游者花费更少的时间、更低的成本便可获得比较充分的信息，能够全面地了解旅游目的地，旅游企业以及他们的产品、价格和信誉，为自己的最终决策提供可靠依据，而不必花费更多的时间、精力、体力去向旅游代理商寻求信息。从社会角度看,这也是一种成本的节约。

(五)整合营销要素

旅游企业通过网络可以对食、住、行、游、购、娱六大旅游要素,旅游产品、渠道、价格、促销等旅游营销要素,以及网络公关、网络广告、网络销售促进等促销要素进行有效的整合,实现信息共享,并以统一的观念向旅游消费者传递信息,避免传播中的不一致所产生的消极影响。

在网络营销的过程中,还可以对包括旅游目的地、线路、酒店、娱乐在内等多种资源,以及多种营销手段和营销方法进行整合,提高旅游营销的效果。

三、旅游网络营销的功能

(一)树立网络旅游形象

良好的企业形象是取得营销效果的重要保证,在互联网上,企业的形象不再由规模、实力、人数、业绩、信誉、历史等决定,人们在网上了解一个旅游企业的主要方式就是访问该企业的网站。

网站的形象就代表着旅游企业的网上品牌形象,网站建设的专业化程度、个性风格直接影响着企业的网络品牌形象,同时也对网站的其他功能产生直接的影响。因此,无论是旅游企业、景区景点,还是旅游目的地,都可以充分利用旅游网站展现自己的形象,并通过一系列的推广措施,达到旅游者和公众对旅游企业、旅游产品、旅游线路、景区景点的认知和认可,并通过互动式沟通实现持久的顾客关系和获得更多的直接收益。

(二)进行旅游网站推广

网站推广是网络营销最基本的职能之一,也是网络营销的基础工作。旅游网站获得必要的访问量是网络营销取得成效的基础,因此进行旅游网站推广的意义显得尤为重要。

网站建成并启动后,可以利用网络广告、交换链接、信息发布、邮件列表、注册搜索引擎等方式,发布一切有利于企业形象、顾客服务以及促进销售的企业新闻、产品信息、促销信息、招标与合作信息等,获得较高的点击率,提升网站的知名度,让更多的潜在旅游者访问网站,增加他们对旅游目的地和旅游企业的了解,从而达到网络营销的目标。

(三)发布旅游服务信息

信息发布是网络营销的基本职能之一,互联网为企业发布信息创造了优越的条件。旅游营销主体不仅可以将各类旅游产品和服务信息发布到网站上,还可以利用各种网络营销工具和网络服务商的信息发布渠道向更大的范围传播信息。

同时,建立方便旅游者查询的多媒体旅游信息系统,尽可能全面地提供旅游信息和咨询服务,以吸引更多旅游者。这些信息主要包括:目的地的基本信息(含民俗风情与历史文化知识)和"食、住、行、游、购、娱"等常规旅游信息;旅游企业(含景点、酒店、旅行社、餐厅)的基本信息;产品信息(含旅游线路、酒店客房、景点门票);促销信息(近期主要活动、会展、促销、优惠等)。

（四）开展旅游网上调查

网上市场调查具有调查周期短、成本低的特点,不仅为制定网络营销策略提供支持,也是整个市场研究活动的重要辅助手段。网上调查是掌握旅游者需求的理想方式,在组织实施、信息采集、信息处理、调查效果等方面具有明显的优势,弥补了传统市场调查中的不足。

在线问卷调查可以 24 小时、全天候、无地域限制地进行,内容涉及品牌形象、消费者行为、产品和服务、满意度调查等,旅游者在接受调查后,运用计算机统计分析软件对所收集到的数据进行自动分析处理并统计出结果,提高了调查效率,也极大地降低了调查成本,是获得第一手市场资料的有效工具。

（五）实现旅游网上交易

网上销售是企业销售渠道在网上的延伸,一个具备网上交易功能的企业网站本身就是一个网上交易场所。旅游企业建立网站并开展一系列网络营销活动,提高旅游消费者对旅游产品和服务的认知度,使旅游消费者根据自身的具体情况选择适合的旅游产品,完成产品的预订和购买,并通过网络支付,完成网上购买。

一个功能完善的旅游网站可以完成旅游订单的预订与传输、处理并确认、网上支付等电子商务功能,旅游线路、酒店入住、景区门票、航班机票等都可以在网上实现预购和结算,给旅游者带来方便和节省了时间。

（六）建立良好的客户关系

客户关系对于开发客户的长期价值具有至关重要的作用,网络营销为建立客户关系、提高客户满意度、保持客户忠诚度等提供了有效的手段。旅游企业通过网络与旅游者进行良好的沟通,开展顾客服务,增进顾客关系。

一方面,旅游企业为顾客提供各种在线服务和帮助信息,全天候、跨地区地服务客户。另一方面,通过网络调查或留言板等工具,收集各种客户信息和反馈意见,形成旅游者信息库,便于企业了解客户的需求,倾听客户的建议,为今后有针对性地改进旅游产品和服务、开展个性化性的营销打下坚实基础。

四、旅游网络营销的理论基础

（一）4C 营销理论

传统的营销策略强调的是 4P,即产品(produce)、价格(price)、渠道(place)、促销(promotion),4P 理论的经济学基础是厂商理论,也就是利润的最大化。4P 以企业利润为出发点,并没有把满足客户需求放到与企业同等重要的位置上来,由 4P 理论所指导的营销是一条从企业自身角度出发的单向链。

在网络营销中,网络起到的一个很重要的作用就是使得消费者这一角色在整个营销过程中的地位得到了提高。由于网络具有双向互动的特性,就使得消费者能够真正参与到整个营销过程中来,增强了消费者参与的主动性。此外,网络还加强了消费者进行选择的主动性,因为网络上具有丰富的信息,消费者的选择余地就变得很大,对企业来说,就必须以满足消费者需求为出发点,否则消费者就很有可能选择其他企业的产品。

因此,实施网络营销,就不能光考虑企业自身的企业,而必须同时考虑客户需求和企业利润,这就是所谓的 4C,即先不急于制定产品策略,以研究消费者(consumer)的需求为中心,不再是卖企业所生产的产品,而是卖消费者想买的产品。暂时把定价策略放到一边,着重研究消费者为满足其需求所愿意付出的成本(cost)。忘掉渠道策略,着重考虑怎样让消费者方便(convenience)地进行比较、选择、购买和使用。最后,抛开促销策略,着重加强与消费者的沟通与交流(communication)。

由 4C 理论所指导的营销,把满足消费者的需求放到了与追求企业利润同样重要的位置,是一条通过沟通与交流而在消费者和企业间形成的双向链,把消费者和企业双方的利益无形地融合在一起。

(二)网络整合营销理论

网络整合营销中"整合"的含义包括以下两点。

1. 消费者与营销过程的整合

互联网所具有的"互动性"特征,使顾客在整个营销过程中的地位得到提高,从而使顾客真正参与到整个营销过程中来成为可能。顾客不仅参与的主动性增强,而且选择的主动性也得到加强,因为网络上信息丰富的特征使顾客的选择余地变得很大。

在满足个性化消费需求的驱动下,企业必须严格贯彻以消费者需求为出发点、以满足消费者需求为归宿点的现代市场营销思想,否则,顾客就会转而选择其他企业的产品。为此,网络营销首先要求把顾客整合到整个营销过程中,从他们的需求出发开始整个营销过程。

网络营销需要从顾客需求的角度出发研究市场营销理论,从购买者的观点来看,每一种营销工具都是为了传递顾客利益。也就是说,企业的每一个决策都应该给顾客带来价值,因为顾客在有很多选择余地的情况下,不会选择对自己没有价值或价值很小的商品。

2. 企业利润和消费者利益的整合

在企业利润和消费者利益整合的前提下,去寻找能实现企业利益最大化的营销决策,可能会使企业利润最大化和满足顾客需求的目标同时达到。这应该是网络营销的理论模式,即营销过程的起点是消费者的需求,营销决策是在满足消费者需求的前提下的企业利润最大化;最终实现的是消费者需求满足和企业利润最大化。

由于消费者个性化需求的良好满足,消费者对企业的产品、服务形成良好的印象,在第二次需求该种产品时,会对该企业的产品和服务产生偏好,首先选择该企业的产品和服务;随着第二轮的交互,产品和服务可能更好地满足消费者的需求。

如此重复,一方面,顾客的个性化需求不断地得到越来越好的满足,建立起对该企业产品的忠诚意识;另一方面,由于这种满足是针对差异性很强的个性化需求,就使得其他企业的进入壁垒变得很高。这样,企业和顾客之间的关系就变得非常紧密,甚至牢不可破,这就形成了"一对一"的营销关系。

上述这个理论框架称为网络整合营销理论,它始终体现了以顾客为出发点及企业和顾客不断交互的特点,它的决策过程是双向的。

（三）软营销理论

"软营销"是相对于传统的"强势营销"而言的。强势营销是工业化大规模生产时代的营销方式,传统营销中最能体现强势营销特征的是广告和人员推销,这两种促销手段是一种以信息灌输,甚至是轰炸的方式求得在顾客心中留下深刻印象,而不管消费者是否真正需要这类信息。

软营销与强势营销的一个根本区别就是软营销的主动方是消费者,而强势营销的主动方是企业。个性化消费需求的回归使消费者在心理上要求自己成为主动方,而网络的互动性使其有可能成为主动方。由于互联网的参与,搜索、调阅信息的手段发生了根本性的变革,旅游者可以直接到旅游企业的网站或是利用搜索引擎,对旅游产品、旅游服务和旅游目的地等进行查询,获取自己所需要的信息。他们不欢迎不请自到的广告,传统的轰炸式的广告宣传往往会使消费者产生逆反心理,甚至使企业形象受到损害。

正因为如此,在网络时代,企业应该将主动权交给消费者,努力通过融洽氛围的营造来吸引消费者,使其能够在个性化需求上主动寻找企业相关信息,即变原来的"推"策略为吸引消费者的"拉"策略,促进企业与消费者需求点的结合,从而形成一种良好的营销效果。同时,企业必须明确自己的诉求点,转强势性的销售变为满足需求型的咨询服务,拉近与客户之间的距离,使其成为企业的忠实客户。

（四）直复营销理论

从销售的角度来看,网络营销是一种直复营销。直复营销中的"直"是指不通过中间分销渠道而直接通过媒体连接企业和消费者,网络上销售产品时顾客可通过网络直接向企业下订单付款;直复营销中的"复"是指企业与顾客之间的交互,顾客对这种营销有一个明确的回复(买还是不买),企业可统计这种明确回复的数据,由此对以往的营销做出评价。

网络销售最大的特点就是企业和顾客的交互,不仅可以以订单为测试基础,还可获得顾客的其他数据甚至建议。所以仅从网上销售来看,网络营销是一类典型的直复营销。

网络营销的这个理论基础的关键作用是要说明网络营销是可测试、可度量、可评价的。有了及时的营销效果评价,就可以及时改进以往的营销方式,从而获得更满意的结果。所以,在网络营销中,营销测试是应着重强调的核心内容之一。

网络这个媒介既是市场调查的工具,又是销售产品的渠道,同时还是广告和公关的媒体,即便顾客想用电子货币付款也是在网络上进行,甚至它还是某些可下载的产品的运货路线。这就使得网络营销是一种很紧凑的全程营销,有时对某个具体的操作方法属于哪个营销策略很难分得清楚,这也是网络营销作为直复营销的一个具体体现。

五、网络营销在旅游业中的应用

（一）航空公司的计算机预订系统

航空公司在很早就开始采用计算机来帮助提升效率,最早用于旅游预订和销售。1959年,美国航空公司和IBM合作开发了世界上第一个计算机订位系统(SABRE),最后逐步演变为一个复杂的计算机预订系统。1978年美国通过航空管制取消法案,航空公司与旅行社开展合作,使航空公司的计算机预订系统延伸到旅行社代理商。

如今,几乎所有的旅游代理商都可以访问由这套预订系统发展而来的全球预订系统,它的业务范围也逐渐扩大,一端联系着航空公司、饭店等旅游服务供应企业,另一端联系着分布各地的旅行社等销售单位,为旅客提供订购机票、预订客房、租车等服务。全球预订系统使用超级计算机来管理它庞大的数据库,昼夜不间断地处理全球各地的各种旅行预订交易。

(二)饭店集团的中央预订系统

中央预订系统(CRS),主要是指饭店集团为控制客源采用的本集团内部的电脑预订系统。1965年假日饭店集团建立了自己独立的电脑预订系统 HolidexⅠ,到20世纪70年代又发展了第二代预订系统 HolidexⅡ,通过该系统,在每一家假日饭店里,都可以随时预订世界任何地方的假日饭店,并在几秒内得到确认。

现在假日酒店集团拥有的 HolidexⅢ(Holidex 2000)是世界最大规模的民用电子计算机网,其规模仅次于美国政府的通信网络,曾被指定为美国国家处于紧急状态时的通信后备系统。同时,该系统目前有专用卫星,不仅可以用来预订、传递信息,还可转播剧场实况,播放闭路电视,并已在美国1 000多个假日饭店中安装通过卫星转播的长途电视会议设施。

美国喜来登集团的 Reservation 中央预订系统于1970年开通,早在1976年,就完成了它的第1 000万次预订,并于1983年在中东设立它的第一家计算机预订中心办事处,为进一步扩大中东市场提供了条件。目前,喜来登的 CRS 办事处遍布全球。

此外,美国希尔顿集团的 HILTON 计算机预订系统,每月要输入15万名客人的预订服务。英国福特酒店集团率先在欧洲耗费巨资将自己的中央预订系统升级为 Forte-Ⅱ,可以方便地办理该集团在全球60多个国家937家饭店不同档次客房的预订服务。这些集团内部的中央预订系统使集团饭店在控制客源方面处于行业领先地位。

(三)全球分销系统

全球分销系统(GDS),诞生于20世纪六七十年代北美及欧洲地区的大型国际航空公司,它们首先建立起大型数据库,利用网络技术将分销机票的旅行代理商纳入其网络体系,这些旅行代理商通过安装在本地的系统终端完成对舱位的查询和机票的预订。

20世纪80年代后期,全球形成了 Amadeus、Apollo、Sabre、Worldspan 四大分销系统,它们均为独立运行的公司,分别建有自己的数据库,并在全球范围通过为旅行代理商安装网络系统终端形成分销系统。90年代,GDS 开始将机票以外的酒店、汽车租赁、游轮、旅行包价等其他旅行产品也纳入其销售范围。

目前,四大 GDS 共连接全球约55万个旅行代理商销售终端,成为国际旅游行业主要的酒店预订系统。我们通常认为国际连锁饭店集团相对于单体饭店在国际营销渠道上具备很大优势,在很大程度上是因为它们均将其中央预订系统与各 GDS 系统建立了连接,具备 GDS 营销的能力和手段。

（四）旅游目的地营销系统

目的地营销系统（DMS），是一个采用开放式的体系架构，集互联网旅游信息服务、网上旅游营销、互联网电子商务、旅游行业的管理于一身，并紧密支持跨媒体宣传营销方式的完善、高效、低投入的综合应用系统。

世界旅游组织于 20 世纪 90 年代中期，开始致力于信息技术在旅游行业应用的研究，提出了 DMS 的概念和框架体系。目前，奥地利、芬兰等 10 余个旅游发达国家或地区已成功应用该系统，加强了旅游目的地和客源地之间的联系，在提升旅游目的地知名度、满足消费者信息需求、增加游客访问量、方便旅游交易、提供旅游服务和增加旅游目的地旅游收入等方面起到了积极作用，支持了当地的旅游业，取得了明显的旅游营销效果。

（五）旅游营销网站

近年来，随着互联网的飞速发展，名目繁多的旅游网站层出不穷，综合性网站中旅游频道的内容也越来越丰富。旅游网站的出现，从根本上改变了旅游业小作坊式的手工操作方式，使旅游业整体利益的最大化和运作效率的最优化成为可能。

我国旅游网站从 1995 年开始出现，在经历了 1997 年至 2000 年上半年的投资热潮及炒作式发展，2000 年下半年至 2001 年的遭遇困境与冷静回归后，经过分化整合以及经营策略的再探索，逐渐走入一个成熟稳健的发展时期。

在这些旅游网站中，综合性旅游网站（包括门户网站的旅游频道）主要经营网上营销代理，提供预订酒店、旅游线路、交通票和设计旅行计划等服务。而旅游企业所属的网站，则多向旅游者提供当地或经营范围内的"食、住、行、游、娱、购"等方面的信息。

第二节　旅游网络营销的过程与规划

一、旅游网络营销的过程

旅游网络营销过程可概括为：通过网络收集各方面的信息（如游客需求），并将这些信息整理分析后反馈给旅游企业或旅游目的地的相关部门；旅游企业（目的地）根据这些信息开发新资源、新产品，更新经营和管理思路，并通过网络进行产品宣传与发布，与旅游消费者进行沟通；通过网络与游客及其他企业进行在线交易并获得信息反馈；总结并积累经验，为下一个生产、销售循环做好准备，其基本步骤如下。

（一）网络营销计划阶段

计划阶段的任务是开展网络营销的目标，制订旅游网络营销的可行性计划。计划阶段的任务可通过以下三个步骤来完成。

（1）通过确定合理的目标，明确界定旅游网络营销的任务。

（2）根据旅游网络营销任务，确定网络营销活动的内容和营销预算。

（3）确定旅游网络营销系统建设的进度，设立相应的监督评估机制。

（二）网络营销设计阶段

设计阶段的任务包括建立旅游网站或网页,设计旅游网络营销的具体流程。基本步骤如下。

（1）申请域名,创建全面反映旅游营销活动内容的网站或网页。

（2）与互联网连接,树立旅游的网上形象。

（3）设计旅游网络营销过程的具体流程,建立反馈机制。

（三）网络营销实施阶段

实施阶段是旅游网络营销的具体开展阶段。基本步骤如下。

（1）发掘信息资源,广泛收集网上信息。

（2）开展网上旅游市场调查。

（3）制定相应的旅游网络营销策略,在网上推销旅游产品与服务,促进在线销售。

（4）与旅游消费者及其他旅游企业(旅行社、旅游交通及住宿餐饮)进行沟通,通过网络收集订单。

（5）将相关信息反馈给相关旅游决策和开发管理部门。

（6）使网络营销与旅游的管理融为一体。依靠网络与旅游中间商、旅游消费者、其他旅游参与者等建立密切联系,充分利用网络伙伴的生产能力,实现产品设计、制造及销售服务。

二、旅游网络营销的规划

（一）确定经营的具体目标

建立旅游网站,首先要确定网站的目的所在,需要具体考虑:是仅仅在网上建立一个网上的黄页,树立企业或目的地的旅游形象,宣传企业的产品或提供当地旅游信息;还是要推广企业的产品及服务,收集旅游者的需求信息和反馈意见,进行简单的电子商务业务;或是建立一整套完整的电子商务系统,通过网络开展旅游电子商务业务,并为各种旅游消费者提供服务和支持。

例如,携程旅行网作为中国领先的在线旅行服务公司,成功整合了高科技产业与传统旅行业,向超过4 000万会员提供包括酒店预订、机票预订、旅游度假、商旅管理、特约商户及旅游资讯在内的全方位旅行服务,被誉为互联网和传统旅游无缝结合的典范。携程网的目标是:利用高效的互联网技术和先进电子资讯手段,为商务散客与休闲客人提供快捷灵活、优质优惠、体贴周到又充满个性化的旅行服务,从而建成公认的中国最优秀、最成功的旅行服务公司。

（二）明确网站的目标市场

旅游网站建成后,明确网站的目标市场,并针对目标市场的需求进行旅游产品的宣传以及旅游形象与品牌的推广。需要考虑旅游网络营销是针对散客还是团队(主要是旅行社),这些顾客属于哪些群体,他们的年龄分布、职业特征、消费能力、心理特征、需求倾向是什么,等等。只有明确了网络受众,网站主页的版面设计和编排才能围绕旅游的目标游客群展开，网络内容才具有针对性和吸引力。

例如，针对来自国家和地区的旅游者，可以在网页设计中采用中文、英文和中文繁体等不同的版本，以适应中国内地、港澳台地区和世界各地旅游者上网需要。

又如，通过对旅游目的的细分，把旅游市场细分为观光游客、度假游客、商务游客等几个子市场，把网站栏目分为"观光旅游者""度假旅游者""会议策划者"等，分别满足不同子市场的旅游需求。

此外，还应该对竞争对手的站点进行深入和细致的分析，特别是对其提供的内容有何特点、所针对的目标顾客有何不同等予以重点关注。实际上，对竞争者站点的分析应该贯穿于整个企业站点的建设过程之中，通过全面的分析比较，吸取它们的优点，克服自身不足。

（三）确定营销与盈利模式

旅游与旅游者之间存在着空间距离，其产品不能事先交付游客检验，也不能交由游客自由使用，旅游要吸引游客前来消费必须有更多的信息交流。因此，旅游企业可以选择信息服务作为网络营销的切入点，这是旅游网络营销的初级模式。这种模式有利于旅游产品和旅游形象通过网络得到高效、低成本的传播。同时，也满足了旅游者对信息的需求，弥补了旅游企业与游客之间信息不对称的缺陷。

旅游网络营销发展到一定阶段，技术条件成熟后，旅游便可以开展更高层次的网上交易模式。在网上完成交易是一个比较复杂的技术流程，背后隐藏着复杂的技术细节，但是，不论购物流程在网站的内部操作是多么复杂，面对旅游者的界面必须做到简单和操作方便。例如，旅游网应提供包括网上和网下多种支付方式供不同旅游者选择。

确定盈利模式对旅游网站来说是十分重要的。网站的经营收入目标与企业网站自身的知名度、网站未来的浏览量、网站未来的宣传力度和广告吸引力、上网者的购买行为、对本网站的信赖程度等因素都有着十分密切的关系。因此，企业网站应该根据上述因素的分析来确定本网站的盈利模式。

例如，携程旅行网主要依靠旅游预订作为网站运作和盈利的基础。在设计方案中，首先通过机票预订、客房预订和产品预订等获取利润收入；同时以会员制的方式建立网站对旅游景点、旅行社和宾馆的网上展示与广告收费；然后逐步扩展到预订旅游景点的门票、用车及餐饮服务预订，以及旅游纪念品和旅游书籍等。

（四）网络营销成本的估算

网络营销的开展必须依赖一定的软硬件条件，例如，需要用电脑主机与网络设备来保存、处理以及传送信息；通过建立网页，将旅游产品的照片、文字资料（质量、价格等）介绍给网络上的浏览者。

旅游企业可以自行配置设备、建立网站，也可以向网络服务企业租用设备，具体可结合旅游信息处理量的大小、使用频率的高低以及具体情况来决定。例如，旅游企业要建立独立的网站，一般需要自己的数据专线，成本费用相当高，普通的企业难以承受。企业还可以选择网络服务供应商提供的"虚拟主机"服务，每年的花费可控制在几千元到几万元以内。

由于网络服务供应商数量众多、业务范围各具特色,企业应细加选择,根据其技术条件和提供服务的种类、数量等来全面衡量,慎重选择。

(五)旅游网站内容的确定

在网站的目标定位后,如何将网站建成一个对网络消费者富有吸引力的电子商务网站,其网站信息内容的确定是成功的关键。由于网络信息供给具有无限性,而人们的注意力有限,旅游网络营销要发挥优势,其网上展示的内容必须能够吸引浏览者的注意力。

旅游上网的内容要以"满足游客的信息需求"为选择标准,可以从食、住、行、游、娱、购等基本要素方面去考虑,同时关注游客的需求变化,利用网络进行及时的信息交流与反馈。例如,北京旅游信息网所发布的内容都是经过精心设计的。网站根据主题和目标,突出北京旅游特色,该网站的信息内容主要包括以下几个方面。

综合旅游信息:北京的自然与人文景观的资料信息,包括饮食、住宿、游玩、购物、娱乐等多个方面。

旅游相关知识:包括旅游新闻、天气预报、出行工具、旅游常识等信息。

会员自主旅游信息:包括旅游博客、观感、游记和旅游问答等。

与旅游相关的产品和服务信息介绍:如旅游精品线路、景区推荐等。

旅游者自助旅游信息。

(六)确定网络营销的组合方式

旅游网络营销需要通过营销组合策略增强营销力度,提高旅游企业和旅游目的地在网络上的知名度。营销组合包括产品、价格、分销、促销四个方面的内容,如针对网络促销策略,旅游企业可以根据经营情况,综合使用"推战略"与"拉战略"方法,该出击的时候就通过网络广告推出去,以稳定网络客户群体。

同样,通过精心制作网站的信息内容,把潜在的客户群体牢牢地吸引过来,在网络上树立起良好的旅游形象,从而使网络促销效果达到最佳。

第三节　旅游网络市场调查

一、网络市场调查的优势

市场调查是针对特定营销环境进行资料收集和分析的活动,利用互联网实施的市场调查活动称为网络市场调查。它主要包括两种方式:一种是直接调查,即在网上通过问卷调查等方式收集一手资料;另一种是间接调查,即通过网络来收集所需的二手资料。

网络调查是一种经济、方便、快速的新兴市场调查方法,与传统的市场调查活动相比,在组织实施、信息采集、信息处理、调查效果等方面具有明显的优势。

(一)网络调查成本低

网络调查省去了调查问卷的印刷、邮寄等传统调查方式中必要的工作;在信息采集过程中也不需要派出专门的调查人员；调查过程中最为繁重和关键的数据收集与录入工作分布到众多网上用户的终端上完成；而数据统计与处理工作可由计算机自动完成。因此，网络调查使得调查成本大大降低。

（二）调查运作速度快

互联网与其他传统媒体相比，其最大的特点就是可以以极快的速度来传递文字、声音、图片、视频等多媒体信息。因此，利用其传递图文并茂的调查问卷，在视觉上更能吸引受访者。另外问卷发放及反馈速度也非常快，大大提高了工作效率。有调查表明，网络调查至少比传统调查节约 26%～40%的时间。

（三）调查结果较客观

被调查者是在完全自愿的情况下参与网络调查的，他们一般是企业网站的访问者，或是对企业的产品有一定兴趣的人员，而且他们是在完全独立思考的环境下接受调查的，不会受到调查员及其他外在因素的误导和干预，调查结果相对来说是比较真实和客观的。

（四）调查具有互动性

网络调查是一种交互式的市场调查方式，被调查对象可以及时就问卷相关问题提出更多的看法和建议，可减少因问卷设计不合理导致调查结论偏差；同时被调查者还可以自由的不受时间限制的，在充分了解问卷问题后发表自己的看法。

（五）便于检验和控制

（1）网上调查问卷上可以附加全面规范的指标解释，有利于消除因对指标理解不清或调查员解释口径不一而造成的调查偏差。

（2）问卷的复核检验由计算机依据设定的检验条件和控制措施自动实施，可以有效地保证对调查问卷 100%地复核检验，并保持检验与控制的客观公正性。

（3）通过被调查者身份验证技术可以有效地防止信息采集过程中的舞弊行为。

（六）无时空地域限制

网络调查可以 24 小时全天候进行。调查范围大、覆盖面广，而且不受时间限制，这是传统调查方式所无法比拟的。

二、旅游网络市场调查的步骤

旅游网络市场调查的步骤，如图 4-1 所示。

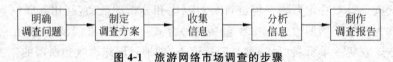

明确调查问题 → 制定调查方案 → 收集信息 → 分析信息 → 制作调查报告

图 4-1 旅游网络市场调查的步骤

（一）明确调查问题

进行网络市场调查的第一步工作首先要明确要调查什么问题，希望达成什么样的目标。要提高网上调查的效果，解决之道是把头脑中概略的、笼统的问题给予分解和具体化,并确定调查活动所要达到的目标,调查任务目标必须尽可能清晰、具体和切实可行。例如,旅游者对你提供的哪些旅游产品或服务感兴趣?为什么感兴趣?哪些旅游者最有可能购买?你的竞争者在干什么?等等。

(二)制订调查方案

网络市场调查的第二阶段是制订出有效的调查方案。具体来说,要确定资料来源、调查方法、调查工具、抽样方案和接触方法。

1. 资料来源

必须确定收集的是二手资料还是一手资料(又称原始资料),或者两者都要。在互联网上,既可以方便地收集到二手资料,也可以通过网上问卷、BBS等收集到一手资料。

2. 调查方法

网络调查方法分为网络直接调查和网络间接调查方法。

(1)网络直接调查。网络直接调查方法获得的是原始资料。网络上原始资料的收集方式有很多,其方法主要有:访谈法,如网上焦点小组访谈、网上一对一访谈、电子邮件访谈等;专题讨论法是借用新闻组、邮件列表讨论组和网上论坛的形式进行的;观察法是利用相关网络软件跟踪旅游者在网上的活动;实验法则是选择多个可比的主体组,分别赋予不同的实验方案,控制外部变量,并检查所观察到的差异是否具有统计上的显著性。

例如,在网上进行旅游产品促销活动或旅游形象方案征选等实验,看看哪种内容和形式获得的点击率高;问卷调查可以使用 e-mail 发送和在网站上刊登等多种形式,它是当前许多旅游网站最常用的调查方式之一。

(2)网上间接调查。网上间接调查方法亦即网上二手资料的收集,是指利用互联网收集相关市场、竞争者、消费者以及宏观环境等信息。二手资料来源的渠道主要有 www、news、BBS、e-mail 等。其中,是最主要的信息来源是 Web 网页,它所涵盖的信息包罗万象,无所不有。在网上收集信息,一般是先通过搜索引擎搜索网站的网址,然后访问所要查找信息的网站和网页。

3. 调查工具

网络市场调查可以使用在线问卷和软件系统。在线问卷制作简单、分发迅速、回收方便,但要设计得完美和有效,仍有很多要点须掌握。软件系统可以采用交互式计算机辅助电话访谈系统和网络调研软件系统。

4. 抽样方案

为了有效达到调查目的,需要确定合适的调查对象,即调查活动的接受者。一般来说,旅游网络调查的对象可分为旅游消费者、旅游市场竞争者和旅游行业信息等。

由于调查对象十分庞大,为此还需要确定抽样单位、样本规模和抽样程序。抽样单位是确定抽样的目标总体。样本规模的大小涉及调查结果的可靠性,它必须足够大,必须包括目标总体范围内所发现的各种类型样本。在选择抽样程序上,为了得到有代表性的样本,应采用概率抽样的方法,可以计算出抽样误差的置信度;在概率抽样的成本过高或时间过长时,可以以非概率抽样方法替代。

5. 接触方法

接触方法是确定以何种方式接触主体,如利用旅游企业自己的网站开展网络调研,也可借助访问率很高的门户网站或与调研目的相配合的专业站点、网上论坛等进行调研，还可以通过 e-mail 直接向被调查者传输调查问卷等方式完成调查。

（三）收集信息

借助网络通信技术的快速发展，在网络营销调研中，数据的收集工作要相对简单一些，不论是一手资料还是二手资料，都可同时在全国甚至全球进行，而且只需直接在网上递交或下载即可。这与受区域制约的传统调研方式有很大不同。

例如，旅游企业要了解消费者对某旅游产品的看法，只需通过在本企业的网站或一些著名的广告站点发布广告，把链接指向公司的调查表就可以了，无须像传统调查那样，在全国各地找不同的调查公司分别实施。

数据的收集工作包括对被访者回答的编码、将被访者的回答输入一个相关的统计程序中，编辑并筛选数据。上述功能均可利用计算机自动完成，同时还可将简单的统计结果立即反馈给被访者以鼓励其完成进一步的调研。

另外，在问卷回答中被访者经常会有意或无意地漏掉一些信息，这可通过在页面中嵌入脚本或 CGI 程序进行实时监控。如果被访者遗漏了问卷上的一些内容，调查表会拒绝递交或者经过验证后重新发给被访者要求补填。最终，被访者会收到证实问卷已完成的公告。

（四）分析信息

数据收集结束后，必须对这些数据进行分析和解释。在营销调研中，数据分析的能力是至关重要的，调查人员如何从数据中提炼出与调查目标相关的信息，直接影响最终的结果。现在有很多先进的统计软件都可辨明数据的显著性差异及发现不同类型的数据之间的关系等。在对收集的数据进行了分析与解释后，就要根据调研目标得出相应的结论。

（五）制作调查报告

调查报告的制作是整个调查活动的最后一个环节。但是报告不能是数据和资料的简单堆砌，而应该是对与市场营销关键决策有关的主要调查结果的展示，并以调查报告正规格式书写。

三、旅游网络市场调查的内容

（一）旅游消费者调查

旅游消费者是旅游市场的构成者，是旅游网络营销的对象。旅游消费者的信息对于旅游营销无疑是极为重要的，掌握了这些信息，营销者们就可以大致勾画出目标客户群体的整体结构，然后开展有针对性的营销活动。旅游消费者调查主要包括如下内容。

1. 旅游者基本信息

在互联网上进行旅游市场调查，最基本的目的之一是了解旅游网站访问者以及他们的特征，如性别、年龄、学历、所在地、收入状况、联系方式等，通常，旅游网站有"注册会员"一栏，这便是收集旅游者基本资料最常用的方法之一。

2. 旅游者心理与行为特征

社会的快速发展和网络技术的进步使旅游者的消费需求出现新的发展趋势,势必引发旅游者心理与行为方式的转变,表现出一些新的特点。例如,从旅游消费趋势看,个性化产品和服务需求上升;从价值标准看,旅游者从注重产品本身转移到注重消费过程带给人的感受;从接受旅游产品的方式看,旅游者不再满足于被动地接受而是主动地参与到旅游产品的设计中。

3. 旅游者的偏好

了解旅游者的偏好,有利于把握旅游者的个性化需求。借助网络服务器和网络集成技术,可以详细记录许多有用信息,例如,旅游者访问旅游网站后,先点击什么内容,后点击什么内容,对什么产品和服务感兴趣,以及它的购买过程等。

此外,利用网络媒体还可以与旅游者进行实时在线沟通,了解他们的真实需求。营销人员据此可以把握他们的旅游需求偏好。之后,旅游企业可以根据旅游者的偏好推荐适合的产品,并且提供与该产品配套的相关产品或服务。

例如,顾客登录某旅游网站查询过机票信息之后,不久在他的邮箱中将会发现最新打折机票的信息以及推荐的旅游地等信息。

4. 旅游者的意见与建议

旅游网站是联系旅游者与旅游企业的桥梁,网站点击率的高低直接关系到旅游营销效果的好坏。网站价值评估的调查方法通常是随机邀请网站的访问者参与评测,调查涉及网站的内容是否丰富、结构是否合理、访问速度是否足够快和客户经验是否多,等等。目的是进行网站的优化,以提高网站的客户满意度。

在新概念、新产品,新的服务方式层出不穷的时代,快速、准确掌握旅游者的需求变化十分重要。因此,在推出新产品、策划新形象、开展新活动的过程当中,都可以利用网络市场调查方式,了解旅游者的反应,并根据这些意见和建议进行市场分析,找到最佳的传播途径,为调整产品和服务、继而投放市场做好准备。

例如,中国旅行社总社曾做过"如何了解并参加中旅组织的旅游团"的调查,对该调查的分析结果能够使中国旅行社总社找到较佳的广告投放途径。

5. 旅游者的满意度

旅游者的满意度与忠诚度是衡量旅游产品与服务在顾客心中位置的重要指标,它将直接影响旅游企业的利润获得,也将影响旅游地区的整体形象和地区旅游业的发展。对这一指标进行有效的调查、评估和管理,不论对旅游企业或是旅游地营销的日常运转,还是长期战略的制定都具有极其重要的指导意义。

同时,通过网络可以方便、快捷、经常地进行满意度调查,由于网络的互动性,有些问题还可以在调查的同时就得到解决,这样能够提升企业和旅游地在旅游者心目中的形象。满意与忠诚度提高了,旅游者将会持续购买,也会向同事与朋友进行推荐。

（二）旅游市场竞争者调查

旅游企业通过收集和分析竞争对手信息,可以准确、及时调整营销策略。首先要识别竞争者,可以通过搜索引擎、行业网站、导航网站等查找竞争对手;然后确定收集信息的途径;最后,要建立有效的信息分析处理体系。收集信息后必须能有效处理收集来的信息,否则再多的信息也成了"垃圾";对于信息收集与处理最好是由专人完成,分类管理,并用数据库系统将信息进行组织管理,以备将来查询和使用。

旅游企业收集信息的途径主要包括如下方面。

（1）访问竞争者网站。旅游企业可也通过互联网进入竞争对手的网站,查询面向公众的所有信息、例如旅游产品服务信息,促销活动、年度报告、季度评估、企业简讯等。

（2）收集竞争者发布的信息。最好的办法是作为竞争者的一员顾客,收集竞争者网上发布的信息,如产品信息、促销信息、招聘信息及电子出版物。

（3）多方获取竞争者的信息。从其他网上媒体获取竞争者的信息,如网上电子报纸和电视台的网上站点对竞争者的报道等。

（4）保护性访问。从有关新闻组和BBS中获取竞争者信息。例如,旅游企业访问和某一竞争对手有关的BBS和新闻组站点,获取相关资料以了解其发展状况,便于掌握最新竞争动态,进而做好应战准备。

（三）旅游行业信息调查

随着经济全球化和一体化的发展,世界大市场的逐步形成,旅游企业应站在整个行业、全球市场的高度来考虑问题,要善于挖掘信息、把握信息、利用信息。

旅游企业可以通过搜索引擎、行业网站、综合类信息网等,全面、及时地收集各种旅游市场信息、行业调查报告等,此外,还必须了解一些政治、法律、文化、地理环境等相关信息,有助于企业从全局高度综合考虑旅游市场变化因素,为企业寻求市场商机、进行决策奠定基础。

四、网络市场调查策略

（一）传统调查与网络调查相结合

传统调查与网络调查互有利弊。就目前来看,网络的普及率低,上网人数有限以及网民比例分布不合理,使得网络调查适用的范围是有限的。利用网络进行大规模市场调查,显然还受到许多条件的限制。

市场调查人员可以将传统调查与网络调查结合起来,让自己的调查活动顺利开展,通过网络进行二手资料的收集,还可以利用网络开展简单、快捷、费用低廉的试调查。

（二）有奖调查

在网上,由于人们担心个人信息被滥用,通常不愿在问卷调查中暴露准确的个人信息。网站应提供必要的个人信息保护声明,确保被调查者能放心地提供信息。但仅此而已是不够的,网络冲浪者们不会耐心地填写详细的资料,此时网站应用免费商品、优惠券、免费使用软件等方法吸引和鼓励旅游者填写一份包括住址、电子邮件、职位、所在公司、个人习惯、兴趣、假期、特长、偏好、收入等甚至更加深入的信息。

（三）应用专业软件和相关技术

旅游网站的主页和网站各个主题中可以设置计数器,通过分析访问者对各级主题兴趣,把握市场消费者对旅游产品及服务的需求,来分析和了解消费趋势。还可以在网上测试旅游产品和服务的不同价格、形象、广告的营销组合,通过测试可以分析出哪些因素组合最有吸引力。

此外,网络用户身份检验技术被普遍用于筛选有效的网络问卷。总之,高新技术的应用推进着网络调查朝着高效、经济、快捷、方便、深入、细化的方向发展。

(四)T形调查

调查样本的数量和质量是目前实施在线调查的最大问题之一,网站访问量、网民数量、愿意接受在线调查的人数等都是实施在线调查的影响因素。因而,要求网上市场调查不能总在一个旅游网站上利用问卷进行,还要联合其他网站尤其是门户网站,以及使用电子邮件直接调查目标市场等多种方式手段同时进行,市场调查既要广度又要有深度。

五、调查问卷设计原则

调查问卷是最常用的一种调查方式。总的来说网络调查问卷设计有以下原则。

(一)化整为零,计划执行

网络经济亦即注意力经济,上网冲浪者不会浪费太多时间在填写问卷上,尤其问卷有一两页之多。因此,想得到涉及多个方面,填写完备的问卷基本不可能。因此,要把一份复杂的问卷分成许多小部分,分配不同时段,实施调查。

例如调查某旅游地形象,就可将其分为形象要素调查、形象传播调查等,对每一部分的调查都要有计划有步骤地实施。如用 6 个月调查旅游地形象要素,调查内容包括了最能代表形象的建筑、风俗习惯、文化、口号四部分;再用 3 个月调查形象传播,包括形象甄选、展示方法、传播渠道三部分。

(二)单一目标,阶段实现

在确定每阶段的调查主题后,再对其进行细分,以确保每一个最小的调查时间段内调查问卷能够最精简。

(三)简洁明了,一目了然

问题要言简意赅,没有歧义,不要太复杂。问题以一句话的长短为佳,最好以选择题的形式给出。这样旅游者能立即浏览题目并给出答案。

(四)综合运用多种方法

由于网络问卷的简短性,要保证样本数量足够就使得完成一份复杂的问卷就像一个系统工程需要花去大量时间。为缩短时间,必须缩短每份问卷调查时间,因此也就要求目标市场尽可能多地接触问卷。采用各种有效的方法发布、扩大网络调查问卷的样本量。可以张贴到网页上,也可以单独开一个窗口,或在论坛中张贴,还可以将问卷通过 e-mail 发送到目标客户的邮箱中等。

调查人员可以从职业、年龄、性别、收入、文化层次、地域环境等方面考虑被调查者的特征,设计问卷风格。问卷附加多种形式的背景资料,文字的、图形的、图像和声音的,来吸引旅游者参与调查。调查问题的最佳数目依据调查目的、调查计划和调查内容的不同而不同。问题越多，访问者就越不愿意参与调查，最好以简短的调查为主。

六、旅游消费者的心理和行为特点

（一）个性消费的回归

之所以称为回归，是因为在过去相当长的一个历史时期内，工商业都是将消费者作为单独个体进行服务的。只是到了近代，工业化和标准化的生产方式才使消费者的个性被淹没于大量低成本、单一化的产品洪流中。但在知识、信息和电子技术快速发展的今天，旅游者处于旅游市场的主体地位，通过网络他们能够按照个人标准从丰富的旅游产品中挑选符合自己个性的产品，同时还能参与到旅游产品的设计中，真正实现了个性消费。

（二）消费跨时空，主动性增强

互联网的跨时空性，使人们在任何时候和任何地方都能安然地端坐在电脑前利用网络强大的数据搜索功能完成对所需旅游信息的搜索工作，足不出户便可饱览祖国大好河山。面对网上浩如烟海的旅游信息，网络旅游消费者更看重的是信息对他们心理或情感的满足。他们主动通过网站获取有关信息，从中获得心理平衡，增加对所购旅游产品和服务的信任感。

（三）消费需求时尚化，强调个性化、定制化服务

在网络的引导下，人们的个性获得发展，自由、创新意识得到增强。这使得旅游者由满足于一般化、具有群体特征的大众化服务，转向要求具有个性化的服务。而网络的交互性功能使旅游企业能够及时了解旅游者的特殊需求，使旅游者的个性化消费成为可能。但同时"可以选择的信息越多，便越难做出选择"。这也给网络旅游消费者的消费决策带来了难度，但同时也促使其提高信息消费能力。

（四）消费稳定性低，转换速度加快

网络的发展促使现代社会发展和变化步伐加快，新生事物不断涌现，受到这种趋势带动，旅游者消费心理稳定性降低，心理转换速度加快，在行为上表现为对新、奇、特事物的喜爱。以前观光旅游一统天下的情况不见了，取而代之的是人们对度假游、探险游、健身游等新兴旅游项目的偏爱。旅游消费者求新、求异的欲望进一步加强，旅游产品生命周期越来越短。

（五）旅游消费者购买旅游产品和服务对便利性要求更高

随着现代社会生活节奏的加快，工作压力较大，人们总是希望在工作之余有更多的休闲时间。于是旅游消费者会以购物的方便性为主要追求目标，希望在购买旅游产品时能尽量节省时间和精神、体力成本，而不是为出去旅游一趟三天两头到旅行社去商量出游的具体事宜，搞得在出游之前就已经身心疲惫。网络消费则可以满足旅游者这一要求，旅游者足不出户便能购买到称心如意的旅游产品。

（六）旅游消费者与旅游企业营销的互动反馈

互联网的交互性功能使得旅游消费者由被动接受旅游企业的营销转为积极主动地参

与到旅游产品的设计中,他们充分发挥自己的想象力和创造力,通过创造性消费来展示自己独特的个性,体现自身价值。通过发送电子邮件或在电子论坛 BBS 上发表自己的评论,旅游企业可以及时收到反馈信息,并以此为依据来设计旅游产品,让旅游消费者更加满意。

第四节　旅游网络营销策略

一、旅游网络营销的产品与服务策略

(一)旅游产品形象策略

旅游产品、旅游目的地具有主体无形、不可移动性,必须通过各种网络多媒体(图片、声音、视频)工具来进行有形化展示,才能为潜在旅游者所认知,进而产生旅游动机,并最终实现出游。

旅游目的地在设计自己的旅游形象时,需要在详尽调查的基础上,对目的地固有的旅游资源有创造性的了解,再将设计好的形象通过网络展现出来。而针对旅游产品,可以利用网络的互动性,通过征求旅游者的意见和建议,加强旅游者的参与意识,开发设计出符合旅游者需要的、具有特色的旅游产品。

中华行知网在酒店宾馆介绍中引入了 360 度全景展示技术,游客可以轻轻滑动鼠标,对目标酒店的房间设施、居住环境和折扣程度等信息进行甄选,做到在出行前对入住酒店的全面了解。部分解决了旅游产品异地性和旅游生产、消费同时性给旅游者带来的无法购买前"检验"产品质量的问题。它既吸引游客的目光、引起兴趣、激发购买欲望,又能打消顾客的疑虑,促进网上交易的实现。

环视旅游网是中国旅游视频第一站,是由具有 10 年专业旅游电视制作经验的广州《周末导游》电视传播网有限公司策划创办,并由广州电信提供宽带技术支持,与中国最大宽带网站之一的"世纪前线"共同打造的全球旅游传播大平台。

该网站汇集了广州电视台《周末导游》十多年的旅游电视精华和各旅游目的地的精彩旅游宣传片,以及网友每天不断上传的旅游 DV。网站还网罗了全国著名旅游目的地的详细介绍、精彩相册、旅游攻略、游记等旅游资讯,供网民免费点播浏览,吸引了数以亿计的全球网民及页面浏览量。

(二)旅游产品定制化策略

随着社会经济的发展,个性化的消费日益成为人们的追求目标。反映在旅游业上,旅游者不再满足于被动地接受而是主动地参与到旅游产品的设计中,使旅游产品向"量身定制"的方向发展,个性化的定制营销已成为旅游营销的重要组成部分。

双向互动式的信息交流方式,为个性化旅游的实现提供了先决条件,而旅游线路柔性设计体系、旅游产品柔性制造系统的完善,则进一步为其提供了物质基础,旅游企业可以在成本上升幅度不太大的前提下,为满足旅游者的个性需求,提供不同的旅游产品和线路。

为此,旅游企业可以依靠便捷的网络信息沟通渠道,清楚地了解旅游者的偏好和要求,以便精确地掌握和锁定目标客户,进行有的放矢的营销活动。还可以提供菜单式自助服务,使旅游者可以根据自身需要,挑选所需的产品和服务进行组合,并且能够灵活地适应市场变化,在最短的时间内,确定线路、更新产品或调整价格。

(三)旅游服务完善化策略

提供良好的服务是实现旅游网络营销的重要环节,也是提高旅游者满意度和树立良好形象的重要方面。网络营销人员应从消费者角度出发,建立方便消费者的新型互动关系。

旅游服务的环节,如图 4-2 所示。

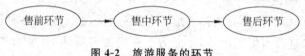

图 4-2　旅游服务的环节

例如,在售前环节,建立分类导航服务、"虚拟展厅"等,方便旅游者查询酒店、机票和旅游线路等各类信息;在售中环节,简化预订流程,资料填写尽量采用选择方式录入、可选择多种支付方式等,提升旅游者在使用过程中的舒适感、易用性、友好度和吸引力;在售后环节,建立网络旅游消费者论坛、信息反馈平台等沟通渠道,重视客户反馈信息,及时处理客户的意见和投诉,督促企业提升旅游服务质量,完善旅游服务内容,增强网上服务效果。

此外,要特别重视客户关系管理,实现客户价值最大化。首先,建立完善的客户信息库,强化跟踪服务功能,提高客户满意度。其次,加强对客户信息分析能力,从中获得针对性强、内容具体、有价值的市场信息,据此制定营销策略、创新产品设计。最后,积极推广网上社区,随时了解旅游者的需求、满意度及意见与建议并及时处理,赢得旅游者信任,培养旅游企业与客户间的稳定关系。

二、旅游网络营销的价格策略

(一)价格公示策略

旅游产品价格公示策略是利用旅游网络的媒体功能和互动功能,将各个企业的旅游产品及其组合的价格列表公示,方便旅游消费者比较各种旅游产品,并结合企业所提供的个性化服务,通过与企业的互动调价拿到令自己满意的购买价格。

主要做法:一是提供各种旅游产品的系列价格表,这些价格表要标明产品组合,并根据淡旺季节和供需变化公布价格调整表;二是开辟旅游产品组合调整价格区,供旅游者自由组合,并获得相应的价格。

(二)个性化定价策略

信息与网络技术的飞速发展,使定制旅游得以实现,借助完善的数据库,旅游者只要输入旅游目的地及愿意支付的机票、饭店客房、用餐、租车等的价格,系统便去寻找能够满足旅游者个性化需求的旅游产品并组合成套餐,最终让旅游者能以自己的出价去旅游。这种旅游产品和服务的个性化如果达到极致,甚至可以实现没有哪位旅游者的旅游线路和价格完全相同。

(三)弹性化定价策略

价格对旅游企业、旅游者乃至中间商来说都是最为敏感的问题,而网络上信息自由的特点使这三方面对旅游产品的价格信息都有比较充分的了解,由此决定了网上销售的价格弹性较大。

旅游企业可以通过在网上建立会员制,依据会员过去的交易记录、购买习惯等因素,给予会员一定折扣,鼓励会员上网交易;开发网上议价系统,旅游企业与游客协商定价,根据旅游者的信用、购买的数量、购买的时间和线路情况,商定双方满意的价格;建立网上客房价格自动调节系统,按照旅游的淡旺季,市场供需情况,其他饭店的价格变动等情况,在保证盈利的基础上自动地进行实际的价格调整,并且定期提供优惠、折扣等形式来吸引顾客。

例如,去哪儿旅游搜索引擎首页列出了大量的航空机票折扣信息,为游客出行选择交通工具起到强大的参考作用。

三、旅游网络营销的渠道策略

(一)渠道网络化策略

选择市场营销渠道主要考虑消费者的方便性和经济效益两条原则。实施旅游网络化渠道策略,以大型专业旅游网站为营销中心,建立覆盖目标市场区域的网络化销售渠道,以便 24 小时向各种客户提供最近便的服务。

这一策略实施的要点是:按照市场开发战略计划,在国内外目标市场上广布服务性的销售代理网点,或吸收中小型旅游网站的加盟,最终形成以大型专业旅游网站为核心的企业内部网、外联网,并通过与联合银行、旅游保险公司合作,实现旅游信息、服务功能的全方位化。使游客可随意找到自己所需要的旅游信息,并能够通过在线旅游网络服务实现预订旅游产品、购买旅游服务,即为游客提供包含酒店、景点套票、机票、娱乐、购物、美食、服务热线、保险(车险和旅游险)等旅游预订、支付服务。

(二)渠道短宽化策略

互联网的跨时空、交互性、信息量大等特点,为旅游营销渠道策略向"短宽化"转换提供了可能。短宽化渠道由于中间环节少,降低了营销费用,加快了旅游企业与旅游者之间的信息沟通速度和效率;同时,有利于旅游企业对整个营销渠道运作的控制。

旅游网络营销中短宽化渠道,包括直接营销渠道和间接营销渠道等两种具体形式。

直接营销渠道主要是旅游企业自己建立网站,利用网站直接面向旅游者开展网络直销,如直接向旅游者提供旅游产品、线路的信息,如图 4-3 所示。

图 4-3　网络直接营销渠道

间接营销渠道中只需要一个中间环节，即只存在一个电子中间商沟通买卖双方的信息，而不需要多个批发商和零售商，因而也就不存在多级营销渠道。电子中间商是一个第三方，不直接参与交易，而是为买卖双方提供一个高效的信息沟通和交易的网上虚拟平台，如图4-4所示。

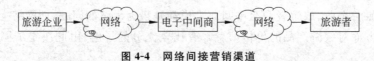

$$图4-4 \quad 网络间接营销渠道$$

四、旅游网络营销的促销策略

（一）网络站点推广

网站是旅游目的地和旅游企业与旅游代理商和旅游者通过网络进行沟通的"桥梁"，如何对网站进行推广，使更多的旅游者登录站点，并通过网络站点对旅游目的地和旅游企业进行认识和了解，就成为一个必须研究的问题。

一方面，旅游企业可以通过广告、公共关系等手段，将旅游网站推向受众，扩大其知名度；另一方面，旅游网站可以不断尝试新的营销方式来增强品牌影响力。如采用广告投放和线下活动营销相结合、为VIP会员提供增值服务、推出"网上旅游课堂"、组织网上旅游爱好者沙龙和旅游俱乐部、举行丰富多彩的网上联谊活动等方式，将旅游的时尚性、娱乐性和知识性融为一体。

开辟电子论坛或网络聊天室，为用户提供聊天或进行旅游专题讨论的场所，通过网络旅游者可以把自己的旅游经历、心得体会发到旅游论坛上，拿出来与别人共享。

网络站点的推广手段主要有如下五种。

1. 电子邮件

由于电子邮件具有廉价、快捷性和简单等特点，因而e-mail促销被认为是最有效和最有发展潜力的网络促销方式。据统计其反馈率远远高于旗帜广告的回应率。但这种促销不应该是随意向潜在客户发送产品和服务信息，而是基于事先争得用户同意的"软营销"方式。在采取这一促销策略时，基本思路是：通过为浏览者提供某些有价值的信息，如旅游资源现状、旅游线路信息、酒店预订信息、旅游服务信息以及为顾客定制的个性化服务内容等，吸引顾客参与，从而收集顾客的邮件地址（邮件列表）。

通过这些邮件地址，向顾客发送他们所定制的信息，在发送定制信息的同时对自己的网站、产品或服务进行宣传介绍。特别需要提醒的是，如果以垃圾邮件的形式向广大用户群发，可能会适得其反，对企业的形象和声誉造成损害。

2. 搜索引擎

搜索引擎营销的服务主要方式有如下方面。

（1）竞价排名，顾名思义就是网站付费后才能出现在搜索结果页面，付费越高者排名越靠前；竞价排名服务，是由客户为自己的网页购买关键字排名，按点击计费的一种服务。客户可以通过调整每次点击付费价格，控制自己在特定关键字搜索结果中的排名；并可以通过设定不同的关键词捕捉到不同类型的目标访问者。

国内最流行的点击付费搜索引擎有百度、雅虎和 Google。值得一提的是即使是做了 PPC(pay per click,按照点击收费)付费广告和竞价排名,最好也应该对网站进行搜索引擎优化设计,并将网站登录到各大免费的搜索引擎中。

(2)购买关键词广告,即在搜索结果页面显示广告内容,实现高级定位投放,用户可以根据需要更换关键词,相当于在不同页面轮换投放广告。

(3)搜索引擎优化(SEO),就是通过对网站优化设计,使得网站在搜索结果中靠前。搜索引擎优化(SEO)又包括网站内容优化、关键词优化、外部链接优化、内部链接优化、代码优化、图片优化、搜索引擎登录等。

3.网上抽奖

网上抽奖是网络上应用较广泛的促销形式之一,是大部分网站经常采用的促销方式。旅游者通过填写问卷、注册、购买旅游产品或参加网上活动等方式获得抽奖机会。活动参加方式尽量简化,因为复杂和烦琐地填写各种内容可能会让用户失去填写的兴趣,难以吸引访客。抽奖结果要公正、公平,要邀请公证人员进行全程公证,这样才能对抽奖结果的真实性有一定的保证。

4.赠品促销

赠品促销方式通过鼓励人们经常访问网站或通过网站购买旅游产品以获得更多的旅游优惠信息来提高网站的访问量和知名度,营销人员能根据旅游消费者索取赠品的热情程度来分析、总结营销效果和产品或服务本身的反应情况等。采取这种促销策略时应注意赠品的选择,要选择适当的能够吸引旅游消费者的产品或服务。

5.积分促销

积分促销在网络上更易操作,它可通过编程和数据库来实现,并且结果可信度高。积分促销的奖品一般应是价值较高的奖品,旅游消费者通过在网上多次购买旅游产品或多次参加某项活动来增加积分,消费者可以通过积分换取奖品或服务。

很多网站通过这种方式已经取得了比较明显的效果,利用计算机网络的管理,做到针对每个会员积分的累积,可以增加旅游消费者访问网站和参加活动的次数,增加旅游消费者对网站的忠诚度,激发会员为增加积分而消费的欲望,提高旅游网站的知名度等。积分促销是旅游电子商务产品促销最有效的方式之一,积分的累积效应使游客经常访问本旅游网站并在本网站进行旅游产品消费,在与其他同类网站争夺客户中形成了一道无形的保护伞,提高了客户的忠诚度。

(二)网络广告促销

网络广告促销是指通过信息服务商进行广告宣传,开展促销活动。相对于传统的广告,网络广告拥有更好的性能价格比:网络广告的投资低,内容可以随时更改;网络广告跨越地域和时空,宣传范围广泛。

只要是上网用户都是它的宣传对象,不受电视广告的时间限制,也不受报纸广告的版面限制;网络广告表现形式灵活,运用计算机多媒体技术,以图、文、声、像等多种形式表现出来;网络广告受众目标准确,能够针对相关的群体更准确地投放,效果好;网络广告便于检索,反馈直接,通过因特网提供的信息检索工具,用户可以方便、快捷地检索到所需网站及其广告产品信息,并能将自己的意见很快地反馈给企业,有益于企业捕捉商机。

旅游企业在网上进行广告促销主要有两种形式:一是直接发布各种规范的旅游企业与旅游产品信息,通过形、影、声、色等形式展现出来,如图 4-5 所示。二是以知识性、信息性、趣味性的卡通片促销,突出旅游产品的优势和特色。

图 4-5　九寨沟网站

（三）网络公共关系

公共关系是一种双向交流,是利用各种手段唤起人们的好感、兴趣、信心和信赖,目的是赢得顾客信任,树立和提升旅游地和旅游企业形象,为发展创造良好的外部环境。

网络公共关系与传统公共关系功能类似,但由于网络的开放性和互动性等特征,又使网络公共关系出现了一些新的特点:企业主动性增强,可以通过网络论坛、新闻组、e-mail等直接面向目标市场及时发布新闻,不受篇幅、媒体时间与空间的限制;网上消费者的权威性得到强化,他们的意见和行为是企业的无形财富,他们对企业的影响更直接、更迅速;传播的效能性大为提高,网络上双向互动式的沟通,使传播的广度、力度大大提高。

在网络上开展公共关系活动有多种形式,如站点宣传、网上新闻的发布、栏目赞助等。此外,还要善于运用与新闻媒介、网络社区以及公共论坛的关系策略,增强网络公共关系的实施效果。

 本章小结

广义的旅游网络营销是指各类与旅游业相关的组织、机构,利用计算机网络开展的一系列与旅游业相关的活动,狭义的旅游网络营销是指旅游企业利用互联网开展以销售旅游产品为中心的营销活动。目前网络营销在旅游业中已得到广泛应用。

网络营销具有双向互动沟通、拓展营销空间、增强营销效果、降低营销成本、整合营销要素等特点以及树立网络旅游形象、进行旅游网站推广、发布旅游服务信息、开展旅游网上调查、实现旅游网上交易、建立良好的客户关系等功能。旅游网络营销的理论基础包括4C营销理论、网络整合营销理论、软营销理论、直复营销理论等。

旅游网络营销的过程主要包括：网络营销计划阶段、网络营销设计阶段和网络营销实施阶段。旅游网络营销的规划内容主要包括：确定经营的具体目标；明确网站的目标市场；确定营销与盈利模式；网络营销成本的估算；旅游网站内容的确定；确定网络营销的组合方式。旅游企业网站建设主要包括网站策划、网页设计、多媒体功能制作、功能模块的设计、网站的推广以及网站的维护等。

旅游网络市场调查的步骤主要包括：明确调查问题；制订调查方案；收集信息；分析信息；制作调查报告。旅游网络市场调查的内容主要为：旅游消费者调查；旅游市场竞争者调查；旅游行业信息调查；

旅游网络营销策略主要包括：旅游网络营销的产品策略、价格策略、渠道策略与促销策略等。

本章习题

1. 旅游网络营销的概念是什么？有哪些特点？
2. 旅游网络营销的基本功能是什么？
3. 旅游企业应该如何考虑自己网站的定位问题？
4. 旅游网站的规划包括哪些内容？
5. 简述旅游企业网站的制作流程。
6. 简述旅游市场调查的步骤。
7. 旅游市场调查的主要内容有哪些？
8. 旅游网站的推广可以采用哪些手段？
9. 请说明我国旅游企业今后开展网络营销应该采用的主要策略和方法。
10. 登录国内外旅游网站，了解旅游网站开展网络营销的主要方式。

第五章

旅游电子商务的支付

【本章内容】

电子商务作为一种全新的商业运作模式,要求做到资金的转移支付尽可能在网上进行,这有赖于网络银行与网上支付方式的使用。网上支付常用的支付方式有信用卡、电子钱包、电子支票和电子现金等。我国现阶段旅游电子商务的支付可以说是传统方式与电子方式并举,多种形式共存。本章较全面地介绍了与支付相关的基本技术与应用。

【本章重点】

旅游电子商务常用的支付工具及支付过程;
网络银行及其构成。

引导案例

中信银行信用卡中心携手 Visa、途牛旅游网,正式发行中信途牛 Visa 联名信用卡,围绕出境商旅人士的"购、游、吃、住、保、行"六大需求提供特色丰厚权益,将贴心周到的金融、商旅服务全方位渗透持卡人境外消费场景,为持卡人打造"行者无界"的优质体验。继 2016 年 4 月宣布即将发行国内首张"中美旅游年"主题信用卡以来,中信银行本次跨界联合国际卡组织、线上旅游互联网公司,同步推出经典版和"中美旅游年"纪念版两款卡板。

近年来,中国国民经济水平持续上涨,出境旅游随之不断升温,中国游客走出国门走向世界逐渐变为一种常态。根据国家旅游局发布的数据,仅2016 年上半年,中国公民出境旅游人数就高达 5 903 万人次,中国已连续多年蝉联出境旅游人次和消费额世界第一。其中,美国无疑正逐渐成为中国游客青睐的旅行目的地之一,2016 年是中美旅游年,据国家旅游局预计,2016 年中美双向旅游交流规模将首次突破 500 万人次。

中信途牛 Visa 联名信用卡的推出,正是合作各方深刻洞悉出境游客的消费需求变化,为持卡人打造细致周到的增值服务:除了终身免年费之外,持卡人在境外通过 Visa 渠道刷卡消费,笔笔都可返现 10%,每人每月最高可获返 100 美元,更可累计 3 倍积分(含网络交易)。同时,持卡人在境外的刷卡交易均自动购汇以人民币结算,免收 1.5% 外汇兑换手续费,并以人民币还款。

此外,持卡人在途牛网预订线路可享首单 9.8 折优惠,可获享全球免费 Wi-Fi、五星级酒店自助餐买一送一、全球精选酒店住 3 付 2 或住 4 付 3 等一系列专属优惠。最后,为了让持卡人在境外的旅途体验更加舒心,该款产品还具有境外租车可享低至 6.5 折、美国 Uber 行程 8 折、航班延误 2 小时即享千元赔付,以及国际行李门到门配送服务等多重特惠功能。

2016 年是"中美旅游年",中信银行信用卡联合卡组织共同推出一场令人惊喜的出境体验活动——"0 元美国西部狂野之旅",招募活动现已正式启动。对于想要尝鲜感受热情、自由、奔放的美国风土人情的人士,可于 9 月 20 日开始通过中信银行信用卡、途牛旅游网的任一官方微博,报名参与活动,最终将有 5 名幸运者作为体验官,跟随北大最帅双胞胎"苑氏兄弟",开启美国加州 7 日探索之旅。

针对国内出境游客日益多样化、个性化的旅行需求,中信银行信用卡重磅打造的此次"美国西部狂野之旅"的旅行线路将会跳出"走马观花到此一游"的局限,带领体验者前往美国加州一号公路沿途小镇感受诸多别具一格、饱含探险风格的体验项目,如热气球鸟瞰、森林徒步、出海海钓、城堡探秘等。

一路之中,体验者将会领略最真实、最地道、最入骨的美国西部韵味,最浓厚的历史人文,最绮丽的风光奇景,最地道的饕餮美食,而中信途牛联名信用卡将以其丰厚的优惠、尊享的权益、全方位的便利,打破陌生国度的界限,消融旅途之中的阻碍,让持卡人如同融入当地一般得到宾至如归的极致体验。

如今,单一化的产品功能已经无法满足大众日益多样化的消费需求,为了向持卡人打造更加愉悦的消费感受,中信信用卡不断尝试与跨领域品牌的强强联合。从 2015 年至今,中信银行信用卡中心已先后与 BAT、小米、京东金融、返利网、华为手机、苹果公司、优步等知名企业展开跨界合作,针对现代用户的多元化需求量身打造创新金融产品和服务。此次携手途牛旅行网、Visa 发行境外旅游信用卡,旨在顺应出境旅游的消费趋势,加快"金融＋旅游"的产品升级,全力开拓境外商旅市场蓝海,为中国旅客带来"行者无界"的极致体验。

据悉,中信银行自 1998 年起率先推出出国金融业务,同时取得美国使馆独家代理签证业务资格,由此成为中国赴美金融服务的领航者,在业内形成了"要出国,找中信"的良好口碑。随着 2016"中美旅游年"的启动,中信银行率先推出赴美一揽子计划,针对赴美旅客的实际需求,整合多方资源,提供创新产品与服务。

引言

在传统旅游业中,支付功能往往是通过前台支付来完成的。随着旅游电子商务的发展,支付的功能必须适应信息化的要求而有新的变化,这就促使旅游企业必须考虑新应对方案。在这种背景下,越来越多的旅游电子商务企业开始使用电子支付功能来满足需求,进而提高企业的服务质量和盈利能力。本章将对旅游电子商务中涉及的支付问题做较全面的探讨。

第一节　旅游电子商务的传统支付

任何交易都会包含一个最基本的环节，就是资金的转移即支付。旅游电子商务的支付，是指将资金从发款人转移到收款人的过程。根据支付所使用的技术、工具的不同，可以把支付分为传统支付和电子支付两类。电子支付是建立在对传统支付方式深入研究应用的基础上的。

目前一些旅游电子商务过程仍离不开传统的支付方式，即客户在网上查询旅游商品信息，并在网上洽谈好交易，而资金则采用传统的方式来支付。传统的支付方式主要有现金支付、票据支付和信用卡支付三种类型。

一、现金支付

现金支付是每个生活在现代社会的人都非常熟悉的支付方式。现金有两种形式，即纸币和硬币，是由政府授权的银行发行，在我们国家是由中央人民银行行使货币发行权。纸币本身并没有价值，它只是一种由国家发行并强制使用的货币符号，却可以代替货币加以流通，其价值是由国家信用来保证的；硬币是由金属铸造的，本身含有金属成分，具有一定的价值，但也不等于它本身的面值。

此外，还有一些非官方的辅币，如意大利在 20 世纪 60—70 年代曾用糖块代替小额零钱使用。由于纸币本身没有价值，它的流通可能会带来一些经济问题，如假币和通货膨胀等。

在现金交易中，买卖双方处于同一位置，而且交易是匿名进行的，卖方不用了解买方的身份，现金就是最好的身份证明，因为现金本身是有效的，其价值是由发行机构加以保证的，用不着买方来认同。加之现金所具有的使用方便和灵活的特点，因此在日常生活中多数交易是通过现金完成的。

在这种现金交易中，交易方式在程序上非常简单，通俗地说就是"一手交钱，一手交货"。交易双方在交易结束后马上就可以实现其交易目的：卖方用货物换取现金，买方用现金买到货物。如图 5-1 所示。

图 5-1　现金交易流程

现金交易方式也有不足，主要表现在：第一，受时间和空间的限制，对于不在同一时间、同一地点进行的交易，就无法采用现金支付的方式完成交易；第二，现金表面金额的固定性意味着在大宗交易时,必须携带大量的现金,这种携带的不方便,以及由携带大量现金产生的不安全因素,影响了现金交易方式的采用。人们要求有更适应现代生活节奏与方式的交易方法。

二、票据支付

票据支付方式就是在现金支付方式不能满足支付需要后产生的。票据是一个专用名词,指汇票、本票和支票三种。汇票是出票人委托他人于到期日无条件支付一定金额给收款人的票据;本票是出票人自己于到期日无条件支付一定金额给收款人的票据;支票则是出票人委托银行或其他法定金融机构于见票时无条件支付一定金额给收款人的票据。因此,票据就是出票人依据《中华人民共和国票据法》发行的、无条件支付一定金额或委托他人无条件支付一定金额给收款人或持票人的一种文书凭证。

在商业交易中,尤其是在对外贸易活动中,交易双方往往分处两地或者分处不同的国家,一旦成交就要向外地或外国输送现金。在这种情况下,如果直接用现金交易,就会给交易双方带来许多不便。如果采取在甲地将现金转化为票据,再在乙地将票据转化为现金的办法,以票据的转移代替现金的转移,就完全可以避免上述现金的转移带来的麻烦和不便。在国际贸易中,支票的这种作用就更加突出了,如图 5-2 所示。

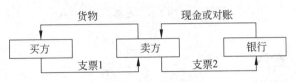

图 5-2 支票交易流程

在三种票据中支票、汇票的交易流程大体相同,本票则有所不同。汇票与支票是由卖方通过银行处理的,而本票则是由买方通过银行处理的。不管怎样,票据决定了交易可以异时、异地进行,突破了现金交易同时同地的局限性,大大增加了交易实现的机会。同时,票据所有的汇兑功能也使得大宗交易成为可能。当然,票据本身也存在着一定的不足。如票据的真伪、遗失等也会给票据使用带来一系列问题。汇票如图 5-3 所示,支票如

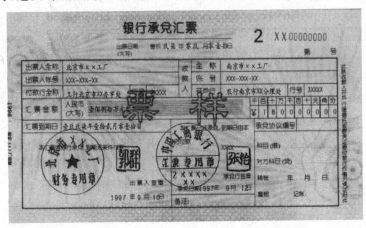

图 5-3 汇票

图 5-4 所示,本票如图 5-5 所示。

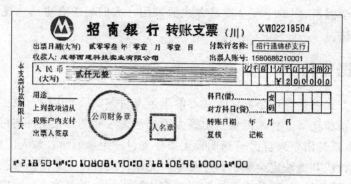

图 5-4　支票

图 5-5　本票

三、信用卡支付

信用卡最早诞生于美国。1915 年,美国的一些百货商店和饮食业主为招揽生意,在一定范围内给顾客发放信用筹码,顾客可以在这些发行筹码的商店及其分店赊购商品,约定时间付款。这种方便顾客的新方法对笼络顾客、扩大销售起到了明显的作用。

从 1978 年中国银行广东省分行代理香港东亚银行信用卡业务开始,伴随着我国改革开放的不断深化,信用卡在我国也得到了快速发展。

1985 年 3 月 1 日,中国银行珠海分行发行了我国第一张信用卡——人民币中银卡。

1986 年 6 月 1 日,中国银行北京分行发行了第一张人民币长城卡,同年 10 月,中国银行总行指定长城卡为中国银行系统的信用卡,并在全国各地发行。

1987 年 10 月,中国银行加入万事达(Master Card)国际组织,并于 1988 年 6 月发行第一张外汇长城万事达卡。

1987 年 10 月,中国银行加入维萨(VISA)国际组织,并于 1989 年 8 月发行了第一张长城维萨卡。国有的其他商业银行如工商银行、建设银行、农业银行也相继发行了自己的信用卡、牡丹卡、龙卡、金穗卡。带来了我国信用卡业务的一个全新发展时期,信用卡如图 5-6 所示。

根据使用特点信用卡一般分为借记卡、贷记卡和准贷记卡。

(一)借记卡

借记卡是指由商业银行向社会发行的可以在网络或 POS 消费或者通过 ATM 转账

图 5-6　信用卡

和提款,不能透支,卡内的金额按活期存款计付利息的支付工具。消费或提款时资金直接从储蓄账户划出。借记卡在使用时一般需要密码(PIN)。借记卡按等级可以分为普通卡、金卡和白金卡;按使用范围可以分为国内卡和国际卡。

(二)贷记卡

贷记卡(credit card)是指发卡银行给予持卡人一定的信用额度,持卡人可在信用额度内先消费,后还款的信用卡。它具有的特点:先消费后还款,享有免息缴款期,并设有最低还款额,客户出现透支可自主分期还款。客户需要向申请的银行交付一定数量的年费,各银行不相同。

(三)准贷记卡

准贷记卡是一种存款有息、刷卡消费以人民币结算的单币种单账户信用卡,具有转账结算、存取现金、信用消费、网上银行交易等功能。当刷卡消费、取现账户存款余额不足支付时,持卡人可在规定的有限信用额度内透支消费、取现,并收取一定的利息。不存在免息还款期。

准贷记卡是一种具有中国特色的信用卡种类,国外并没有这种类型的信用卡。20世纪80年代后期,中国银行业从国外引入信用卡产品。因为当时中国个人信用体制并不是很完善,中国银行业对国外的信用卡产品进行了一定的更改,将国外传统的信用卡存款无利息、透支有免息期更改为存款有利息、透支不免息。准贷记卡作为中国信用卡产业发展过程中的过渡产品正在逐步退出历史舞台,现实生活中准贷记卡的使用量、使用意义都在逐步减小。

准贷记卡兼具贷记卡和借记卡的部分功能,一般需要缴纳保证金或提供担保人,使用时先存款后消费,存款计付利息。持卡人购物消费时可以在发卡行核定的额度内进行小额透支,但透支金额自透支之日起计息,欠款必须一次还清,没有免息还款期和最低还款额,其基本功能是转账结算和购物消费。

信用卡交易流程,如图 5-7 所示。

(1)特约商家的现金出纳系统将顾客的消费金额输入 POS 终端。

(2)读卡器读取信用卡磁条中的认证数据,顾客输入密码。

(3)将前两步输入的数据送往信用卡机构。

(4)信用卡机构基于收到的数据验证信用卡的合法性、顾客密码及信用额度,更新顾客数据库文件,并将处理结果数据实时送回 POS 终端。

(5)现金出纳系统对处理结果数据确认后,商品及收据交给顾客。

(6)信用卡机构的计算机中心将处理过的申请支付数据,通过计算机网络传送给相

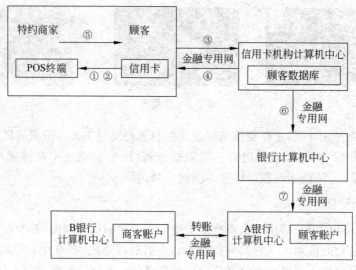

图 5-7　信用卡交易流程

应的银行。

（7）银行收到申请支付数据后，从顾客的账户支出该款项，同时存入特约商家的账户。

第二节　网上支付与移动支付

在传统旅游业中，支付方式往往是通过前台支付来完成的，刚刚起步的旅游电子商务自然也采用这种方式。然而，随着旅游电子商务的发展，支付手段的更新被提到日益重要的地位。支付手段的电子化，支付系统的信息化被提到了重要的议程，进入人们在旅游电子商务中的应用范围。

所谓电子支付是指从事电子商务交易的当事人，包括消费者、厂商和金融机构，通过信息网络，使用安全的信息传输手段，采用数字化方式进行的货币支付或资金流转。网上支付是电子支付的一种形式，它是通过第三方提供的与银行之间的支付接口进行的即时支付方式，这种方式的好处在于可以直接把资金从用户的银行卡中转账到网站账户中，汇款马上到账，不需要人工确认。

一、电子商务支付系统的组成

在基于互联网平台的电子支付体系中，一般要涉及消费者、商家、消费者开户行、商家收单银行、支付网关、银行专用网络、CA 认证中心等多个参与方。如图 5-8 所示。

其中支付网关是公用互联网平台和银行专用网络之间的安全接口，它的作用如图 5-9 所示。

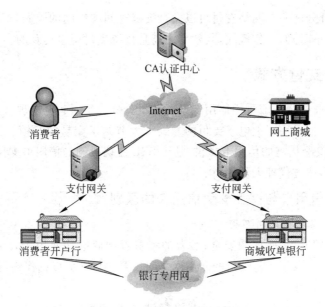

图 5-8　电子商务支付系统

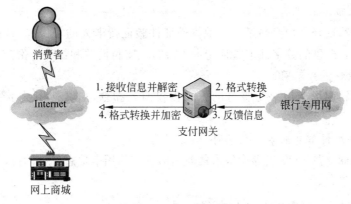

图 5-9　支付网关的作用

与传统的支付方式相比,网上支付具有以下特征。

(1) 网上支付是采用先进的技术通过数字流转来完成信息传输的,其各种支付方式都是采用数字化的方式进行款项支付的;而传统的支付方式则是通过现金的流转、票据的转让及银行的汇兑等物理实体的流转来完成款项支付的。

(2) 网上支付的工作环境是基于一个开放的系统平台(因特网)之中;而传统支付则是在较为封闭的系统中运作。

(3) 网上支付使用的是最先进的通信手段,如因特网、Extranet,而传统支付使用的则是传统的通信媒介。网络支付对软、硬件设施的要求很高,一般要求有联网的微机、相关的软件及其他一些配套设施,而传统支付则没有这么高的要求。

(4) 网上支付具有方便、快捷、高效、经济的优势。用户只要拥有一台上网的 PC 机,便可足不出户,在很短的时间内完成整个支付过程。支付费用仅相当于传统支付的几十分之一,甚至几百分之一。网络支付可以完全突破时间和空间的限制,可以满足 24/7(每周 7 天,每天 24 小时)的工作模式,其效率之高是传统支付望尘莫及的。

二、网上支付方式

在旅游电子商务中一般采用信用卡、电子钱包、电子支票和电子现金等多种电子支付方式进行网上支付,采用网上电子支付的方式大大节约了交易的开销。其中信用卡支付过程主要有:无安全措施的信用卡支付、基于 SSL 协议机制的信用卡支付模式和 SET 信用卡支付、通过第三方代理人的支付。

(一)传统信用卡与网上支付信用卡的区别

1. 使用的信息传递通道不同

前者使用专用网,因此比较安全;后者的消费者和商家均使用 Internet,银行使用专用网,因此必须在 Internet 与银行的专用网之间设置支付网关以确保银行专用网的安全。

2. 付款地点不同

前者必须在商场使用商场的 POS 机进行付款,后者可以在家庭或办公室使用自己的个人计算机进行购物和付款。

3. 身份认证方式不同

前者在购物现场使用身份证或其他身份证件验证持卡人的身份,后者在计算机网络上使用 CA 中心提供的数字证书验证持卡人、商家、支付网关和银行身份。

4. 付款授权方式不同

前者在购物现场使用手写签名的方式授权商家扣款,后者使用数字签名进行远程授权。

5. 商品和支付信息采集方式不同

前者使用商家的 POS 机等设备采集商品信息和信用卡信息,后者直接使用自己的计算机输入相关信息。

(二)无安全措施的信用卡支付

持卡人利用信用卡进行支付结算时几乎没有采取技术上的安全措施而把卡号和密码直接传送给商家,然后由商家负责后续处理。在这种方式中,持卡人主要依靠商家的诚信来保护自己的信用卡的隐私信息。

(三)基于 SSL 协议机制的信用卡支付模式

1. 基于 SSL 协议的信用基本支付流程

持卡客户在网上或直接到发卡银行进行信用卡注册,得到发卡银行的网络支付授权。持卡客户上网,在商家网站选择商品或者服务,填写订单。

持卡客户确认订单信息,选择信用卡支付方式。提交后,生成一个带有信用卡类别的订货单发往商家服务器。

商家服务器向客户回复收到的订单查询 ID,同时生成相应的订单号,加上其他支付信息发往发卡银行。

在订单提交后,客户机浏览器弹出新窗口页面,提示即将建立与发卡银行的安全连接,SSL 协议机制开始介入。

客户端自动验证发卡银行网络服务器的数字证书。

通过验证发卡银行网络服务器的数字证书后,SSL 握手协议完成,安全通道已经建立,进入加密通信,浏览器下方出现"闭合锁"状态标志。出现发卡银行支付页面,显示商家发来的订单信息,持卡客户填入信用卡卡号以及密码,确认支付。

支付成功后,系统提示将离开 SSL 连接,持卡客户确认离开,SSL 介入结束。

发卡银行在后台把资金转入商家账号,发送付款信息给商家,商家收到付款信息后,承诺发货。

2. 基于 SSL 协议机制的信用卡支付模式特点

实现部分信息加密,以提高效率。

适用对称和非对称密钥加密技术,比较安全。

客户端可选择对商家身份验证数字证书,提高支付效率。

无须其他任何硬件设施如 POS 机,投入比较少。

很多银行把信用卡号和网络银行账号绑定,不单独开网络银行账号,无须信用卡实体。

过程比较复杂,仍然有一定的交易成本,不适用于小额支付。

(四)基于 SET 协议机制的信用卡支付模式

1. 基于 SET 协议机制的信用卡支付的支付流程

客户到发卡银行办理 SET 协议支付的信用卡;网上商家去银行洽谈结算事宜,得到服务器端的 SET 支付软件,安装运行。

客户下载客户端并安装,设置用户密码。

客户访问 CA,把账号密码添加进客户软件,并为其中的信用卡申请一张数字证书。同样,商家和网关也申请数字证书。

客户填写订单,选择在线支付,支付软件自动激活,输入用户名与密码进行支付。

SET 协议开始客户端与商家进行 SET 协议的信息交换与身份认证,自动提取信用卡卡号、密码等信息,连同订单一起发送商家;商家验证后产生支付请求,转发给支付网关。

支付网关收到相应的信息后转入后台银行处理,通过验证审核后网关收到银行支付确认信息;支付网关向商家转发,商家给客户发回购货与支付信息。

持卡人确认后,支付成功,支付软件关闭。

2. 基于 SET 协议机制的信用卡支付模式的特点

需要安装客户端,需要各方身份认证并申请安装数字证书,实现部分信息加密,以提高效率,使用多种技术十分安全。

充分发挥了 CA 的作用以维护电子商务参与者所提供信息的真实性和保密性。

加密认证过多,处理速度慢,成本较高,不适宜小额支付。

(五)基于第三方网上支付的模式

目前国内第三方网上支付的模式可分为支付网关模式(简单支付通道模式)和平台账户模式两种,如图 5-10 所示。

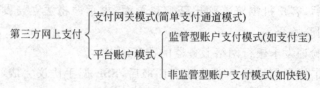

图 5-10　第三方网上支付模式

支付网关模式只是一个很简单的通道，把银行和用户连起来，买家通过第三方支付平台付款给卖家，从而实现网上在线支付。这种方式提供的实际应用价值相对有限，而且并不十分方便。

平台账户模式又可分为监管型账户支付模式和非监管型账户支付模式（纯账户支付模式）。监管型账户支付模式是指买卖双方达成付款的意向后，由买方将款项划至其在支付平台上的账户。待卖家发货给买家，买家收货后通知第三方支付平台，第三方支付平台将买方划来的款项从买家的账户中划至卖家的账户。

这种模式的实质是以支付公司作为信用中介，在买家确认收到商品前，代替买卖双方暂时保管货款，如阿里巴巴的支付宝。

非监管型账户支付模式是指对买卖双方均在第三方支付平台内部开立账号，第三方支付公司负责按照付款方指令将款项从其账户中划付给收款方账户，以虚拟资金为介质（付款人的账户资金需要从银行账户充值）完成网上款项支付，使支付交易只在支付平台系统内循环。此类模式有代表性的第三方支付平台是 99Bill（快钱）。

（六）电子现金支付

1. 电子现金的定义

电子现金是一种以数据形式流通的货币。通俗地说，就是以数字化形式存在的货币。电子现金和货币一样，本身就是钱。它通过一个适合于在互联网上进行的实时支付系统，把现金数值转换成一系列的加密序列数，通过这些序列数来表示现实中各种金额的币值。

用户在开展电子现金业务的银行开设账户并在账户内存钱后，就可以在接受电子现金的商店购物了。当用户拨号进入网上银行，使用一个口令和个人识别码来验证身份，直接从其账户中下载成包的小额电子"硬币"，此时电子现金开始发生作用。这些电子现金被存放在用户硬盘中，直到用户从网上商店进行购买活动时用完为止。

在电子现金系统中，货币仅仅是一连串的数据位，银行可以发行这样的货币，或者在验证密码后直接从用户的账户上划拨与货币价值相等的等值数字，就像纸币代替贵金属货币一样。

为了保证交易安全，计算机还为每个硬币建立随时选择的序号，并把这个号码隐藏在一个加密的信封中，以免别人知道谁提取和使用了这些电子现金。按这种购买方式实际上可以让买主无迹可查，保证了个人的隐私权。

2. 电子现金的特点

银行与商店具有授权关系，事先签有协议，并且用户、商店和电子现金银行都使用电子现金的软件。

电子现金银行负责用户与商店之间资金的转移。

身份验证工作是由电子现金系统自身来完成的。电子现金银行在发放电子货币时使用了数字签名。商店在每次交易中,将电子货币传送给电子现金银行,由电子现金银行验证用户支付的电子货币是否有效。

具有现金特点,可以存、取、转让,适用于小数额的交易,具有匿名性。

3. 电子现金的不足

成本较高。电子现金对软件和硬件的技术要求都较高,如需要一个大型数据库存放用户完成的交易和电子现金序号以防止重复消费。

存在货币之间的兑换问题。各国发行各国自己的货币,在跨国交易中就会出现兑换的问题,需要使用特殊的兑换软件。

风险较大,如果某个用户的硬盘损坏,电子现金丢失,钱就无法恢复,这个风险是许多消费者所不愿意承担的。有可能出现电子伪钞。

4. 电子现金支付的过程

电子现金支付过程可以分为四步来完成,如图 5-11 所示。

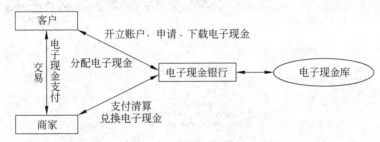

图 5-11　电子现金支付流程

第一步,用户在电子现金银行开设电子现金账户,用现金服务器账户中预先存入的现金来购买电子现金证书,也就是购买电子现金代币。这些电子现金就有了价值,并被分成为若干包“硬币”,可以在商业领域流通了。

第二步,使用计算机电子现金终端软件从电子现金银行中取出一定数量的电子现金,存放在计算机的硬盘上,一般一次不取太多,以防止丢失。

第三步,用户与同意接受电子现金的商店协商,签订订货合同,使用电子现金支付所购商品的费用。

第四步,接收电子现金的商店与电子现金发放银行之间进行清算,银行将用户购买商品的钱支付给商店。一笔交易至此完成。

(七) 电子钱包

1. 电子钱包的定义

电子钱包是顾客在电子商务购物活动中常用的一种支付工具,是在小额购物或购买小商品时常用的新式钱包。使用电子钱包购物时,通常需要在电子钱包服务系统中进行,它要求在客户端安装专门的应用软件,目前的网上支付系统的开发者出于对用户多种需求的考虑,往往同时提供多种支付手段并将相应的软件集成,这样便形成各种类型的电子钱包软件。

电子钱包的主要功能有：电子证书管理（包括电子证书的申请、存储和删除），安全电子交易（进行 SET 交易时辨认商户身份并发送交易信息），交易记录的保存（保存每一笔交易记录以备日后查询）。

在电子钱包内可以装入各种电子货币、电子信用卡、电子借记卡等。电子钱包软件不仅支持网上支付的操作，还可以使用电子钱包软件管理这些电子货币和处理交易记录等。微软公司在它的 IE 浏览器中就包括了一个电子钱包组件（Microsoft wallet），该电子钱包支持各种类型的银行卡。

使用电子钱包的顾客通常在银行都有自己的账户。利用电子钱包服务程序就可以把自己的各种数字货币或电子金融卡上的数据输入进去。在发生收付款时，如果顾客要用电子信用卡付款，只要单击一下相应项目或相应图标即可以完成。这种方式彻底改变了传统的面对面交易和"一手交钱一手交货"的购物方式，是一种很有效的而且非常安全可靠的支付方式，如图 5-12、图 5-13 所示。

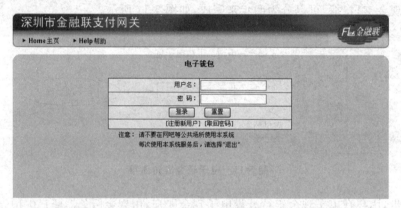

图 5-12　电子钱包登录界面

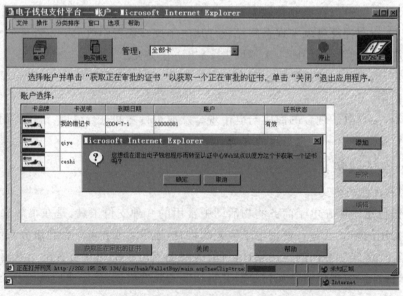

图 5-13　电子钱包

2. 电子钱包的使用步骤

客户使用浏览器在商店的 Web 主页上查看在线商品目录浏览商品,并对需要购买的商品进行选择,包括对所购商品的价格与商店进行协商,并通过电子化方式从商店传来订单,或由客户自己的电子购物软件建立好购物的订单。

顾客确认订单后,选定用电子钱包付款,将电子钱包装入系统,单击电子钱包的相应项目或电子钱包图标,电子钱包立即打开;然后输入自己的保密口令,在确认是自己的电子钱包后,从中取出一张电子信用卡来付款。

电子商务服务器对此信用卡卡号采用某种保密算法算好并加密后,发送到相应的银行,同时销售商店也收到了经过加密的购货账单,商店将自己的顾客编码加入电子购物账单后,再转送到电子商务服务器上。在这个过程中,商店对顾客电子信用卡上的卡号是看不见的,不可能也不应该知道,更无权处理信用卡中的钱款。

因此,只能把信用卡送到电子商务服务器上去处理。经过电子商务服务器确认这是一位合法顾客后,将其同时送到信用卡公司和商业银行。在信用卡公司和商业银行之间要进行应收款项和账务往来的电子数据交换的结算处理。信用卡公司将处理请求再送到商业银行请求确认并授权,商业银行确认并授权后送回信用卡公司。

如果经商业银行确认后拒绝并且不予授权,则说明顾客的这张电子信用卡上的钱数不够用了或者根本就没有钱了,或者本身就已经透支。银行拒绝后,顾客可以再次单击电子钱包的相应项目打开电子钱包,取出另一张电子信用卡,重复上述操作。

如果经过银行证明这张信用卡有效并授权后,商店就可以交货了,并将整个交易过程中发生往来的财务数据记录下来,出示一张电子收据发送给顾客。

上述交易成功后,商店就按照顾客提供的电子订货单将货物通过配送中心或运输公司送到指定地点、指定的人手中。一笔交易就此结束。

(八)电子支票

1. 电子支票的概念

电子支票的出现和开发是比较晚的。电子支票几乎和纸质的支票有着同样的功能。一个账户的开户人可以在网络上生成一个电子支票,其中包括支付人的姓名、支付人金融机构名称、支付人账户名、被支付人姓名、支票金额。最后,像纸质支票一样,电子支票需要经过数字签名,被支付人数字签名背书,使用数字证书确认支付者/被支付者身份、支付银行及账户,金融机构就可以使用签过名和认证过的电子支票进行账户存储了。电子支票如图 5-14 所示。

电子支票中的关键信息点:① 使用者姓名及地址。②支票号。③传送路由号(9 位数)。④账号。电子支票的支付目前一般是通过专用网络、设备、软件及一套完整的用户识别、标准报文、数据验证等规范化协议完成数据传输,从而控制安全性。电子支票发展的主要方向将逐步过渡到在公共互联网上进行传输。

2. 电子支票交易的步骤

电子支票交易的过程由以下几个步骤组成。

消费者和商店达成购销协议并选择使用电子支票方式来进行支付。

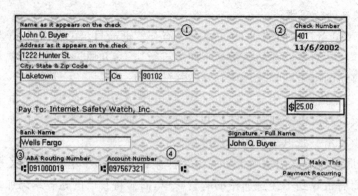

图 5-14　电子支票

消费者通过网络向商店发出电子支票，同时向银行发出付款通知书。

商店通过验证中心对消费者提供的电子支票进行验证，验证无误后将电子支票送交银行索付。

银行在商店索付时通过验证中心对消费者提供的电子支票进行验证，验证无误后即向商店兑付或转账。

三、移动支付

（一）移动支付的概念

移动支付是一种在移动设备上进行商务活动的方式，是指参与交易的双方为了得到所需的产品和服务，通过移动终端（手机、PDA 等）和移动通信网络实现交易的一种现代化手段。移动支付系统为每个手机用户建立了一个与其手机号码关联的支付账户，用户通过手机即可进行现金的划转和支付。

（二）移动支付的业务类型

1. 手机小额服务

主要使用手机账号或特制的小额账号完成支付功能。一般采用 SMS、WAP、USSD、K-Java 等实现，通过将手机绑定银行卡、网络银行为小额账户充值，通过运营商提供业务、管理用户账户，第三方交易服务提供商提供支付平台，付费采用预付费实时扣除、后付费记账等方式完成。

2. 金融移动服务

移动运营商与金融机构合作，将手机与银行卡绑定，从银行卡支付交易费用。金融移动服务一般由运营商提供信道，目前主要是短信模式，银行负责资金管理、结算等。这种服务的付费采用实时扣除模式，并支持信用卡支付。

3. 公共事业缴费

在银行营业网点开办通过移动支付业务进行公共事业缴费，并在第三方平台通过移动网络通知用户确认交易。这种使用移动终端代缴公共事业费的业务目前已在上海付费通、捷银等第三方支付服务公司平台实现。

（三）移动支付的运作模式

目前关于移动支付业务的运作模式主要分为银行运作、运营商运作和第三方运作。

1. 银行运作模式

银行运作模式通过专线将银行网络与移动通信网络进行互联，将银行账户与手机账户绑定，电信运营商为银行提供渠道。

2. 运营商运作模式

运营商运作模式以用户手机话费账户等小额账户作为移动支付账户进行消费，如手机钱包等业务。

3. 第三方运作模式

通过搭建独立于银行和移动运营商的第三方移动支付平台，连接客户、银行及 SP，并负责客户银行账户与服务提供商银行账户之间的资金划拨和结算，如广州的金中华、上海的捷银等公司均采用这种模式提供数字化产品销售、电子票务等增值服务。

（四）移动支付体系架构及流程

移动用户可通过短信（SMS）、无线接入（WAP）、语音（IVR）、移动零售（POS）和 Weh方式接入移动支付系统（MPS）。移动支付系统的体系结构如图 5-15 所示。

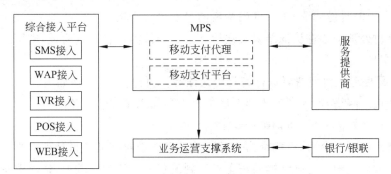

图 5-15　移动支付系统的体系结构

在移动支付处理系统中涉及的主要实体有消费者、商家和移动支付处理中心（mobile payment processing agent）以及银行系统，如图 5-16 所示。

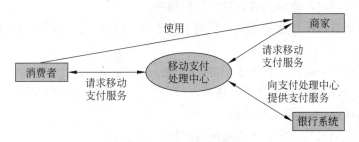

图 5-16　移动支付体系流程

从图 5-16 可以看出，移动支付处理中心是整个支付处理系统中的核心，它负责联系系统中的其他实体,提供支付处理服务。同时,移动支付处理中心还维护用于认证的用户信息及认证服务。移动支付处理中心实现了提供管理与消费者、商家和支付服务之间的交互。通常移动支付处理中心可以由移动运营商来实现。支付服务提供商(银行)向移动支付处理中心提供支付服务。

1. 移动支付交易过程

消费者初始化一个交易。消费者使用自己的移动终端,输入与银行协商好的标识,进而与移动支付处理中心取得联系。

消费者兑现一个交易。消费者兑现商品。

商家实现交易价值。如果该交易是预支付的,就直接实现了交易价值。如果是后支付的,就要在一段时间以后,通过支付处理机构或其他中间媒体来实现。假定在交易之前已经确认了移动支付处理中心和商家的身份,即默认移动支付处理中心和商家的身份是可信的。

2. 移动支付过程

整个移动支付过程可以分为对消费者的身份认证和交易处理两个部分。

(1) 对消费者的身份认证。消费者首先访问商家提供的网站,请求身份认证。

消费者将认证请求发送给移动支付处理中心,移动支付处理中心通过一定的身份认证机制(应用级的身份认证)来认证消费者的身份是否合法。

移动支付处理中心将认证结果发送给商家。如果消费者通过验证,则可以进行交易,否则,终止交易。

(2) 交易处理。对消费者进行完身份认证后,支付过程可归纳如下。

消费者接入网络,进入商家为消费者提供的界面浏览并选择商品。

消费者选择好商品后,将购买指令发送给商家。

商家收到购买指令后,将购买指令及相关信息发送给移动支付处理中心。

移动支付处理中心将确认购买信息发送到消费者的移动终端上,请求消费者确认,如果没有得到确认消息,则拒绝交易,购买过程到此终止。

消费者将确认消息发送给商家。

商家将消费者确认购买信息发送给移动支付处理中心,请求支付操作。

移动支付处理中心通知消费者进行支付操作。

消费者使用自己的移动终端输入信用卡的账号、密码以及金额等信息,发送给移动支付处理中心。

移动支付处理中心向支付服务提供商(银行)请求兑现支付。

兑现支付后,移动支付处理中心通知商家可以交付商品,并保留交易记录。

商家交付商品,并保留交易记录。

商家将交易记录写入前台消费系统,以供消费者查询。

至此,一个完整的移动交易过程结束。

第三节　网络银行

一、网络银行概述

网络银行作为电子支付的高级阶段,提供了一种全新的业务服务模式,并表现出优越的特点。网上银行利用 Internet 和 Intranet 技术,为客户提供综合、统一、安全、实时的银行服务,包括提供对私、对公的各种零售和批发的全方位银行业务,还可以为客户提供跨国的支付与清算等其他的贸易、非贸易的银行业务服务。网上银行又称网络银行、在线银行。

(一)网络银行的两种发展模式

网络银行自其成立起就得到了迅速的发展,网上银行这一新生力量给银行业注入了新的活力,它代表了未来银行的发展方向,网上银行将逐渐取代传统银行的储蓄点和分理处,成为银行业务的主流。

目前我国的银行业已相继开设了自己的网上银行,如中国银行(http://www.boc.cn/)、招商银行(http://www.cmbchina.com/)、中国工商银行(http://www.icbc.com.cn/)、中国建设银行(http://www.ccb.com/)、中国农业银行(http://www.abchina.com/)、交通银行(http://www.bankcomm.com/)、中国光大银行(http://www.cebbank.com/)等。纵观网络银行发展,有以下两种发展模式。

1. 纯网络银行发展模式

纯网络银行,是指没有分支机构、营业场所或自动柜员机,只提供网上支票账户、网上货币数据传输、网上异地结算,网上个人信贷和网上互动服务中至少一种在线服务的银行模式。它纯粹借助因特网开展各种金融业务。纯网络银行管理成本比传统银行低很多,并将节省的费用回报给客户,如给存款用户支付更高的利息,给贷款客户支付更低的利息和手续费等。

纯网络银行中,具有代表性的是美国安全第一网络银行(SFNB)、美国印第安纳第一网络银行(First Internet Bank Of Indiana,FIBI)、Wingspan Bank 和休斯敦康普银行(Compu Bank)等。

SFNB 一直致力于开发新的电子金融服务,给客户提供一种全新的金融服务支持模式。SFNB 自始至终将系统安全问题放在第一位,收购了 Secure Ware(安全解决方案开发公司),并与 Five Paces 合并组建了安全第一技术公司(SI),为客户提供了多层次、军事级的安全网络系统。

此外,SFNB 还获得美国存款机构监管办公室颁发的开业证明,获得美国联邦存款保险公司(FDIC)的存款保险。SFNB 在前三年的经营中很成功地抢占了市场份额,但一直盈利不大。最后被加拿大皇家银行(Royal Bank Of Canada,RBC)以 2 000 万美元收购并成为其金融门户网站。

FIBI 对网络银行提出了创新的概念，突破了网络银行不开设营业网点的局限。并在全面开展传统银行业务的同时，不断致力于开发新的金融服务。其"中小企业贷款服务"改变了网络银行没有企业贷款服务的历史。

2. 子网络银行发展模式

子网络银行指与传统银行相结合的网络银行发展模式，指在原有的母银行基础上投资兴建的网络银行业务。其主要动机是巩固现有客户，提高经营效率，适应现代化市场经济的发展需要以及银行金融服务发展的需要。其业务模式可以沿用原有银行的品牌优势业务，通过网络渠道扩大知名度，吸引更多潜在客户，稳固产品的市场占有率，以实现子网络银行与传统银行的协调发展。

传统银行在发展网络银行业务时，一般会用两种模式：一种是收购模式，另一种是自建模式。

（1）收购模式。收购模式即收购现有的网络银行，其典型代表是 1998 年 10 月加拿大皇家银行（RBC）以 2 000 万美元收购世界上第一个网络银行——美国安全第一网络银行（SFNB），以扩大其在美国金融市场的业务范围和市场占有率，同时将其银行业迅速扩展到一个新的局面。当时 SFNB 只有 1 万多在线客户，经营也出现了很大的困难。

在被收购后，SFNB 发展有所停滞，但 RBC 却达到其在美国金融市场蓬勃发展和以低成本、高效率实现兼并的战略目的。通过这次收购，RBC 在美国金融市场站稳了脚跟，业务份额也迅速上升。RBC 利用 SFNB 吸收的存款，投资于加拿大的中小企业，获得了更大的收益，资金实力更加雄厚，也使其网络银行站在时代发展的最前沿。

（2）自建模式。自建模式即传统银行凭借其雄厚的资金实力投资建立由自己经营管理的网络银行模式。越来越多的传统银行采取这种方式建立其网络银行业务。传统银行一般采用本行 IT 部门或与 IT 厂商合作开发网络银行核心技术软件。

目前我国还没有一家纯网络银行，我国网络银行都采用自建模式，通过建立网上银行业务部门成立子网络银行，在互联上开展传统业务。

（二）网络银行的优势

网络银行打破了 100 多年来银行业传统的经营模式，为消费者提供了费用低廉、高效和使用方式便利的服务。网络银行的出现是金融业的一场革命，它消除了时间和地域的差异，就像把银行搬到了自己的家里或办公室，客户无须亲自前往银行网点，而只需一台与 Internet 相连的计算机，就可以在任何时间、任何地点享受银行为其提供的金融服务。

网络银行具有多方面的特点，例如可以全面实现无纸化交易，提供低成本、高收益、方便、高效的全方位的银行服务；并且由于网络银行采用了虚拟现实信息处理技术，可以在保证原有的业务量不降低的前提下，减少营业点的数量，从而降低了经营成本；另外，其提供的服务可以包括全球或地域性的金融信息查询、资金转账、外汇交易、股票交易、贷款、咨询、金融分析等多个方面，且网上沟通非常方便，便于客户与银行之间以及银行内部的沟通。

与传统银行业务相比，网络银行具有很明显的优势。

1. 大大降低银行经营成本，有效提高银行盈利能力

开办网上银行业务，主要利用公共网络资源，不需设置物理的分支机构或营业网点，

减少了人员费用,提高了银行后台系统的效率。

2.无时空限制,有利于扩大客户群体

网上银行业务打破了传统银行业务的地域、时间限制,具有 3A 特点,即能在任何时候(anytime)、任何地方(anywhere)、以任何方式(anyhow)为客户提供金融服务,这既有利于吸引和保留优质客户,又能主动扩大客户群,开辟新的利润来源。

3.有利于服务创新,向客户提供多种类、个性化服务

通过银行营业网点销售保险、证券和基金等金融产品,往往受到很大限制,主要是由于一般的营业网点难以为客户提供详细的、低成本的信息咨询服务。利用互联网和银行支付系统,容易满足客户咨询、购买和交易多种金融产品的需求,客户除办理银行业务外,还可以很方便地进行网上买卖股票债券等,网上银行能够为客户提供更加合适的个性化金融服务。

二、网络银行的构成

我们主要从技术、组织、业务角度研究网络银行的构成。

(一)网络银行的技术构成

网络银行系统主要包括 Web 服务器、过滤路由器、交易服务器、数据库服务器、操作服务器、客户服务代表工作站、内部管理工作站以及维护工作站,如图 5-17 所示。

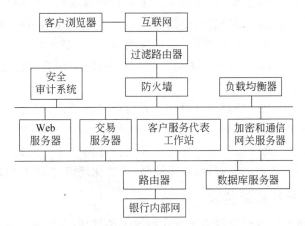

图 5-17　网络银行的系统构成

1.硬件技术

Web 服务器,采用动态网站技术,提供网上银行的相关信息如网上银行演示、网上银行热点问题解答以及网上银行服务协议和申请方法,还包括网上填写开户申请表等。同时提供各种公共信息。

过滤路由器,网络银行可以通过它实现互联网和银行网络之间的路由选择,同时,还可以起到对流入银行的数据流进行过滤的功能。

防火墙,是网络银行的一道安全屏障,它通常设立在外部网和内部网之间,用来保护内部网络不受外界的入侵,同时,使得内部的用户可以使用外部的各种资源。

负载均衡器,能够智能地平衡用户流量负载,实时跟踪网络任务和服务器的负荷,将每个任务分派到最适当的服务器。

安全审计系统,用于对进出本区域性网上银行中心的各种信息进行安全审计,有效地将各种敏感信息拦截,避免重要信息外泄。

交易服务器,用于对客户提供的交易信息加以处理,完成相应的查询、转账、支付、票据清算等业务。

数据库服务器,通常安装于 UNIX 系统上,运行数据库管理系统软件。

客户服务代表工作站,是供网上银行中心客户服务代表使用的 PC 机。

加密和通信网关服务器,负责将网络银行的交易数据进行加密,以避免其在传输过程当中因数据丢失而导致的交易信息外泄,造成不必要的损失。

2. 软件技术

计算机操作系统的作用是用来管理计算机的各种软硬件资源,通过操作系统提供的人机交互平台,可以更好地应用计算机软件。网络操作系统可以认为是计算机操作系统的发展,它是通过单机操作系统演变过来的,可以实现单机操作系统的所有功能,同时,其最突出的特点是能够对网络中的资源进行管理、共享并协调各个主机的任务运行。目前,在网络银行中应用较为广泛的网络操作系统有：Microsoft 公司的 Windows Server 系列、UNIX 等。

数据库管理系统是 20 世纪 60 年代末产生并发展起来的,是一种用于操纵和管理数据库的大型软件,其功能主要是建立、使用和维护数据库。在网络银行的建设过程中,对数据库的选择主要考虑以下几个方面：数据库的可靠性、安全性、联机备份和恢复能力、联机事务处理能力、影响运行效率的语句优化处理方法、简便有效的管理工具、适应业务规模变化和新技术出现的能力等。

网络银行交易系统是网络银行针对其业务所设计建设的,银行用户通过互联网可以访问该系统,系统对客户的身份进行验证,确认后可以为客户提供相应的信息服务和范围有限的账户操作服务。网络银行交易系统作为银行业的一种全新服务渠道,主要可以实现发布网络银行信息、账户信息查询、在线交易、个性化增值服务等功能。

（二）网络银行的组织构成

一般而言,传统商业银行由网络银行实际操作和管理,而新创立的网络银行往往整个银行就相当于一个网络银行部。网络银行部的形成通常有 3 种基本方式：一是从银行原有的信息技术部演变而来；二是创立新的网络银行部；三是对原有的信息技术部、银行卡/信用卡部和服务咨询部若干个部门的相关业务水平进行整合而形成。

由于网络银行部的业务目标与信息技术有所不同,因而网络银行部的设置与纯粹的信息技术部必然有所不同。无论是由哪一种方式生成的网络银行部,都会在组织结构上体现这种差别。商业银行中较为完整的网络银行部一般由 5 个基本部门组成,它们分别是市场推广部(也称为市场部)、客户服务部(也称为客户部、信用卡、银行卡部)、信息技术部(也称为科技部或技术部)、财务部和后勤部。

网络银行市场部专注于从事网络金融品种及虚拟服务市场的开拓和发展,不断对网络金融品种及服务进行创新,形成适合于网络经济的各种金融服务营销方式和理念。客户服务部负责对网络银行的网络客户提供技术支持和服务咨询,密切银行与客户的联系,通过对信用卡/银行卡的流通统计,把握客户对金融服务需求的变化趋势。

技术部不仅需要负责对网络银行的系统和硬件设备进行维护,而且需要对银行内部和外部非网络领域的信息技术管理提供服务和技术支持。财务部负责对网络银行的硬件、系统和软件的投资、服务资金、成本和收益等财务指标进行控制。后勤部负责对网络银行服务活动过程中的各种后勤需求提供支持。

在大银行或中小银行提供网络银行服务的早期,网络银行的组织结构较为简单,一般由客户部和后勤部两个部门组成。

(三)网络银行的业务构成

网络银行的业务构成随着网络银行的发展和完善将会有所发展。一般认为,网络银行的基本业务构成如下。

(1)基本技术支持业务,如网络技术、数据库技术、系统软件和应用技术软件的支持,特别是网络交易安全技术的支持,使网络银行业务得以不断扩展和发展。

(2)网络客户服务业务,如客户身份认证、客户交易安全管理、客户信用卡/银行卡等电子货币管理,以及客户咨询等。

(3)网络金融品种及服务,如网络财经信息查询、网络股票交易、申请信用卡,以及综合网络金融服务等。

三、网络银行的监管

要有效控制网络银行带来的新风险,必须针对各种风险的特征建立起国家、行业、企业三层次的网络银行监管系统,互相支持,互为补充,达到对风险强有力的预测、控制、化解的作用。

(一)国家层面的网络银行风险控制

国家层面的网络银行风险控制,具体是指在宏观层次上的风险防范与控制,旨在为网络银行的健康发展提供良好的环境和平台。具体来说包括以下内容。

1. 大力发展先进的、具有自主知识产权的信息技术

目前我国在金融电子化业务中使用的计算机、路由器等软、硬件系统大部分由国外引进,而且信息技术相对落后,因此增大了我国网络银行发展的安全风险和技术选择风险。因此,应大力发展我国先进的信息技术,提高计算机系统的关键技术水平,在硬件设备方面迅速缩小与发达国家之间的差距,提高关键设备的安全防御能力。

2. 加强防范和控制网络银行风险的制度建设

我国目前已初步制定关于网上证券交易、计算机使用安全保障等方面的法规,但还远不能适应网络发展的要求。应借鉴外国经验,在网络金融发展的初期及时制定和颁布有关法律法规,如在电子交易合法性、电子商务的安全保密、禁止利用计算机犯罪等方面加紧立法,修改《中华人民共和国合同法》《中华人民共和国商业银行法》等法律条文中不适合网络金融发展的部分。

另外,建立完善的社会信用制度是减少金融风险,促进金融业规范发展的制度保障。没有完善的社会信用体系,人们就会减少经济行为的确定性预期,网络金融业务的虚拟性会使这种不确定性预期得到强化,不利于网络金融的正常发展,也会增大法律调节的障碍和成本。

3. 加强网络银行风险控制的国际协调与合作

网络金融业务环境的开放性、交易信息传递的快捷性强化了国际金融风险的传染性。对网络银行的监管需要不同国家金融监管当局的密切合作和配合,形成全球范围内的网络银行监管体系。

对网络银行的监管包括对借用网络银行方式进行非法避税、洗黑钱等行为的监管;对利用网络银行方式进行跨国走私、非法贩卖军火武器及贩卖毒品等活动进行监管;对利用网络银行方式非法攻击其他国家网络银行的电脑黑客网站,以及其他国际犯罪活动进行监管;对利用网络银行方式传输不利于本民族文化和伦理道德观念的信息进行监管,等等。

（二）行业层面的网络银行风险控制

行业层次即在中观层次的风险防范和控制,主要是中央银行对网络银行的各种风险进行监控。具体来讲有如下方面。

1. 及时调整和转变传统的监管思路和监管理念

应当清醒地认识到网络银行的诞生对中央银行传统监管方式带来的挑战:其一,网络银行的发展打破了传统的金融区域界限和行业界限,使得金融业务综合化发展的趋势不断加强。其二,网络的无界性使一项金融业务的开通将迅速普及一家银行的各个分支机构（网络终端）,这将宣告传统监管方式下金融业务的市场准入实行分区域、按行业逐一严格审批的传统监管方式成为历史,金融监管部门面临的将是金融业务"一通百通"的局面。

2. 严格网络银行的市场准入

（1）严格制度建设。网络银行的公示、信息披露、内部控制和系统设计等制度性安排,必须严格审批。但对网络银行的硬件设施配备、技术投入、人员配置不宜干预过多,应当给银行以适当的弹性空间使其根据自己的实际情况进行筹划投资,避免因行政干预造成不必要的资源浪费。

（2）风险防范。重风险防范、化解机制,网络银行的设立或新业务的开展,必须具备完善的风险识别、鉴定、管理、风险弥补和处置方案、计划。

（三）企业层面的网络银行风险控制

企业层面的网络银行风险控制是指各网络银行在各自经营活动中对风险的防范和控制。

（1）透彻研究国家的法律法规,必须强化内部监控,防范违规行为和计算机犯罪,避免因法律的不确定性带来的法律风险。

（2）加强日常安全管理,对网络银行技术方案进行科学缜密的论证,以避免出现大的技术选择错误。

（3）在经营过程中对网上金融消费者进行跟踪和信用登记，尽量避免与信用等级低的客户发生业务关系，降低信用风险。

（4）在经营活动中严格按照信誉至上的准则办事，树立良好的银行信誉。

（5）切实加强银行员工的教育培训，着力开发人力资源，建设一支适应时代发展要求的高素质队伍。

（6）加强银行信息系统的基础建设，促进网络银行的发展。应大力加强对银行电子化信息系统的基础建设，特别是要加强全国计算机网络的建设，实现银行内部计算机管理，促进银行电子化的发展。

 本章小结

本章主要从通信过程的角度介绍了旅游电子商务的支付方式及流程。要求掌握网上支付的方式及流程，对信用卡支付、第三方支付的形式及特点要求重点把握，对电子钱包、电子支票和电子现金等多种电子支付方式要求掌握其主要特征。同时要求掌握网上银行的概念及网上银行的构成。了解传统支付所使用的工具以及移动支付的过程。

本章习题

1. 简述信用卡的种类及支付流程。
2. 简述信用卡在传统方式、网上支付方式下支付过程的不同。
3. 简述第三方支付的主要形式。
4. 什么是网上银行，其主要构成包括哪些内容？
5. 什么是移动支付？举例说明常用的移动支付方式。
6. 传统的支付形式有几种？举例说明。

第六章

旅游电子商务企业的管理
方法和工具

【本章内容】

旅游电子商务要求企业的管理模式适应基于互联网进行商务活动这一前提。因此,它们的管理除了遵从一般的企业管理原理外,还有其特殊性。这就要求我们用业务流程重组思想,对企业进行重组与再造。同时运用先进的管理思想与工具对企业的资源和营销活动进行管理,并在企业使用ERP和CRM等工具软件完成相应的管理职能。

【本章重点】

旅游电子商务对企业管理的影响;

业务流程重组、企业资源计划和客户关系管理的原理与软件工具的特点。

引导案例

近日,人民网舆情监测室与北京优捷信达信息技术有限公司(以下简称"优捷信达")就旅游目的地声誉风险管理平台达成战略合作。据悉该平台将着力打造中国旅游大数据综合服务体系,以大数据思维助力旅游目的地和景区管理品牌声誉,助力提升旅游服务管理及游客体验感受。

双方的强强联合,为旅游的大数据综合性服务提供解题思路。通过多角度、多维度、多属性的复合型数据模型,各省市、旅游管理者及景区可全面掌握旅游的发展现状,展开针对性较强的发展策略,拉开旅游产业发展的供给侧改革模式。

2017年,是"十三五"旅游业发展规划正式启动实施之年,也是"515战略"收官之年。"515战略"实施两年来,国家层面积极支持旅游业发展,习近平、李克强等国家领导对旅游业发展提出新要求,指出新方向,国家旅游局与相关部委联合发布 19 个旅游专题政策文件,推出一系列促进旅游业发展的重要举措。目前,多项相关政策的发布使旅游产业将成为国家重要的发展战略,特别是 2017 年中央一号文件中首次出现"旅游十",更被舆论喻为旅游业作为战略性支柱产业的地位基本形成。

在旅游产业发展迅猛的当下,全域旅游、县域旅游、特色小镇等项目集中上马。面对日益提升的旅游市场需求,旅游产业出现了明显的同质化现象,大众化、多样化、多层次的消费需求难以得到满足。

基于此,人民网舆情监测室与优捷信达展开了战略合作。人民网舆情监测室以多年的舆情服务经验成为业界龙头,自成立以来便对旅游行业保持一定的关注度,并在近年来持续扩大了"泛旅游领域"的研究力度,形成了业界认可的科学理论体系。2016 年 9 月 7 日,人民网舆情监测室推出众云平台,将学术研究和技术研发相结合,形成集舆情管理、精准传播、新媒体运营、大数据应用于一身的大数据开放平台。众云平台的发布与使用,为旅游舆情管理搭建了数据驱动力,也更便于旅游城市、企业塑造良好的品牌形象。

目前,优捷信达的旅游大数据智能管理体系已得到国家旅游局与福建、湖南、西安、厦门、福州、南平等多个省市旅游局的采用;在预防重大恶性事件发生、景点酒店星级变动的事前预警与事后整改、帮助涉旅企业持续提升服务方面取得了突出成效。双方在理论与大数据方面的融合,为旅游行业的发展带来新思路,特别是在全面梳理市场与游客的需求、消费倾向的基础上,帮助旅游城市、景区进一步了解市场需求,把握发展契机。

众所周知,旅游行业的服务属性强烈,负面事件在公众层面的渗透力较强,一旦发生将对旅游城市及景区的口碑声誉形成巨大的影响。此前发生的"黑导游""青岛大虾""天价鱼"等事件中,相关城市、景区及行业均受到负面舆论的中伤,形成负面舆论标签与刻板印象。随着来势汹汹的负面舆论的退潮,城市及景区则需面对满目疮痍的品牌形象,长期的声誉修复在所难免,但是品牌形象的"烂尾工程"更为常见。因此,平台的首要职能便是帮助旅游城市、景区了解自己,做到发展中的"知己知彼"。

可以说,平台在"补短板"方面实现了"短、平、快"的运营机制,提升了城市与景区管理的能力;及时补足对市场和消费者认知的短板,有的放矢持续改进,无形中为旅游发展达到降运营成本的目的。

平台具有强大的数据整合能力,数据的覆盖面也可向纵深进一步扩展,形成自上而下的管理结构,打通旅游行业的管理渠道,力争遏制危机于萌芽之中。在旅游行业监管层面,平台发挥了数据化、精细化的优势,全局性考量旅游城市、涉旅单位、景区的游客体验情况,并对运营的细节和利弊了如指掌。在有效预防重大恶性事件、增强旅游管理部门的行业影响力方面,平台也给予必要的数据支持与决策参考依据。

引言

电子商务给企业带来新机遇的同时,也给企业经营管理带来了挑战。企业只有积极主动地迎接挑战,及时变革原有的管理思想和管理方式,才能适应新的经济形势的发展要求。电子商务是基于互联网环境而进行的。这就要求企业的管理要在原有的基础上,运用信息技术的手段和方法，变革和创新管理思想和工具。

第一节　旅游电子商务对企业管理的影响

企业管理是企业为了保证整个生产经济活动的统一协调而进行的预测、决策、计划、组织、指挥、协调和控制的一系列工作。其任务是按社会化大生产的客观规律，合理地严密组织企业的人力、物力、财力、信息等资源，提高企业的经济效益。

其涉及的内容除了管理学基本原理的内容外，还包括生产管理、经营管理、财务管理、成本管理、劳动人事管理、技术管理、营销管理、物资管理、设备管理、质量管理等。

旅游电子商务的发展要求企业的管理模式适应基于互联网进行商务活动，这一要求。它使企业的业务流程、应用系统和组织结构更进一步的融合，并用信息技术手段取代原来手工的业务处理，从而形成了高效的企业管理模式。这种影响体现在以下几个方面。

一、对企业传统的管理组织结构形式的影响

组织与流程有着密切的关系，流程就是由组织中的人员来完成的。企业传统的组织结构是一种适合工业经济发展要求的科层制组织，其缺陷主要是管理成本居高不下、束缚人的创造性、企业内部的信息沟通缺乏效率、企业组织无法适应外部环境的变化，因此电子商务要求流程变革的同时，组织也要进行相应变革。

组织结构从金字塔型向扁平型转变。为了迅速适应外界变化，保证信息快速、准确地传递，组织结构从金字塔型向扁平型转是大势所趋。扁平型的组织结构主要体现在计算机与网络技术在企业的广泛应用，使得过去必须由人工完成的工作可以部分或全部地由计算机和网络所替代。扁平型组织的产生使传统的管理层次和管理幅度理论不再适用。

电子商务打破了传统职能部门依赖于分工与协作完成整个任务的过程，形成了并行工程的思想。在电子商务的构架里，除了市场部与销售部和客户打交道外，其他职能部门也可以通过电子商务网络与客户频繁接触。原有各工作单元之间的界限被打破，重新组合成了一个直接为客户服务的工作组。这个组直接与市场接轨，并以市场的最终效果来衡量流程的组织状况。企业间的业务单元不再是封闭式的金字塔式层次结构，而是相互沟通、相互学习的网状结构。这种结构使业务单元广开信息交流渠道，共享信息资源，增加利润，减少摩擦。

集中化决策向分权化决策转变。与扁平型组织相适应，必须赋予一线管理人员更多参与决策的权力。从而可以减少信息传递次数，打破官僚主义和等级制度，提高管理效率，增强企业的竞争力。因此决策权从工业经济的集中化向网络经济的分权化转变，这样会产生众多的"授权小组"，每个授权小组通过企业的授权，围绕任务和目标自行决定其工作方式，每个授权小组及其成员通过自我设计、自我优化和自我创造，使传统的依靠"上级"做出决策的方式逐渐向依靠"团队"进行决策的方式转变。

组织要适应流程从"串行"向"并行"的转变。在传统的企业组织中，由于受金字塔型

组织结构的限制,加上信息传递手段的落后,企业的作业程序一般是按先后顺序进行的"串行"。"串行"流程中每一个职能部门、环节都有其相对独立的任务,往往会因为某一个环节的故障而影响整项工作的进程,也常常会出现前后环节或部门之间互相矛盾的状况,既延长了作业时间,也增加了协调的成本。

而"并行"流程是通过计算机网络的应用,把各个环节、各职能部门共同整合到网络上,围绕共同的任务同时协调运作。"并行"流程可使设计研发、服务、财务、营销等人员通过网络实现实时沟通,共同设计产品和业务流程,共同解决、协调作业流程出现的各种问题。因此组织必须与"并行"流程相适应,"并行"流程必须依靠"跨职能"的团队组织来实现,这种团队组织没有庞大的管理中层,依据目标和任务组建,具有相对的独立性,对提高作业效率、缩短作业时间、降低作业成本具有重要作用。

领导的作用和地位发生变革。电子商务是促进企业领导地位和作用变革的重要力量,无论是基层主管,还是中层、上层的领导都将面临职能的转型。企业管理由集权制向分权制转换进入扁平型组织的中心位置,强调要让员工接近自己、参与决策。总之,适应电子商务发展的领导者必须通过宽容别人展示自己的力量,不但要具有敏锐的洞察力和判断力,还要有吸引他人的个人魅力,通过不断扩大对别人的影响力来巩固自己的地位,而绝不是仅仅靠制度的保证发号施令。

在电子商务的模式下,企业的经营活动打破了时间和空间的限制,出现了一种类似于无边界的新型企业——虚拟企业。它打破了企业之间、产业之间、地域之间的一切界限,把现有资源组合成为一种超越时空、利用电子手段传输信息的经营实体。虚拟企业可以是企业内部几个要素的组合,也可以是不同企业之间的要素组合。其管理由原来的相互控制转向相互支持,由监视转向激励,由命令转向指导。

电子商务的推行,使企业过去高度集中的决策中心组织改变为分散的多中心决策组织。单一决策下的许多缺点(官僚主义、低效率、结构僵化、沟通壁垒),都在多中心的组织模式下消失了。企业决策由跨部门、跨职能的多功能型的组织单元来制定。这种多组织单元共同参与、共当责任、共享利益的决策过程,增强了员工的参与感和决策能力,调动了员工的积极性,提高了企业决策的科学水平。

二、对企业经营管理的影响

有利于企业降低成本,获得价格优势。电子商务企业要获得生存与发展,必须具有价格比较优势,网上的产品与服务应当是物美价廉的,因此降低成本已成为电子商务企业的生存之道,所以电子商务企业通过运用电子商务技术节约了大量实体店的建设与管理费用,并通过快捷的信息传递和尽可能低的库存管理,以实现敏捷制造,因此能大大降低成本,获得价格竞争优势。

有利于企业缩短中间渠道,加强企业与顾客的沟通。电子商务的出现,使得企业由传统的4P营销理论向4C理论转变,因此营销渠道转变是电子商务时代的突出特点,网络直销、网上定制等新观念,使得品牌企业能够打破传统的流通渠道实现面向顾客的直接销售,而网上支付、网络安全及物流配送技术的快速发展,也使得这种直销模式变得更快捷与方便,电子商务与电子商务技术已经变成企业直接面对客户,加强与客户沟通的重要方式。

有利于建立创新型管理理念。信息时代企业之间的竞争更加激烈，传统的常规管理形式已经不能适应社会的发展，时时创新的管理理念将是未来发展的必然趋势。企业只有在理念上创新和转变，才能在现代化的竞争中立于不败之地，创新型的理念运用到企业管理过程中，管理者不断做出战略创新、制度创新、市场创新及组织创新，制定出适应社会发展的管理体系，提高企业的竞争力。

首先，树立市场全球化的理念。网络无限，它不受地域的限制，超越国界触及世界的每一个地方，企业在网络上进行的营销活动，面对的是全球的客户，电子商务架起了企业与国际平台交易的桥梁。其次，数字化融入企业管理的创新理念当中。管理者应用计算机、数据库、网络综合分析市场情况，做出准确决策。通过电子商务企业建立起现代化创新型的管理理念，快速反映科技的飞速发展，并及时采取相应措施，创造出不可估量的价值。最后，电子商务是新的管理模式的载体，它超越了技术和产品的范畴，改变了企业的经营要素观念，更多的知识积累才能更好地运用电子商务，企业一定要树立注重知识的观念。

三、对企业财务管理的影响

传统的财务管理最基本的特点是对财务信息的事后处理，并且财务信息的处理方式是单机的、封闭的，即使是会计电算化，也只不过用电脑代替了手工处理而已，并没有改变信息处理的方式。

电子商务的发展要求财务管理从静态的事后核算向实时动态的、参与经营过程的财务管理方向发展；从内部的、独立的职能管理向开放的，物流、信息流、资金流"三流合一"的集成管理方向发展；从传统的利润目标向企业未来价值（包括无形资产价值）的方向发展；从单机、封闭式的财务数据处理方式向联网的、集成化的财务数据处理方式发展。总之，适应电子商务发展要求的财务管理必须具有实时性、预测性、智能性和战略性的特点。因此，基于互联网的网络财务的概念与电子商务相伴而生。

"网络财务"是电子商务的重要组成部分，它基于网络计算技术，将帮助企业实现财务与业务的协同以及远程报表、报账、查账、审计等远程管理，实时动态会计核算与在线财务管理，实现集团型企业对分支机构的集中式财务管理，支持电子单据与电子货币，改变财务信息的获取与利用方式，财务数据将从传统的纸质页面数据、电算化初步的磁盘数据发展到网页数据。传统的财务管理必然要向网络财务管理转变，财务人员也必将从烦琐的财务工作中解放出来，成为网络财务的执行者和受益者。

四、对企业营销管理的影响

电子商务的产生和发展导致企业营销理念的变化、促使企业营销的重心由"推销已有产品"转变为"满足客户需求"；由"以产品为中心"转向"以客户为中心"；由此导致企业营销管理的重心由传统的"4P"，即产品、价格、渠道和促销转变为"4C"，即客户、成本、方便、沟通。

营销管理的重心是"4P"还是"4C"姑且不论,但电子商务对它们都产生了重要影响却是不争的事实。首先从"4P"方面来看,电子商务首先使营销产品发生变化,通过网络营销可以提供所有能够数字化、信息化的产品或服务项目,由大量销售产品转向定制销售产品,转向个性化的"一对一"网络整合营销。其次电子商务由于对市场供需具有强大的匹配能力以及市场信息充分公开,竞争者之间的价格明朗化,致使企业之间的价格竞争激烈,对企业的价格策略提出了更高的要求。再次电子商务通过网络直销改变了传统的迂回模式,实现零库存、无分销商的高效运作。传统意义上的中间商如果不能为用户提供增值服务将无法生存,单纯的贸易公司也将不复存在,营销渠道将趋于扁平化。最后电子商务的产生使市场营销增加了一种全新的、效果较佳的广告和公关工具,即在互联网网上进行广告和公关。大量的电视广告将从荧光屏上消失,报纸和杂志上的广告也将减少,在上网杂志和报纸上做广告将成为时尚;另外,由于市场细分直接面对个体,可能会出现为顾客制作的个人广告,这种广告不仅充当沟通的媒介,还会引起观众有意搜寻广告,在某些情况下,"他们甚至花钱看这些广告"。

从"4C"方面来看:第一,电子商务克服了传统营销中的客户由于时间和空间的限制而具有明显的地域性局限,使其客户遍及全球;第二,电子商务作为交易手段的使用因交易直接进行、交易环节减少而使交易费用大为降低,使消费者直接受益;另外使企业更加有效地控制库存,减少甚至取消库存,从而减少库存占用资金的成本,大大降低了企业的成本、减少了消费者的负担;第三,网上销售、网上采购、交易电子化无疑大大方便了企业与消费者;第四,企业营销的结果在很大程度上要受企业和客户沟通程度的制约,而电子商务无疑为双方的准确、有效、快捷沟通创造了良好的条件。

电子商务以一种快捷方便的方式,全天候提供企业及其产品的信息及客户所需的服务,并且交互方式不受地域的限制。如在传统营销活动中要想取得用户的反馈信息需要耗费大量人才、物力,而在电子商务时代,只要给数据库中的相关用户发送一份电子邮件,或在产品页面上增加一个"Mailto"按钮或链接,用户就能很方便地将他们的意见和想法告诉销售商。可以看出:只有在电子商务环境下才能真正实现"以客户为中心",真正做到以人为本、尊重人、关心人、方便人、真诚地帮助顾客,也最终使企业在激烈的竞争中得以生存和发展。

信息技术的长足发展为市场营销管理思想的普及和应用开辟了广阔的前景。客户关系管理(CRM)作为市场营销的技术支持手段,集合了当今最新的信息技术(包括互联网和电子商务、多媒体技术、数据仓库和数据挖掘、专家系统和人工智能等),包括客户关怀(customer care)和客户满意(customer satisfaction)两方面内容,其基本功能包括客户管理、联系人管理、时间管理、潜在客户管理、销售管理、电话销售、营销管理、电话营销、客户服务,甚至还包括呼叫中心、合作伙伴关系管理、商业智能、知识管理、电子商务等,是将市场营销理论中的部分科学管理思想集成在软件上面得以大规模的普及和应用。

由于注重客户关怀可以明显地增强服务的效果,为企业带来更多的利益,所以客户关怀贯穿了市场营销的所有环节。客户关怀包括如下的方面:客户服务(包括向客户提供产品信息和服务建议等),产品质量(应符合有关标准、适合客户使用、保证安全可靠),服务质量(指与企业接触的过程中客户的体验),售后服务(包括售后的查询和投诉,以及维护和修理）。

在所有营销变量中，客户关怀的注意力要放在交易的不同阶段上，营造出友好、激励、高效的氛围。对客户关怀意义最大的四个实际营销变量是：产品和服务（这是客户关怀的核心）、沟通方式、销售激励和公共关系。CRM软件的客户关怀模块充分地将有关的营销变量纳入其中，使得客户关怀这个非常抽象的问题能够通过一系列相关的指标来测量，便于企业及时调整对客户的关怀策略，使得客户对企业产生更高的忠诚度。

客户满意是指客户通过对一个产品或服务的可感知的效果与他期望的指向比较后，所形成的愉悦或失望的感觉状态。企业不断追求客户的高度满意，原因就在于一般满意的客户一旦发现更好或者更便宜的产品后，会很快地更换产品供应商。只有那些高度满意的客户一般不会更换供应商。

客户的高度满意和愉悦创造了一种对产品品牌在情绪上的共鸣，而不仅仅是一种理性偏好，正是这种由于满意而产生的共鸣创造了客户对产品品牌的高度忠诚。因此，企业必须加强与客户之间的紧密联系和提高客户忠诚度。提高客户忠诚度过程中的重要一点是关注客户流失率，并采取措施有效地降低流失率。吸引一个新客户所耗费的成本大概相当于保持一个现有客户的5倍。需要耗费更必须进行客户关系管理。

因此，作为市场营销的技术支持手段的客户关系管理的应用必将使企业能有效地进行顾客关怀，提高客户的满意率，并实现对众多零售商的直接交易，即通过建立 B to B 或 B to B/C 的营销模式，消除营销体系中的中间环节，从而缩短交易时间，降低交易成本，实现营销的飞跃。

五、对企业管理思想的影响

在市场经济的竞争中，我国企业渐渐形成了一种以企业本身利益最大化为唯一目的的企业文化，在这一思想指导下，许多企业为获利自觉不自觉地损害客户利益，客户对供应商或品牌的忠诚普遍偏低。另外家长式管理在我国企业管理中普遍存在，高层管理人员只注重员工对企业管理的一致性和服从性，不倡导员工的个人创新意识和能动精神，也不鼓励员工去承担风险。

这时，有才能的员工往往备受压抑和排挤，他们的才能和专业技能也受到限制，基层管理者失去了寻求企业发展机遇或创造新设想的激情与动力，企业在日益激烈的市场竞争中自然就逐步走向衰退。面对网络经济的大潮，随着管理层次扁平化，权利、控制和责任从高层向低层扩散，中国企业必须重视电子商务环境下的企业文化转型。

塑造人性化和主动性的企业文化。在企业管理的一切活动中贯彻"以人为本"，也就是关心人、理解人、尊重人，将科学与严格相统一。企业应注重员工的全面发展，合理地满足员工各种层次的需要，从而充分调动所有员工的积极性和主动性，使企业获得生存和发展。

培养具有创新精神的企业文化。电子商务时代，企业必须讲创新，鼓励创新，不畏风险，保护创新热情，充分发挥员工的创新精神。创新应该跳出原有的思维框框，考虑到团体、氛围等因素，找出企业文化的特点，最核心的是提出一个精神文化理念，与管理的其他方面相结合,强势推动,起到引导企业向前发展的作用。

提倡重视学习的企业文化。只有学习才能使企业组织不断更新知识,提高自身素质和能力。企业要"善于不断地学习",即强调终身学习、全员学习、全过程学习,企业组织不但重视个人学习和个人智力的开发,更强调组织成员的合作学习和群体智力的开发。

当今网络经济时代已到来,电子商务浪潮以巨大的力量改变着当今的人类社会。企业只有积极主动地迎接挑战,及时变革原有的管理思想和管理方式,才能适应新经济形势的发展要求。

第二节　旅游电子商务的管理方法和工具

电子商务的发展,导致了企业管理方式和管理工具的变化。指导企业进行流程重组方法和基于网络的管理工具的广泛使用,使旅游电子商务企业的管理与传统企业的管理方法产生了本质的不同。

一、业务流程重组

业务流程是把一个或多个输入转化为对顾客有价值的输出活动。它应该包括六个要素:输入资源、活动、活动的相互作用(结构)、输出结果、顾客、价值。如图 6-1 所示。

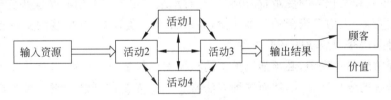

图 6-1　业务流程组成要素

业务流程重组(business process reengineering,BPR)是对企业的业务流程进行根本性的再思考和彻底性的再设计,从而获得在成本、质量、服务和速度等方面业绩的戏剧性的改善。

业务流程重组的出现,改变了传统的分工思想建立和管理企业的观念。BPR 强调以业务流程为改造对象和中心、以关心客户的需求和满意度为目标、对现有的业务流程进行根本的再思考和彻底的再设计,利用先进的制造技术、信息技术以及现代化的管理手段最大限度地实现技术上的功能集成和管理上的职能集成,以打破传统的职能型组织结构,建立全新的过程型组织结构,从而实现企业经营在成本、质量、服务和速度等方面的巨大改善。

要成功地实施业务流程重组,应遵循以下原则。

(一) 调整组织结构和重建组织文化

业务流程重组的重要任务之一是调整组织结构以适应组织的战略目标,这也是业务流程重组的重要原则。组织的战略目标包括企业在其使命描述的基础上制定完善远景规划。传统的管理和运作模式是在组织内部由一个特定的部门在一个特定的时间内完成一项任务,这种运作方式是劳动分工的产物,劳动分工使每一个部门有其特定的职能。

而业务流程重组打破了职能部门的界限,组织结构趋于扁平化,使得由不同部门相关人员组成的工作组来完成一个特定的任务或者某一工作步骤成为可能,组建团队的灵活性也大幅提高,以便更好地实现组织的远景规划和战略目标。这样企业可以通过重组在激烈的市场竞争中为顾客提供更好的服务并以此发展业务和拓展市场,将此发展成为企业的核心竞争优势。

任何组织的变革均需特定组织文化的支持。"组织文化是指组织成员的共同价值观体系,它使组织独具特色,区别于其他组织"。其实组织文化是一把"双刃剑",当组织面对稳定的环境时,行为的一致性对组织而言很有价值;如果组织共同的价值观与进一步提高的组织效率的要求不相符时,它就成了组织的束缚,这在组织环境处于动态变化的情况下,最有可能出现。当组织的环境正在经历变革时,根深蒂固的组织文化可能就不合时宜了。

(二) 组织高层的直接领导和员工的积极参与

高层管理者对企业重要资源(包括人、财、物等资源)的支配权决定了他们的参与深度和力度对 BPR 成败的重要性;企业主要业务流程的重组势必引起工作领域内相关流程、技术、工作角色和文化等的变革,高级管理层对重组坚定不移的信心是这些变革能够持续获得必要的资金、人力等资源的基本保障,高级管理层强有力的、持续的支持也是重组能够克服各种阻碍获得成功的必要条件。

在实施重组的过程中,必须强调员工的积极支持与参与。尽管 BPR 采用严格规范的方法进行系统的分析和设计,然而这种方法常常忽视人为的抵制因素。被重组部门的员工常常会设法阻止变革或尽力将原有设计改变为他们所能够接受的方案,从而导致重组的失败。为了获得员工对重组的支持就必须对症下药,了解员工反对重组的原因并找到相关的解决方法,使员工积极地参与和支持重组。

(三) 选择适当的重组环节

在一般情况下,企业有许多不同的业务部门,一次性重组所有业务会导致其超出企业的承受能力。所以,在实施 BPR 之前,要选择好重组的对象,即关键对象。应该选择那些可能获得阶段性收益或者是对实现企业战略目标有重要影响的关键流程作为重组对象,使企业尽早地看到成果,在企业中营造乐观、积极参与变革的氛围,减少员工的恐惧和抵制心理,以促进 BPR 在企业中的推广和日后在企业的进一步实施。

(四) 信息技术的运用

信息技术的巨大飞跃是业务流程重组的物质基础和促进条件。由于数据库、通信、网络技术的巨大成就,人们可以快速、方便、实时地共享信息,了解以往潜藏在企业各个文件柜中的数据,从而在物质上保证能够打破劳动分工,进行业务流程重组,创造更高的生产效率。重组活动要重视信息技术的力量,利用最新的信息技术来重塑具有竞争优势的新的业务流程。大多数传统方法在提高速度和增加准确性的过程中无法同时降低成本,然而,信息技术却因能够大大减少整个功能的环节或活动,往往可以取得惊人的效果。

随着电子商务的实施,企业提供服务的方法和方式也发生了改变。企业提供的各种服务比以前更快捷,对客户意见和需求的反应速度也大大提高。电子商务的信息公开服务功能利用高效可靠的企业门户网站,将企业信息快速、方便、廉价、准确地传给客户,减轻客户为此而付出的经济和时间负担。同时客户登录网站能够享受方便、快捷的信息服务,并通过这种方式实现双向的和直接的沟通与互动。以顾客为导向的服务电子化视顾客为企业最重要的财富,重视与顾客之间建立长期互动关系,以追求顾客满意为基本目标。

从一定意义上讲,电子商务就是要以信息技术的应用,推动企业创建、优化自身的流程。推行电子商务的过程,实际上就是企业梳理、优化流程的过程。企业流程再造的真正目的是适应电子商务的要求,充分利用和发挥电子商务的特点与优势,实现电子商务的效益,实现企业形态由管理型向管理服务型转变。

二、企业资源计划

企业资源计划是指建立在现代化信息技术基础上,对企业资源进行系统规划,从而达到企业内部资源的最佳组合,获取最佳效益的综合性管理平台,英文简称 ERP。

它包含三个层次的内容,首先是一种管理思想,其次是一种软件产品,最后是一种管理平台,如图 6-2 所示。

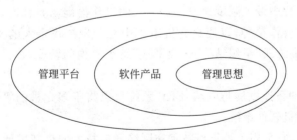

图 6-2　ERP 系统的三个层次

(一)ERP 系统的管理思想

ERP 系统作为一种管理思想体现在以下几个方面。

1. 体现对整个供应链资源进行管理的思想

在知识经济时代仅靠自己企业的资源不可能有效地参与市场竞争,还必须把经营过程中的有关各方如供应商、制造工厂、分销网络、客户等纳入一个紧密的供应链中,才能有效地安排企业的产、供、销活动,满足企业利用社会一切市场资源快速高效地进行生产经营的需求,以期进一步提高效率和在市场上获得竞争优势。现代企业竞争不是单一企业与单一企业间的竞争,而是一个企业供应链与另一个企业供应链之间的竞争。ERP 系统实现了对整个企业供应链的管理,适应了企业在知识经济时代市场竞争的需要。

2. 体现精益生产、同步工程和敏捷制造的思想

ERP 系统支持对混合型生产方式的管理,其管理思想表现在两个方面:其一是"精益生产"的思想,它是由美国麻省理工学院提出的一种企业经营战略体系。即企业按大批量生产方式组织生产时,把客户、销售代理商、供应商、协作单位纳入生产体系,企业同其销售代理、客户和供应商的关系,已不再是简单的业务往来关系,而是利益共享的合作伙伴关系,这种合作伙伴关系组成了一个企业的供应链,这即是精益生产的核心思想。其二是"敏捷制造"的思想。当市场发生变化,企业遇有特定的市场和产品需求时,企业的基本合作伙伴不一定能满足新产品开发生产的要求,这时,企业会组织一个由特定的供应商和销售渠道组成的短期或一次性供应链,形成"虚拟工厂",把供应和协作单位看成企业的一个组成部分,运用"同步工程",组织生产,用最短的时间将新产品打入市场,时刻保持产品的高质量、多样化和灵活性,这即是"敏捷制造"的核心思想。

3. 体现事先计划与事中控制的思想

ERP 系统中的计划体系主要包括:生产计划、物料需求计划、能力计划、采购计划、销售执行计划、利润计划、财务预算和人力资源计划等,而且这些计划功能与价值控制功能已完全集成到整个供应链系统中。比如,ERP 系统通过定义事务处理相关的会计核算科目与核算方式,以便在事务处理发生的同时自动生成会计核算分录,保证了资金流与物流的同步记录和数据的一致性。从而实现了根据财务资金现状,追溯资金的来龙去脉,并进一步追溯所发生的相关业务活动,改变了资金信息滞后于物料信息的状况,便于实现事中控制和实时做出决策。

计划、事务处理、控制与决策功能都在整个供应链的业务处理流程中实现,要求在每个流程业务处理过程中最大限度地发挥每个人的工作潜能与责任心,流程与流程之间则强调人与人之间的合作精神,以便在有机组织中充分发挥每个人的主观能动性与潜能。实现企业管理从"高耸式"组织结构向"扁平式"组织机构的转变,提高企业对市场动态变化的响应速度。

借助 IT 技术的飞速发展与应用,ERP 系统得以将很多先进的管理思想变成现实中可实施应用的计算机软件系统。

作为软件产品,它采用了计算机技术和网络通信技术的最新成就。ERP 系统除了已经普遍采用的诸如图形用户界面技术(GUI)、SQL 结构化查询语言、关系数据库管理系统(RDBMS)、面向对象技术(OOT)、第四代语言/计算机辅助软件工程、客户机/服务器和分布式数据处理系统等技术之外,还要实现更为开放的不同平台互操作,采用适用于网络技术的编程软件,加强了用户自定义的灵活性和可配置性功能,以适应不同行业用户的需要。网络通信技术的应用,使 ERP 系统得以实现供需链管理的信息集成。

（二）ERP 系统的管理平台

作为一个管理平台,ERP 系统是将企业所有资源进行整合集成管理,简单地说是将企业的三大流:物流、资金流、信息流进行全面一体化管理的管理信息系统。它的功能模块不同于以往的 MRP 或 MRPⅡ模块,它不仅可用于生产企业的管理,而且在许多其他

类型的企业如一些非生产或公益事业的企业也可导入 ERP 系统进行资源计划和管理。

ERP 系统将为企业提供更多的管理工具。随着企业需求的不断增加,ERP 自身的功能必然要进一步扩展,增加新的管理功能组件,如客户关系管理(CRM)、企业战略管理(ESM)、产品数据管理,等等。这些功能组件将有可能成为新一代 ERP 系统必备的功能。

ERP 系统最终将进一步向供应链管理延伸,形成 XRP(extended resource planning)。现有的 ERP 系统在供应链管理的功能上还远不能满足企业的需要,因此,面向供应链的管理软件 XRP 将成为 ERP 下一步发展的必然趋势。XRP 不再是一个简单的系统,而是与 ERP 类似的一系列模块的集成。目的是使企业提高服务质量,对市场进行快速反应,主动预测和激励客户,并根据市场信息随时制订计划,协调整个供应链的行动,获得竞争优势。

企业资源计划的管理一般包括以下五方面的内容。

生产控制(计划、制造)。

物流管理(分销、采购、库存管理)。

财务管理(会计核算、财务管理)。

人力资源管理(人力资源规划的辅助决策、招聘管理、工资核算、工时管理、差旅核算)。

知识管理(知识管理的基础设施、企业业务流程的流程、知识管理的方法、知识的获取和检索、知识的传递、知识的共享和评测)。

(三)电子商务与 ERP 系统整合的必要性

目前实施的电子商务都在借助于互联网完成,但如果没有 ERP 系统作为企业内部的支撑,很难想象电子商务通过互联网得到订单,这个订单仍需打印出来,转入人工的生产管理系统中实施,再在成员入库后输入互联网这样的业务处理流程。因此,ERP 系统是电子商务的一种支持,ERP 系统与电子商务整合是一种必然。

以速度和准确性为前提的电子商务给企业对市场的反应速度和企业与外部资源的协作能力提出更高的要求,企业内部和企业之间如果缺乏高效率的资源整合,那将无法快速对市场做出反应。而电子商务与 ERP 系统整合使企业管理模式从客户到供应商完全连通,企业内部流程与外部交易完全一体化。

电子商务的应用拓展了 ERP 系统的外延,使之从后台走向前台,从内部走向外部。ERP 系统将企业资源进行有效计划和控制,优化企业资源利用,对内部人流、物流、资金流、信息流实施网络化管理,为企业向外开展电子商务提供了物质基础。如果电子商务与 ERP 系统不进行整合,很难保证企业物流、资金流和信息流的有机统一,也很难保证数据的一致性、完整性和准确性。

ERP 系统从优化企业生产流程的角度来提高电子商务环境下的企业竞争力和利润,电子商务提供多种多样的数字终端进行在线交易,使整个供应链上数据流畅通,真正体现网络经济"客户为中心"和电子商务"端到端"实质的要求。

电子商务时代的开放式经营模式和全球经济一体化强调的是对全球供应链的管理和整合。这不仅要注重企业内部资源的管理,更要注重由供应商、企业自身和客户所组成的供、产、销链条上的物流、信息流和资金流的管理。因此,在电子商务时代,企业管理的核心应从以提高生产率、降低成本及提高产量为目标,转向以供应链管理为中心和以满足客户需求为目标。在这个阶段,需要进行企业业务流程重组以及融合内部应用软件,并实现国际互联网与企业内部网功能的交互。

(四)旅游电子商务中的企业资源计划

旅游电子商务的发展,对旅游电子商务企业提出了更高的要求,旅游企业只有推出更多更好的旅游产品与服务,才能满足旅游市场的需求。这就要求旅游企业加强内部管理,降低管理与服务成本、优化或改造管理电子商务的组织与流程以适应发展需要。

在旅游业中应用 ERP 系统,特别是大型的旅行机构,可使连锁店、相关的单位、同盟公司等更好地运转,降低成本,增加效率,更好地与竞争对手较量。ERP 系统的实施,可以让整个信息流动起来,并且最大范围地实现资源共享。同时可以加强企业对客户信息的收集与分析,通过对这些信息的整合,更好地了解客户的需求。此外,旅游企业利用信息化手段可以更好地整合自己的供应链,与上下游厂商实现更好的信息交互,比如和酒店、航空公司、旅游景点等。

对于旅游者来说,可以得到更多的服务,满足不同的需求。以前,大家不能随便组合,但既然大家是一个团,就得统一步调。而现在,随着信息技术在旅游业的应用越来越深入,旅游者都可以通过网络预订机票、查询相关资料,最终自行确定满意的旅游线路。随着技术的发展,将来甚至有可能通过网络提供"虚拟旅游",旅游者可以虚拟地感受一下自己定制的旅游路线。这样,旅游者就可以明明白白地消费了。

对于旅行社相关人员来说,不仅提高了他们的工作效率和业务操作水平。同时还可以通过 ERP 系统实现信息资源的一致性、共享性,充分有效地利用企业信息资源,提高对客户的反应能力。再有就是业务人员权责分明了,是谁的责任,通过系统就可以查得很清楚。

对于旅行社管理层来说,可以有效地管理、监督、控制企业经营活动,为公司提供决策支持,规避企业经营风险,从而为企业向标准化、专业化、规模化的经营目标服务发展。

ERP 系统的应用,还将有利于国内旅行社与国外旅行社合作,为自身的发展创造更多的机会。而对于国内旅行社本身来说,可以帮助其在管理方面消除存在的不规范行为,通过健全制度帮助企业杜绝内部的腐败现象。同时还可以防止旅行社资源的流失,加强对员工的控制,不会因员工的流动而失去相应的客户。

三、客户关系管理

(一)客户关系管理的定义与内涵

客户关系管理是指通过管理客户信息资源,提供客户满意的产品和服务,与客户建立长期、稳定、相互信任、互惠互利的密切关系的动态过程和经营策略。核心思想就是:客户是企业的一项重要资产,客户关怀是客户关系管理的中心,客户关怀的目的是与所选客户建立长期和有效的业务关系,在与客户的每一个"接触点"上都更加接近客户、了解客户,最大限度地增加利润和利润占有率。

客户关系管理有三层含义,具体解释如下。

(1)客户关系管理是一种管理理念,其核心思想是将企业的客户(包括最终客户、分销商和合作伙伴)作为最重要的企业资源,通过完善的客户服务和深入的客户分析来满足客户的需求,保证实现客户的终生价值。

现在是一个变革和创新的时代,比竞争对手领先一步,而且仅仅一步,就可能意味着成功。业务流程的重新设计为企业的管理创新提供了一个工具。在引入客户关系管理的理念和技术时,不可避免地要对企业原来的管理方式进行改变,创新的思想将有利于企业员工接受变革,而业务流程重组则提供了具体的思路和方法。

(2)客户关系管理又是一种旨在改善企业与客户之间关系的新型管理机制。它实施于企业的市场营销、销售、服务与技术支持等与客户相关的领域,通过向企业的销售、市场和客户服务的专业人员提供全面、个性化的客户资料,并强化跟踪服务、信息分析的能力,使他们能够协同建立和维护一系列与客户和生意伙伴之间卓有成效的"一对一关系",从而使企业得以提供更快捷和周到的优质服务,提高客户满意度,吸引和保持更多的客户,从而增加营业额;另外,通过信息共享和优化商业流程来有效地降低企业经营成本。

(3)客户关系管理也是一种管理技术。它将最佳的商业实践与数据挖掘、数据仓库、一对一营销、销售自动化以及其他信息技术紧密结合在一起,为企业的销售、客户服务和决策支持等领域提供了一个业务自动化的解决方案,使企业有了一个基于电子商务的面对客户的前沿,从而顺利实现由传统企业模式到以电子商务为基础的现代企业模式的转化,如图6-3所示。

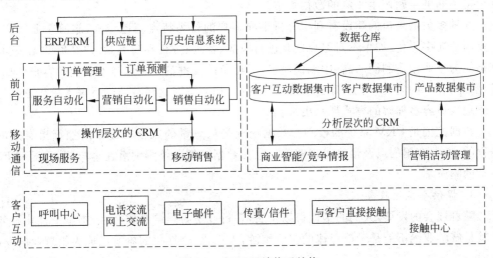

图 6-3 CRM 系统体系结构

客户关系管理并非等同于单纯的信息技术或管理技术,它更是一种企业商务战略。目的是使企业根据客户分段进行重组,强化使客户满意的行为并连接客户与供应商之间的过程,从而优化企业的可盈利性,提高利润并改善客户的满意程度。具体操作时,它将看待"客户"的视角从独立分散的各个部门提升到了企业,各个部门负责与客户的具体交互,但向客户负责的却是整个企业。以一个面孔面对客户是成功实施 CRM 的根本。为了实现 CRM，企业与客户连接的每一环节都应实现自动化管理。

（二）在旅游电子商务中应用客户关系管理的作用

1．整合旅游资源

众所周知旅游涉及食、住、行、游、购、娱六大方面，来源于不同国家不同旅游地区的供应商的信息数量巨大且更新速度快，基于"以网站为中心"的旅游电子商务信息单一，资源分散且缺乏与客户间的交流，不能提供个性化的人性服务，难以吸引游客驻足自己的站点。

而基于 CRM"以客户为中心"的旅游电子商务可以借助于网络技术的力量，收集最新的旅游讯息并以客户为中心对其进行有效的整合，为客户提供高效率的信息检索，并且客户可以通过同类信息的比较进行理性消费，在鼠标的一点一击中体验货比数家的在线旅游预订服务，从而吸引客户选择在线方式来购买旅游产品和预订旅游服务。

2．挖掘客户信息

基于客户关系管理的旅游电子商务企业将打破传统，以新的方式获取客户信息并建立起客户信息数据库。数据仓库和数据挖掘技术的应用给旅游电子商务 CRM 提供了技术上的支持。

数据仓库是企业 CRM 的中央存储系统。旅游电子商务企业在长期的运营过程中，积累了大量的数据。但这些分散在各个业务系统中的数据是面向业务的，不是面向决策的。因此，首先必须对这些分散的数据进行抽取、清洁、转换和加载，形成企业数据仓库，并根据不同的主题产生相应的数据集市。

这种多数据集市的建设有利于分析不同客户的行为特点。近年来，旅游企业客户需求逐渐趋向多元化，如果不对客户信息进行收集、整理、分析和归类，客户经理就无法知道谁是能为企业创造利润的高、中端优质客户，竞争的关键就在于怎样发现优质客户和如何避免优质客户的流失；其次，通过 OLAP、数据挖掘方法对这些数据进行深入分析，并以企业管理人员容易理解的方式展示出来。

数据挖掘是 CRM 系统的核心。数据挖掘是从海量的数据中提取或挖掘出有效的、新颖的、潜在有用的以及最终可理解的信息。数据挖掘能够辨别潜在客户群，并提高市场活动的响应率。

3．提供个性化服务

随着社会的发展，人们的个性得以发展，各行业纷纷强调尊重个性，提供个性化服务，尤其是旅游业绝不能是千篇一律的包价旅游，人性化、个性化的旅游已成为旅游业的发展方向。

旅游个性化定制使得消费者不再是被动的，而是要更多地参与旅游商品本身，拥有更多定制最符合自己需求的旅游消费的权力。个性化旅游定制网站也应运而生，从"以交易为中心"到"以服务为中心"，让每一位顾客都能通过网站获得满足个人需求的服务。

世界旅游理事会（WTTC）在其报告"未来旅游业发展：营造客户中心体系"中指出，"未来的旅游应向增强与客户的双向交流、改善信息服务、通过个性化服务增加附加值的方向发展。旅游电子商务技术将在这个过程中发挥作用"。

通过 CRM 系统中客户知识数据库中的客户知识可以为固定的客户提供一系列有效的个性服务，以优质的服务保持客户的持有率，而通过 CRM 系统的 BBS 平台"驴友"可以自由发挥，创造可行有趣的新活动，吸引新成员的加入，激发潜在客户的消费能力，是消费者产生购买动机和实施购买行为的关键因素，这项措施对发展新客户将有很大的帮助，拥有较高的新客户获取率。

4. 提升顾客忠诚

据发达国家的市场调查：争取一位新顾客所花的成本是保住一位老顾客所需花费的 6 倍；一个不满意的顾客会影响 25 个人的购买意愿；而一个满意的顾客会引发 8 笔潜在的生意，其中至少有一笔会成交。

美国哈佛商学院的一项研究报告显示：多次光顾的客户比初次登门者可为企业多带来 20%～35%的利润，固定客户数量每增加 5%，企业的利润则增加 25%。其次，客户忠诚度的提高，不仅可以使客户重复购买，而且可以产生口碑效应，吸引更多的消费者惠顾，使企业的业绩得以提升。企业 80%的销售业绩往往来自 20%的顾客，一个老客户比一个新客户可为企业多带来 20%～85%的利润。再次，客户忠诚度的提高，可以树立良好的企业形象，取得口碑传播的独特效果。在美国，银行新顾客中有 20%～40%是通过原有顾客推荐而赢得的。最后，提高客户忠诚度还可以降低顾客流失率。据研究表明，公司每减少 5%的客户流失率，所带来的利润将增长 25%～85%。

因此，从企业的盈利角度来考虑，旅游电子商务必须重视客户忠诚度的提高。而 CRM 正是提升客户忠诚度的法宝，CRM 的集成信息管理有助于为客户提供个性化服务，掌握客户的真正需求，让客户的每次在线购买旅游产品和预订旅游服务的体验都成为一次愉快的消费经验与感受。

第三节　ERP、CRM 产品介绍

一、智旅大中型旅行社 ERP 管理系统

(一)系统优势

1. 业务功能全面

全面涵盖了不同类型旅行社的业务应用，包括：单团报价、散团收客、地接订房订车、团队安排、派车排程、签证操作等业务功能，实现了全球范围内的无纸化办公，配备电子传真、电子邮件、短消息等电子商务协同工具，集成 Google 电子地图（行程图）、MSN 消息引擎、WAP、3G 等智能终端。

2. 集成管理思想

系统集成了先进的管理思想，从成本体系、成本核算、销售报价、地接采购、数据加工等多方面融入了最先进的 IT 思想，这些思想源于制造业 ERP（飞机制造）的准时制（JIT）理论、商业智能（BO）、决策支持（DSS）等先进的管理体系。

3. 优化业务流程

系统经过多家大社应用,具有学习功能和记忆功能,在不断配置和调整的过程中,产生了更优的操作流程,如行程制作时,会自动选择最优日行程,报价时会自动判断周末与展会,采购时会控制最低成交价以及最优供应商,可以不断地训练系统业务模型。

4. 统计信息全面

可以按领导、具体作业人及业务主管等多角度进行信息汇总查看;可以按团队、供应商进行费用统计;可以根据业务流、信息流、资金流进行分类的数据汇总;多种业务模式数据组合,生成智能模型的数据矩阵。

5. 权限控制严格

系统采用功能和页面数据的控制方式,严格地控制系统的业务数据,通过内置的引擎进行驱动作业,同时,可以很灵活地把权限粒度划分得更小,体现了控制的灵活性。

6. 集成常用软件

系统集成维护的 Word、Excel、Adobe 的 PDF、百度资源、Google 地图、MSN 接口以及 SP 短信接口和 FAX 接口,挂接了地接资源采集接口,可以方便地操作日常业务。

7. 部署方式灵活

根据业务需要,可以把系统安装在公司,进行服务器托管,也可以进行租用。系统可以部署在 unix/linux/centos/windows 等多种平台。

8. 平台高度安全

unix 内核的服务器健壮性远远高于微软的 Windows 平台,极大地降低了黑客工具、病毒侵扰、系统宕(停)机(unix 服务器自运行开始,几乎不用停机)等风险,同时系统通过 ssl 安全套接字协议以及密码加密等多重保护,为企业信息技术(IT)安全提供了高层次的保障。

(二)功能结构图

智旅大中型旅行社 ERP 管理系统功能结构,如图 6-4 所示。

(三)系统技术体系

作为一个综合的集成和应用平台,THFlat 与您现有的 IT 基础设施无缝地协同运作,以实现和管理变革。有了 THFlat,您可以灵活而迅速地设计、构建、实施和执行新的业务战略和流程。您还可以通过整合现有系统,保持持续发展的成本结构而推动整个企业的革新,如图 6-5 所示。

(四)主要的功能菜单

(1) 系统管理:系统配置管理,系统功能管理,公司管理,部门管理,系统用户管理,系统角色管理,系统菜单权限管理,系统页面控制权限,系统性能监控,系统帮助,应用图片设置。

(2) 自我管理:个人基本信息,用户密码修改,个人事件查看,便笺写作消息,内部通讯录。

(3) 散拼中心:计划制订,计划审批,计划发布,计划取消,散团收客,客户通知,询价下单,散拼团列表。

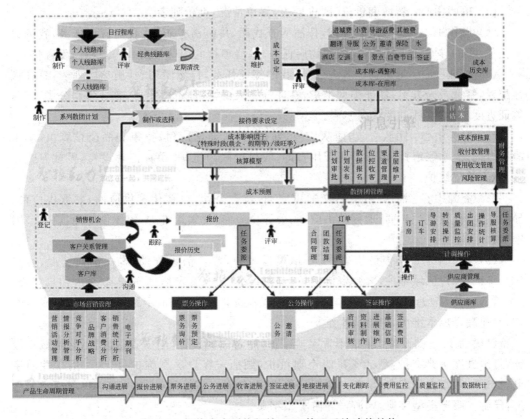

图 6-4　智旅大中型旅行社 ERP 管理系统功能结构

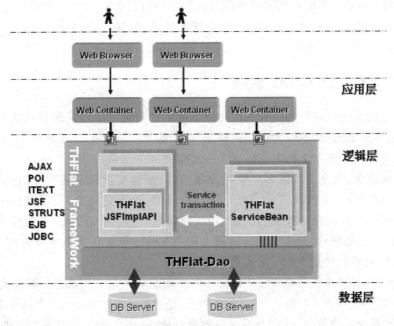

图 6-5　系统技术体系

（4）单团中心：新增询价，成团进展表，跟单情况，询价列表。

（5）操作中心：操作团队查询，按酒店查找团，传真清单查询，我的订房任务，我的订单任务，我的导游安排任务，我的购物店任务单，待审核的团队订房，订房统计，发送传真。

（6）签证中心：带做签证客人名单，我的签证任务，自然团列表，送签团列表，签证属性配置，签证录入方案，签证类型维护，签证分类人群，签证资料字典，签证资料分类，团队签证进度字典，签证进度状态字典。

（7）财务中心：团队应收，团队应付，新增应收，新增应付，待审和酒店核算单，刷卡酒店查询，流水账审核，审核酒店费用查询，收付款账户维护，币种汇率设置，付款方式设置，原始单据维护。

（8）资源中心：酒店供应商，交通供应商，航空公司，机票代理供应商，餐饮供应商，导游供应商，景点供应商，地接社供应商，公务供应商，使领馆维护，媒体供应商，自费节目维护。

（9）客户中心：销售负责客户，新增渠道客户，客户信息管理，客户沟通情况，客户VIP维护，客户区域维护，客户资信维护，客户星级维护，客户信息列表，联系人信息列表。

（10）成本管理：签证费成本维护，公务成本维护，邀请函成本维护，景点门票成本维护，专业翻译成本维护，保险成本维护。

（11）系统基础设置：报价不含字典维护，旅游国家设置，国内省份设置，旅游城市设置，订房进度字典维护，酒店—星级字典维护，酒店—客户房型维护，巴士—用车性质字典，交通—乘车类型字典，早餐—餐标字典维护，午餐—餐标字典维护，晚餐—餐标字典维护，导游—服务类型字典，导游—导游类型字典。

（12）推广中心：发邮件，邮件群发，短信群发。

（13）统计中心：单团报价成单率统计，区域—单团统计，客户—单团统计，年度客户排行，客户交易统计，客户基础统计，客户新增统计，区域—客户—单团统计，销售—客户—单团统计。

二、中服 SaaS CRM 系统

CRM 系统面向以客户为主旨的销售型企业，以"对客户一对一服务理论"为基础，改善了企业与客户之间的关系，为企业创建了"以产品为中心"到"以客户为中心"的经营模式，从而使企业在与客户交往中获得更多的利润。

CRM 的出现，改变了以往客户资料分散、客户管理复杂烦琐的状况，还让企业对客户数据、产品信息、员工数据实现了统一，而 CRM 和 SaaS 的结合，更是把这一信息手段推向了另一高度，云计算 CRM 应用在国内快速增长，国内外 CRM 服务提供商都设立了在线 CRM 产品，据统计，未来几年云计算 CRM 市场的年复合增长率将突破 60%，预计云计算 CRM 将取代传统 CRM 模式成为行业主流。

中服 SaaS CRM 系统能够实现差异化客户营销管理，对客户形态进行漏斗式全面分析，帮助企业快速拓展潜在客户群，它的最显著特点，是通过云端的海量数据帮助企业进行全方位销售跟踪，捕捉客户数据，并对数据进行效果分析，直接评估营销效果。因此，中服 SaaS CRM 系统带来的不仅仅是客户关系的管理，更是推动客户营销和数据库营销的策略。

此外,中服 SaaS CRM 系统拥有的独立数据库,有助于简化数据模型的扩展设计,满足不同租户的独特需求;另外,共享数据库,隔离数据架构,为安全性要求较高的租户提供了一定程度的逻辑数据隔离。这也消除了用户对租用数据的后顾之忧。

随着云计算概念的成熟,SaaS 已经成为一种新的趋势,而其中最为成功的就是CRM,中服软件依托其成熟的中间件技术,将 CRM 中的业务管理流程不断完善,以获得租户更大的 CRM 价值,帮助企业管理者运用最低的成本,通过在线 CRM 系统全面掌控销售,实现精细化的销售管理,赢得较高的利润。如图 6-6 所示。

图 6-6 中服客户关系管理系统

中服 SaaS CRM 系统功能如下。

(一)客户管理

客户信息管理:可录入客户完善的信息档案,包括客户资料、联系人、联系方式等客户基本信息,帮助销售人员记录客户,帮助公司积累客户。

客户分析:从不同纬度分析客户数据,为不同应用提供支持。

客户视图:通过客户统一视图 360 度展示销售机会、客户活跃度、客户分类等。

客户关怀:对客户进行回访,可记录和提醒回访时间。

客户信息维护:批量修改、批量授权、批量转移。

客户沟通:记录客户的拜访和跟进内容,可查看进度。

(二)销售管理

跟踪管理:包括销售人员对客户和机会的跟踪过程信息。

销售机会:用来记录和客户相关的销售机会信息。

详细需求：记录客户的详细需求，以便为客户提供完善的产品和服务。

解决方案：针对客户的需求，给出解决方案，并记录。

报价单：记录对客户或机会的报价历史。

合同管理：对销售合同的管理，包括合同交易状态，评审过程回款、变更、查询。

回款管理：回款计划、回款记录、回款提醒。

订单管理：客户在成交后产生的各项订单管理，包括订单内容、交易时间、客户信息、产品价格、业务需求等。

竞争对手管理：对客户或竞争对手记录与分析。

（三）产品及供应商管理

产品信息管理：有关产品的分类、产品详细信息的管理。

产品价格管理：不同时期产品公开价格及其各类折扣的管理与查询。

产品库存管理：仓库信息、库存产品、数量、进入库管理、库存台账。

供应商管理：对供应商信息进行管理和查看，包括供应商联系人信息、产品信息、资质信息、供货信息等。

（四）市场管理

市场规划与预算管理：年度市场规划与预算的填报、审批过程的管理。

计划管理：市场人员的月、周计划与总结管理。

市场活动管理：活动及费用的审批、活动安排、活动总结以及活动的后续工作管理。

礼品及印刷品管理：礼品及印刷品的采购制作和库存管理。

媒体管理：广告计划、审批、策划的管理。

（五）产品资料管理

对产品资料分类管理，包括产品手册、需求分析、宣传资料、ppt、方案、价格等资料的分类管理，以及权限管理。

（六）服务管理

常见问题管理：常见问题及答案的维护更新、查询、搜索。

在线及离线客服：在线客服工具、离线客户问题解答。

投诉管理：记录客户投诉，对投诉进行任务指派、处理、回访。

客户调查：支持各项调查报表的设计和结果统计。

提醒服务：根据客户信息，进行各项提醒服务，如节日问候、生日问候、产品到期、升级服务等。

（七）财务管理

回款管理：回款记录及各项统计分析。

开票管理：开票记录及各项统计。

毛利计算：根据产品成本和销售额，概算销售毛利。

营销成本计算：根据系统中记录的各项成本，进行营销成本的统计分析。

应收应付管理：根据合同和回款数据，查看不同分类的应收应付情况。

（八）销售团队管理

销售人员管理：对销售人员的基本信息以及销售任务、各类销售成本、销售技能等信息进行管理，生成销售人员个人或部门销售视图及销售漏斗。

销售提成管理：对提成制度及实际提成的记录和查询。

计划管理：销售人员的个人销售计划的编写及查询。

销售费用管理：销售费用的规定、申请、审批的过程管理。

销售任务管理：销售任务的下达、分解及查询。

日程管理：销售的日程安排工具。

销售排行榜：根据时间查询销售任务的完成情况排行。

（九）报表管理

CRM 系统从不同维度给出各类不同数据的查询、统计分析报表，以图形和表格的形式展现、导出、打印，辅助不同层次的人员决策。

本章小结

本章主要介绍了电子商务对企业管理的影响，业务流程重组、企业资源计划、客户关系管理等在电商环境下，经常用到的管理思想和管理工具。通过学习，要求掌握 ERP、CRM 的管理思想和管理工具的使用，掌握业务流程重组在企业再造中的作用。了解电子商务对企业管理和管理模式的影响。

本章习题

1. 简述企业管理的主要内容。
2. 简述电子商务对企业管理的影响。
3. 简述 ERP 三层模型的含义。
4. 简述 CRM 在旅游电子商务企业的应用。
5. 简述智旅大中型旅行社 ERP 管理系统的功能。

第七章

旅行社电子商务

【本章内容】

本章主要讲述旅行社实施电子商务的主要技术和应注意的基本问题。旅行社电子商务绝不是企业建设网站、搭建网络平台就能实施的。它需要企业从管理角度满足电子商务需求，并在此基础上建立起适应电子商务发展的信息平台和运行模式。最后对中青旅实施电子商务的案例进行了分析。

【本章重点】

旅行社业务流程重组、发展策略；
旅行社电子商务系统结构及发展模式。

引导案例

在移动互联网浪潮的冲击之下，传统行业面临发展瓶颈，旅游业亦是如此——旅行社传统的销售模式已经不能适应现代经济发展的需要，如何转变销售模式以适应"互联网＋"的时代大背景，成了许多传统旅行社的升级难题。

传统旅行社的销售渠道相对单一，一般以门店为主，由销售或计调专门负责。在线旅游业蓬勃发展的今天，这种销售模式的弊端显露无遗。

一方面，在单一的销售模式下，旅行社的获客渠道较少，如今游客已经习惯于直接通过网络方便快捷地预订五花八门的旅游产品，到旅行社门店购买产品的人群数量骤减，只靠门店销售无法创造大的业绩，加之门店租金以及人力成本的不断上升使得运营成本随之上涨，业绩少成本高的局面导致旅行社的盈利空间不断萎缩。

另一方面，传统旅行社僵化的操作方式导致业务效率低下，拥有丰富资源的从业人员无处发挥其过剩的产能，造成浪费。由此可见，与渠道多、流量大、营销强的在线旅游相比，传统旅行社的销售模式已经没有明显的竞争优势，亟待升级。

在"互联网＋"时代,传统行业转型升级的最好办法自然就是借助互联网工具,而欣欣旅游顾问就是"互联网＋"时代的产物,它是一个移动分销平台,融收客、采购、客户管理、多级分销、业务处理为一体,实现了供给端与需求端的完美对接,它的诞生很大程度上解决了传统旅行社的升级难题。

除了销售和计调之外,传统旅游行业还有众多拥有专业技能和丰富资源的从业人员,同样也可以在欣欣平台上成为一名旅游顾问,通过一对一的形式对游客进行销售和服务,这种"全员销售"的新模式不仅充分利用了旅行社每个人手头拥有的丰富资源,更能通过每个人的人脉关系挖掘到更多的游客,有利于销售业绩的增长。而且,与传统的销售模式相比,旅游顾问模式这种顾问与游客之间朋友式的情感营销更容易形成长期的合作,能为旅行社带来长久稳定的效益。

不难看出,旅游顾问模式对于传统旅行社的升级大有助益。一方面,整个销售流程在欣欣平台即可完成,旅游顾问只需通过网络操作,方便快捷,还可以移动办公,大大提高了业务效率;另一方面,该模式也拓宽了旅行社的销售渠道,不再局限于门店这一单一渠道,有利于吸引更多客源,节省运营成本的同时也增加了盈利空间。此外,欣欣旅游顾问还可以通过平台搭配各种旅游产品,以满足游客的个性化需求,这种差异化经营也顺应了如今旅游市场个性化和定制化的发展趋势。

行业的发展需要适应时代的背景和趋势,相信欣欣旅游顾问将是传统旅行社从单一线下销售模式到"线下＋线上"升级转变的一条捷径。

 引言

旅游业的生产和消费特点决定了旅游业最能体现电子信息网络的优越性,而旅行社是最适合开展电子商务的产业之一。旅行社电子商务就是把电子商务融合到传统的旅行社业务当中,实现产品的生产、销售、预订和结算电子化的过程。因此必须对旅行社传统的业务流程进行重组,以适应电子商务的需要。

第一节　电子商务对旅行社业务的影响

旅游业是高度依赖信息技术的产业,电子商务对于促进旅游产业链的整合具有重要意义。电子商务与旅行社业务的结合,代表着未来旅行社业发展的一个主要方向,它将极大地扩大旅游产品的消费需求,改变旅行社传统的运作方式,对旅行社的传统业务模式产生重大影响。

一、电子商务给旅行社行业带来的冲击

(一)旅行社在传统产业链中的核心地位

企业的活动在于为顾客创造价值,为企业创造利润。现代企业的竞争主要表现在顾

客价值链的创造上。企业一系列创造价值的活动便构成了价值链。

传统旅游供应链的模式通常如图 7-1 所示。

图 7-1　传统旅游供应链的模式

旅游产品供应商包括旅游产业的六个子行业：食、住、行、游、购、娱。

旅游产品批发商是指专门从事各种旅游产品的组合,通过零售商网络直接向公众推销的旅行社。它在旅游业内各企业之间担负着大量的组织协调工作,起到连接旅游业各个组成部分的纽带作用。通常,旅行社通过采购相关的服务项目形成满足旅游者多方需求的整体性组合服务产品,再把组合产品销售给顾客。

旅游产品零售商是指直接向消费者出售各种旅游线路、酒店、机票、火车票等旅游产品的旅行社、订房中心、票务中心。也可以是它们的下属机构。我国旅行社垂直分工不太清晰,很多旅行社集批发代理商、零售商和导游多种角色于一身。客源地旅游者处于旅游供应链的末端,他们作为旅游产品的接受者,对旅游供应链的构成具有重要作用。

由上可以看出,旅游业内的相关企业以旅行社为核心,联结成一个服务于旅游者的供应链。旅游业提供给顾客的旅游服务组合产品的整体性、协调性依赖于旅行社的组织协调能力。旅游业内部的这种运作模式,基本上伴随了旅游业从产生到发展至今的整个过程。这种模式也促使旅行社成为旅游业中必然的"支柱"和"龙头"。

在实际运作中,旅行社与旅游者面对面接触,及时了解和理解旅游者的需求,设计出适合旅游者的旅游组合产品,合理地安排旅游者的旅游活动顺序,并以此为依据,要求旅游业内的其他合作企业提供相应的旅游服务。

(二)电子商务对旅行社的影响

电子商务对旅行社的业务网络产生冲击,使旅行社向网络化发展。旅行社从根本上说,是一种中介机构。作为中间服务商,其主要职能就是提供咨询服务、票务处理、设计和推销旅游产品。但网络使旅行社原有的业务均可在网上进行,简单、方便且快捷。这样原有的业务网络会慢慢被互联网蚕食,最终旅行社的所有业务将全部在互联网上得以处理,形成网上业务网络。

电子商务对旅行社的产品造成冲击,要求旅行社对资源的配置、组合更合理。随着对个性化旅游的强烈渴望,人们不再满足于被动地接受旅行社提供的产品。而传统的旅行社不可能提供各种个性市场所需要的产品。而互联网则解决了这一问题,它不仅可以让旅游者根据自我需要设计路线,而且能将网上的自助线路变为现实。这对传统旅行社的产品无疑是一个巨大的冲击。

电子商务对旅行社传统销售渠道和手段造成冲击。旅行社最重要的职能就是代理职能:收集旅游企业产品信息向旅游者发布;旅游者通过旅行社向旅游企业购买所需的各种服务项目。然而电子商务和网络经济的出现,使旅游企业和旅游者可以在网上直接交流。旅行社传统的销售渠道和手段岌岌可危。

电子商务对旅行社的内部结构造成冲击。既然电子商务会给旅行社在销售渠道、业务网络上带来深刻而巨大的变革,那么原有的内部结构也已不适应新形势的要求。旅行社的内部结构也要与网络经济保持一致。

电子商务对旅行社成本价格造成冲击。由于旅游企业可以直接在网上与游客交流,旅行社代理票务的收入将会随着旅游预订系统(CRS)和银行付款系统(BSP)的完善和推广而下降。旅行社成本价格遭到冲击在所难免。

电子商务对旅行社存在价值造成冲击。电子商务最重要的影响之一,便是淘汰传统的中介人,而旅行社正是这样一种"中介人"。随着网络经济水平越来越高,旅游者对旅行社的依赖会越来越少,这是当今旅行社面临的最严峻挑战。

二、旅行社业务流程的重组

如何应对电子商务对旅行社业务带来的冲击,使之适应电子商务时代的需求呢?我们认为应使用企业流程再造的思想来变革旅行社的组织结构和运行模式。

(一)旅行社组织变革,从职能式到流程式组织

在我国,一个业务较为齐全的旅行社一般内设如下部门。

(1)市场部:进行市场营销,招徕客源。

(2)计划部:进行具体旅游项目及行、宿等日程的安排。

(3)外联部:与饭店、交通部门、参观游览和娱乐单位、保险公司等社会经济各方签订总的合作协议书及办理具体的预订业务和营业往来。

(4)接待部:按具体接待计划安排导游(全程陪同或地方陪同),帮助游客完成旅游活动。

(5)协调部:在社内保证 24 小时的联络畅通,随时将陪同人员在外碰到的问题和变故汇报给接待部经理,对电话内容做记录,并将接待部主管或其他负责人的处理意见和安排通知陪同人员。

(6)其他后勤部门:如人事部、财务部等。

这些部门的划分或部门的名称在各企业中不尽相同。不管如何具体划分,总的特点是组织结构为职能型,即执行同一职能的工作人员属于一个部门,向本部门主管负责和汇报,发生跨部门交涉时由部门主管处理。在这样的旅行社中,其业务工作主要体现在对旅游团(者)的接待工作和计调部的协调工作两方面。

在职能式的组织结构里,为同一个旅游团(者)服务的各个部门之间业务分工极其琐碎复杂,需要反复填写和审核各种合同副本、表格、单据等来进行信息沟通,这种信息传递方式烦琐、错误率较高。当由于某些原因发生变动或差错时,需要跨部门协商,并往往要由部门主管出面,交易成本极其庞大。尤其是当陪同人员遇到问题时,由于计调员不能及时掌握全部信息,而且也无权做出决定,要经过部门主管研究和处理,再反映处理意见,不仅工作效率低下,更为重要的是降低了顾客满意度。流程割裂严重,也使各职能部门之间

的矛盾和摩擦加大，增加了企业的管理费用。此外，机制不灵活、责任推诿、缺乏创新等也是这种组织方式的弊端。

（二）实施旅行社业务流程重组

根据企业流程再造的观点，可以利用信息技术，通过建立信息系统来彻底改变旅行社的接待业务流程和协调工作流程，以求旅行社工作的全新变化。外联部与外单位签订合作协议书及市场部与游客签约的同时，将资料输入数据库。计划部依据数据库的信息，制定日程表并输入数据库。

外联部根据数据库的资料与外单位办理订票、订房、订餐等业务，并将结果输入数据库。导游从数据库中获取旅游团（者）的详细资料，完成陪同业务。接待部主管收到导游交来的结算单，与数据库中的资料核对，若符合即验收。数据库收到签收信息后，即提醒财务人员付款。由于有电脑提示，单据填写的出错率较低。当由于某些原因出现变动或差错时，在电脑专家系统的协助下，业务员能直接与相关人员协商完成改动协调工作，而用不着汇报主管，再由主管跨部门去交涉。

计调部业务人员通过专家系统的协助，通过电话就能帮助在外陪同人员解决所遇问题。在将来条件允许的情况下，还可以让陪同人员与数据库直接相连，这无疑又进一步减少一个中间环节，提高工作效率。

总之，通过流程再造，旅行社的组织结构由职能式变成了流程式。原来各部门之间错综复杂的文件往来变为了与数据库的单点接触，信息传递的环节减少了，各环节间的协调、监督和控制成本降低了，顾客满意度也同时得到了提高。

另外，部门间的矛盾与摩擦得到了减缓，各部门更能有大量的时间和精力为提高旅行社的整体绩效而努力开拓本部门的业务。例如财务部门不用再埋头于各类合同、单据之中，审核由部门主管把关，他们可以更多地投入企业财务状况分析、融资或投资财务分析，以及客户信息审核等专业工作中去。市场营销人员也将因信息系统的支持，而能致力于客户关系管理工作，不断地为企业开拓市场，等等。再造后，旅行社拥有了工作根本改善的组织保证，如图 7-2 所示。

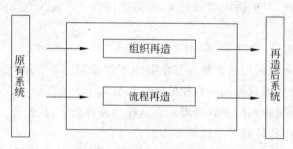

图 7-2　旅行社业务流程重组

三、电子商务时代旅行社的发展策略

面对当今国际竞争国内化、国内竞争国际化的新形势，作为中国旅游业核心的旅行社行业，需要尽快实现网络化、信息化，与电子商务紧密结合，才能在日趋激烈的旅游业竞争中处于优势地位,为此应做到以下几点。

(一)尽快实现旅行社从办公自动化到电子商务化的转变

旅行社的电子商务形态一般分为三种。

一是建立大型的网站为各地的旅行社提供服务。

二是旅行社和旅行社网站同时进行业务,即网上报名,网下操作。

三是将所有业务移植到网络上进行,即电子旅行社。

发达国家的旅行社,有40%~50%的业务是利用电子商务完成的。而我国的旅行社连最基本的网络化要求都还没有完全实现。

要实现旅行社的电子商务化,就必须在企业内部和企业之间尽快培育网络。美国经济学家麦卡菲于20世纪90年代初提出了著名的麦卡菲定律:"有多少台电脑互相联系,其带来的价值是其数量的平方。"由此可见网络对企业经济的巨大推动作用。

(二)完善旅行社网站职能,推出更加个性化的产品

法国德格利夫旅行社是一家没有门市,利用电子媒体开展业务的旅行社。创建7年来,从原本只有364个人的小社一跃成为全法知名度和营业额位居第二的旅行社。它们就是利用遍及各地的信息源收集信息,提供全球范围内的综合旅游产品。同时由于它们销售别家旅游企业在特定时间段内尚未销售出去的产品,因而产品价格一般会比普通的市场价格低,得到"减价先生"的雅号。

当前,中国的旅行社网站,基本是以发布本旅行社、本地区的旅游信息为主,附带有饭店预订、机票预订等业务。一些网站也有论坛、聊天室等供访客自由发挥的场所,但是距离人们个性化的旅游要求还相距甚远。应努力做到以下几点。

1. 完善虚拟兴趣社区,充分发挥垂直网络优势

虚拟兴趣社区是网站的招牌特色。它是网络互动性特点的集中体现。对于旅行社来说,网站中的兴趣社区是探究消费者心理,指导旅行社销售策略,调整旅行社产品的一个重要参考。因为兴趣社区是由有共同兴趣的人组成的虚拟社区,在无形中将消费者分类,可使产品的销售宣传更具有针对性。

旅行社在此基础上便能尽可能地满足各种个性市场的不同需要。而以往传统的旅行社宣传、调查手段对于消费者只能是单方面被动地接受旅行社的调查信息。一方面,旅行社无法真正掌握消费者的心理。另一方面,消费者也无法向旅行社传达自己个性化需求的产品模式。

2. 加强网站的建设和宣传,提供增值服务,打造网站品牌

网站是旅行社的门户,其建设和宣传是一项极其重要的工作。首先是信息需要及时更新和分类。信息是旅行社的生命线。旅行社网站所提供的信息要尽量满足访问者的要求,以激发访客的潜在消费欲。其次要建立搜索引擎。尽可能地与相关的旅游网站连接,使访客感受到一个全方位、立体化、多层次的旅游综合信息体,以满足不同访客的不同要求。最后是站点的设计要有个性,有特色。充分利用电脑技术给访客带来感官和心理的双重冲击。

网络的盈利方式一般有四种:推销自身产品,推销别人产品,广告业务和提供增值服

务。对于旅行社网站来说,前三种方式已经比较普遍。因而提供增值服务成为网络时代旅行社网站制胜的关键。旅行社网站的增值服务主要是指向网民推出各种各样的旅游服务项目,迎合人们的休闲娱乐口味,从而实现网站这种软性服务的无形资产增值的目的。与此同时,面对众多同类型的旅游网站,旅行社网站应加强宣传力度。

旅行社可以利用其他的宣传品,如在海报、印刷品等中印制网站网址;在电视、广播广告中宣传站点;在大型热门网站及旅游相关媒体上刊登自己的网站,甚至工作人员的名片上都印有网站网址,以提高访问率。

3. 推出能满足游客个性化需求的产品

旅行社与网络的结合,目的就是要推出能满足游客个性化需求的产品,以占领市场。这也是电子商务时代旅游市场对旅行社的要求。随着社会经济的不断发展,人们的经济水平和生活水平越来越高,人们对旅游的要求也不再满足于传统的团队旅游。越来越多的人拥有了自己的私家车,希望能根据自己的特殊兴趣和爱好,选择有针对性的旅游方式。

旅行社可以利用旅行社网站向旅游者提供各种分类超大量的旅游信息,并提供必要的组装指导服务,根据旅游者的愿望,将游程安排好。这样既满足了游客的个性化需要,又为游客节省了金钱和时间。自然能赢得游客的心。

(三)要以超常的营销手段和售后服务拉拢顾客,形成稳定的客户群

1. 突破传统的宣传营销方式,利用更有效的网上促销手段

传统的旅行社促销主要是靠印刷品广告和电视广告两种手段。这种方式只是旅行社站在自己的角度向人群进行单向的灌输,而且手法过于单调。所以,在营销手段的运用上,我们的旅行社应多向发达国家学习。

旅行社可以在自己的网站上建立虚拟社区,社区会员均可参加由网站设立的积分游戏,比如闯关问答,最终积分靠前者便可获得由旅行社送出的免费旅游的奖励。这样的促销方式无疑是一箭双雕,既宣传了旅行社,又宣传了旅行社网站,符合电子商务时代旅行社的营销要求。

2. 以良好的售后服务争取回头客

旅行社是一种服务行业。服务行业需要特别注重售后服务,这样才能以更完善的服务拉拢顾客。中国的旅行社很多,竞争也相当激烈。但是却很少有注重售后服务的。其实游客都有去自己熟悉的旅行社消费的愿望,但是这些旅行社抱着对游客爱来不来的态度,不仅失去了这批客人,而且失去了更大的潜在市场。

在这种情况下,旅行社应当高度重视售后服务。在客人结束游览活动之后,旅行社应当运用打电话、写信、发送电子邮件等方式问候客人并征询意见。对于在自己网站上注册的会员或有邮箱的顾客则需要利用计算机建立一个档案,定期向他们发出明信片、问候信,用网络加强与客户之间的联系。每隔一段时间可以举行顾客的网上抽奖活动,以他们的邮箱地址作为抽奖号码。网上售后服务即是利用网络向游客传达感情。这也是旅行社与电子商务结合的要求。

第二节 旅行社电子商务

旅行社电子商务是指一整套的、基于互联网技术的、有着规范的业务流程的、以旅游中介服务为基础的在线服务模式。这种服务模式的最大特点是在线、即时地为旅游者服务,在时间上体现出快捷和便利。旅行社应用电子商务,调整企业同消费者、企业同企业、企业内部关系,从而扩大销售、拓展市场,并实现内部电子化管理的全部商业经营过程。

它的五个基本特征如下。

(1) 旅行社电子商务(ETA)的主体或"载体"是旅行社或旅行中介服务机构。

(2) 旅行社电子商务(ETA)的核心是一系列规范的业务流程。

(3) 旅行社电子商务(ETA)的基础是互联网技术和万维网技术的应用。

(4) 旅行社电子商务(ETA)的创新竞争力在于在线旅行服务模式(OTS);这种服务模式的最大特点是在线、即时地为旅游者服务,在时空上体现出快捷和便利。

(5) 旅行社电子商务体系是一个人机结合的系统,涉及企业运作的各个层面(产品设计、市场营销、企业管理、客户管理、资源管理、供应链管理),绝对不只是一个纯粹的"机器人"计算机系统。所谓的"鼠标+水泥",或"传统业务+现代手段"只是一种通俗的说法而已。

从类别上看,旅行社电子商务既有 BtoB(网站对交通、住宿、景点等企业),也有 BtoC(网站对游客),及 CtoC(游客自行组团)等模式。

从应用层次来看,旅行社电子商务可分为两个层次,如图7-3所示。

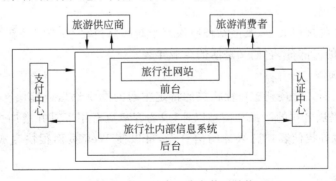

图 7-3 旅行社电子商务体系结构

(1) 面向市场,以交易活动为中心,并包括促成旅游交易实现的各种商业行为——网上发布旅游信息(包含网络旅游新闻媒体)、网上广告宣传、旅游市场调研和实现旅游交易的电子贸易活动;网上旅游洽谈、售前咨询、网上旅游交易、网上支付、售后服务等。

(2) 利用旅行社业务流程重组和内部网络平台建设而形成经营管理活动,实现旅游企业内部电子商务,包括旅游企业建设内部网络和数据库,利用计算机管理系统实现旅游企业内部管理信息化。可以预见的是,发展到成熟阶段的旅游电子商务,将是旅游企业/机构外部电子商务和内部电子商务的无缝连接,这将极大地提高旅游业的运作效率。在这方面,区别于传统意义的、连接内部数据库系统和业务流程的新型呼叫中心与B2C网站,是极好的运作示范典型。

一、旅游电子商务网站

互联网为旅游在线服务模式提供了强有力的网站和通信基础,因此旅行社可以在互联网上建立独立的网站,完成旅游线路的介绍、报价、网上预订、网上自助旅游等功能。同时可以随时回复游客的咨询,及时更新网站的内容,使游客了解到最新的旅游信息,并顺利在网上查询和购买。

(一)建立网站

旅行社网站的建立一般包括产品宣传、公司介绍、订房订票、网上预订及电子支付等功能,应由以下十部分组成。

1. 域名,即网址

原则上域名的选择是可以任意决定的,但是一个好的域名应具备以下特点:第一是与旅行社的名称一致,如中国旅行社的网址是 http://ctsho.com(China Travel Service Head Office);第二是尽量简短好记;第三是与旅行社广告语一致的中英文内容。

2. 主页

主页是展现旅行社企业形象的重要部分,也是给浏览者留下第一印象的关键页面,所以主页设计对整个网站来说非常重要。主页一般包括旅行社名称、标志、对网站内容进行有效导航的菜单和图标,标明最重要产品的最近内容以及客户与旅行社联系的电话和地址等。主页的制作应遵循快速、精简、吸引人、信息概括能力强、易于导航的原则。

3. 新闻稿档案

无论旅行社的规模大小,其网站都应该有个新闻稿档案,发布有关新产品和新项目的情况,作为档案的一部分,它们又是活的企业年表。

4. 参考页面

创建参考页面并链接到旅行社相关的特定主题的网络论坛或其他网络资源,这是使Web网站除了提供公司的产品和信息以外,成为客户更有用工具并增加页面访问率的最简单办法。通过寻找使客户感兴趣的信息点,可以使Web页面很快变成该主题的权威指南。

5. 产品页面

产品页面采用信息分层、页面逐层细化的方法展示旅行社的产品和服务。信息分层就是将其放在不同详细程度的页面上,从而允许用户能自上而下地找到最适合他们需要的信息层。也就是说,首先建立一个产品价格清单(第一层),该清单允许用户为每一项选择一个产品页面(第二层),这个页面又能引出载有详细信息的页面(第三层)。如果这些层不够,还可以继续分层,每个信息层都允许用户在它使用的信息深度范围内导航。

6. 雇员页面

雇员是旅行社最宝贵的资源和财富,网上旅行社通过创建雇员页面可以吸引潜在客户,同时也是使虚拟企业人性化的有效手段。客户希望把电子邮件发给一个真正有名字的人。

7. 客户支持页面

Internet 是一种理想的顾客服务工具,Web 网站尽其所能为客户提供服务和技术支持。由于理想的顾客服务能更好地满足客户的需求,因此这种投资必定会给旅行社带来很大的回报,在设计客户页面时,应尽可能地站在客户的角度,使用各种潜在的方法,向客户提供有用的信息,使他们对旅行社的服务和产品产生好感。

8. 市场调研页面

Web 即时互动的特性决定了它是一种强有力的市场调研工具。网上旅行社可以通过市场调研页面的制作,收集顾客对产品的定价、服务的满意度、建议等相关信息,由此建立起市场信息的数据库,作为营销决策的量化基础。

9. 旅行社信息页面

网上旅行社的特点之一是资信不易确定,这是网上购买者不轻易下订单的主要原因之一。因此旅行社应尽量提高资信的透明度,让访问者了解旅行社的营运状况。企业信息页面能达到这个目的,它主要包括公司的数据库、财务表格和投资者的关系等。

10. 添加广告

在 Web 网站中添加一些广告内容可以增加网站的吸引力,网上广告因为其高质量和免费的内容而在 Web 上广为使用。

(二)网站的营销功能

旅行社网络营销的产生,弥补了传统营销的不足,它将现代网络技术和传统营销活动结合起来,实现了"整合营销",对旅行社市场营销产生了巨大的影响。通过对众多旅行社网站的研究发现,无论网站规模多大,也不论具有哪些技术功能,网站的网络营销功能主要表现在以下几个方面。

1. 品牌形象

网站的形象代表着企业的网上品牌形象,尤其对于以开展网络经营为主要方式的旅行社,网站建设是否专业化对于建立品牌形象及产生用户信任具有至关重要的作用。

2. 信息发布

网站是一个信息载体,在法律许可的范围内,可以发布一切有利于企业形象、顾客服务以及促进销售的企业新闻、产品信息、合作信息等。因此,拥有一个网站就相当于拥有了一个强有力的宣传工具,这就是旅行社网站具有自主性的体现。

3. 产品展示

顾客访问网站的主要目的是对旅行社的产品和服务进行深入的了解,旅行社网站的主要价值也就在于能灵活地向用户展示产品的文字说明、图片甚至多媒体信息,这使得信息内容有较高的关注度,因此可以获得比一般印刷宣传资料更好的宣传效果。

4. 顾客关系

通过网络社区、有奖竞赛等方式吸引顾客参与,不仅可以起到产品宣传的目的,同时也有助于增进顾客关系,顾客忠诚度的提高将直接增加旅行社的销售量。

5．网上调查

市场调查是营销工作不可或缺的内容,旅行社网站为网上调查提供了方便而又廉价的途径,通过网站上的在线调查表,或者电子邮件、论坛、实时信息等方式征求顾客的意见等,可以获得有价值的反馈信息。

6．资源合作

资源合作是独具特色的网络营销手段,为了获得更好的网上推广效果,需要与供应商、经销商、客户网站以及其他内容、功能互补或者相关的企业建立资源合作关系,实现资源共享和利益共享的目的。如果没有旅行社网站,便失去了很多积累网络营销资源的机会,没有资源,合作就无从谈起。

二、旅行社内部信息系统

旅行社电子商务要有后台信息系统的支撑,电子商务不能脱离信息系统而存在,网站要做到实时交易,必须与旅行社后台的旅行社管理信息系统链接,否则信息会延误、失真,形成"死网"。

（一）旅行社信息系统功能

一般来说,旅行社管理信息系统应该具备处理旅行社日常业务和管理业务的所有功能,具体包括线路策划、计划调度、销售管理、采购管理、固定资产管理及财务管理。

1．线路策划管理功能

旅行社的线路策划管理功能主要包括线路资料维护和报团线路审核两个方面,维护线路资料包括具体资料维护、线路行程资料维护和报价维护三个主要方面。

2．计划调度功能

旅行社计划调度功能主要包括安排组织接团计划,打印各种计划表,并根据计划表形成团队的订餐、订房、订票表单,对用车情况进行调度,进行接团统计,为领导提供辅助决策。

3．销售管理功能

接待散客报名和团队收客,维护线路信息,包括线路基本信息、行程信息、线路报价、线路成本核算等,生成团计划,预排、发布团计划。

4．采购管理功能

旅行社的采购管理主要包括物资申购、物资采购和供应商管理三个部分。物资申购主要针对申购单进行审核、管理;物资采购主要根据申购单统计采购物资,制订采购计划,制作采购单。供应商管理主要管理供应商信息,建立供应商档案,管理供应商合同和应付款等并制作报表,提交给财务部。

5．固定资产管理功能

固定资产管理的主要功能是维护旅行社的固定资产信息,计算固定资产折旧,制作相关报表提交财务部。

6．财务管理功能

财务管理功能需要管理旅行社的账务,以及成本的核算。管理信息系统的支持使得旅行社能够方便地开展企业财务状况分析、融资或投资的财务分析及客户的信用审核等，借助于信息资源数据库强大的查询功能，管理层的决策有了更加科学的信息支持。

（二）内部信息系统框架

旅行社内部信息系统框架，如图 7-4 所示。

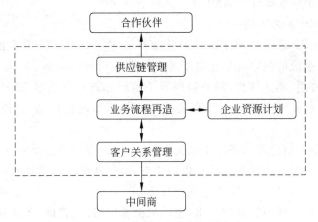

图 7-4　旅行社内部信息系统框架

（三）各组成部分的具体功能

1．旅行社供应链管理

旅行社无法独立向旅游者提供其所需要的产品和服务，只能将其上游企业的产品根据旅游者的要求进行不同组合后出售给旅游者。旅行社的供应链由旅行社协作企业（包括酒店、景点、交通运输公司、协作旅行社、保险公司、银行等）、旅行社、分销商和客户组成。旅行社进行供应链管理，是为了使消费者在恰当的时间与地点，以适当的价格享受各旅游企业提供的服务，同时各旅游企业亦能从所提供的服务中获取利润。旅行社供应链管理是旅行社电子商务的重要组成部分。

2．旅行社客户关系管理

客户关系管理是旅行社电子商务的又一重要组成部分。旅游者的主动性日益增强，他们主动通过各种可能的途径获取与旅游产品或服务有关的信息，并进行分析比较，因特网的发展更进一步强化了这种主动性。同时，随着现代社会发展和变化速度的加快，新生事物不断涌现，旅游者的消费心理稳定性减小，从而使旅游产品的生命周期不断缩短。

此外，在网络环境下，旅游者变得更为理性，他们可以不受地域或其他条件的限制，避免嘈杂的环境和各种影响与诱惑，理性地做出旅游决策。这一系列新特点使旅行社不得不采取新的应对措施，加强客户关系管理就是一个有效的途径。通过开展电子商务，在市场营销、销售、顾客服务等方面采用新的技术与方法更好地为顾客服务，与旅游者进行实时的互动交流，建立起稳定、良好的客户关系。

3．旅行社业务流程再造

建立了物理上的联系网络并不代表电子商务的全面展开。技术只是一种手段，电子商务的核心在于对企业内部管理、业务流程、组织结构等各方面的变革，使技术发挥出应有的作用。否则只有技术没有管理上的变化，二者相互割裂，会为企业造成很多问题。无论是供应链管理还是客户关系管理都离不开旅行社业务流程再造，只有通过再造，使供应链管理、客户、关系管理和技术成为一个有机的整体，才能发挥出电子商务的强大优势，因此在图 7-5 中"社业务流程再造"处于中心的位置。

4. 旅行社 ERP 系统实施

旅行社实施 ERP 系统是网络信息时代旅行社电子商务解决方案的成功应用之一。现代旅行社 ERP 系统的内容几乎涵盖了所有传统旅行社的业务，包括入境游、出境出国游、国内游、订房订票、团队结算、财务管理等子系统。旅行社通过 ERP 系统的各个子系统，全面收集与旅行社经营管理活动有关的企业外部和内部信息，并使企业外部信息内部化。

旅行社通过企业信息流将各个子系统连接起来，使得企业各个业务流程融会贯通，前台与后台业务相互关联，实现企业信息资源集成管理，从而保持信息的一致性、共享性，形成高效快捷的企业业务运作。完整的旅行社 ERP 系统不仅可以实现现代旅行社的所有功能，而且适应了旅行社的信息化要求，包括数据管理、报表管理、业务处理、统计查询、数据传输接口等。

三、旅行社电子商务的发展模式

（一）"水泥+鼠标"模式

"水泥＋鼠标"模式的主要方式是旅行社建设旅游网站，提供酒店预订、机票预订、"酒店＋机票"式的商务套餐和自由行服务以及签证服务、用车服务和量身定制旅游线路的服务等。同时，将网站视为企业的一个部门，从企业内部的整体运作考虑，其运营的目的就包括了企业及其产品进行网上推广和实现自身盈利两部分。

旅行社在网络上建设自己的品牌，同时，将其酒店预订、线路设计与预订、机票预订等业务搬到网上，吸引更多的旅游者。这样一部分旅游者在浏览了网站后，到相关企业购买旅游产品，网站的部分盈利转向了旅游部门；另一部分直接在网上预订和购买，形成网站的直接盈利。而旅游网站依托强大的旅游企业资源作为品牌支撑，企业规模优势、品牌知名度和美誉度以及顾客忠诚度都转化成了旅游网的品牌优势，同时也为网站节省了大量的线上及线下的营销支出。旅游网站依托企业实体，其酒店预订价、线路预订价基本上都可以拿到旅行社报价，因此在价格上比一般旅游网站略低一些。

这种模式的旅行社电子商务发展目标是建立高度信息化的在线旅行社。由于这种模式的网站建设及信息系统的建设成本较大，后期的维护成本也较大，适应于大型、中型旅行社，面向拼团散客、自助游散客和商旅客人提供旅游产品和服务。

（二）社区模式

旅行社网站通过开展一些具有特色主题的社区，吸引网上旅游爱好者，使得他们成为网站会员，让他们彼此有某种程度的认识，分享某种程度的知识与资讯，形成友人般彼此关怀的团体，也是网站的常用客户团体。这种模式我们称为旅行社电子商务发展的社区模式。社区模式的一个重要特征是拥有高忠诚度的良好的会员机制。

为了吸引会员加入,社区模式的发展应有四个阶段。

(1)吸引会员:网络营销,诱人的内容。

(2)增加参与:会员创作的内容,社论或出版内容,特别来宾。

(3)建立忠诚度:发展会员之间的关系、会员与主持人之间的关系,实现客制化的互动。

(4)获取价值:交易机会,目标性广告,优质服务的收费。

社区模式主要面对具有一定特定爱好的旅游者、自助游散客及城市休闲消费者、特色旅游爱好者,它提供稳定、专业的旅游者交流平台。这种模式下网站建设成本、维护成本较低,所以它较适合于小型旅行社,可以自建或委托建立网络社区,也可以是依托于著名的社区开设一个属于旅行社的版面。它提供了使用者彼此互动的环境,凭借参与者本身的高忠诚度,可以吸收参与者周围的人加入。旅游网站可以较容易地累积流量,亦可减少搜寻顾客的成本。

社区中会员对社区有认同感,认为在该社群中旅游购物会比在一般网络中旅游购物风险性要低。同时网站提供广泛的资讯与多样的选择,激发会员的消费欲望;网站为会员提供个人化的服务,可针对个人不同的需求,提供适合不同游客的特色服务。社区会员的入会费和网站提供服务收取的费用都是社区重要的盈利渠道。

这种模式的成长空间主要有两个方面:第一是将旅行社实体与旅游网站虚拟空间结合起来,拓展网上虚拟关系到实际中来,可以增加旅行社的交易机会。第二是会员及使用者留下的真实的基本资料,将是旅行社宝贵的资源,有助于旅行社开展旅游营销。

(三)政府主导模式

旅行社旅游目的地营销是对旅游目的地进行整体的、抽象的一种理性综合。向旅游客源市场宣传整个目的地形象。从2002年起开始实施的国家旅游信息化工程——"金旅工程"把建设"旅游目的地营销系统"作为电子商务的发展重点,计划将"旅游目的地营销系统"建设成为信息时代中国旅游目的地进行国内外宣传、促销和服务的重要手段。

MDS建设区域旅游电子商务,提高旅游企业的参与度,整合各方面的资源,扩大旅游电子商务的交易量,改善盈利模式。建设的思路是在信息集聚、市场集聚的基础上,整合区域网络资源,共建一个标准化的旅游电子商务平台,促进全行业旅游电子商务发展。

中小旅行社加入"旅游目的地营销系统"的电子商务平台,建立宣传窗口,为游客提供酒店、票务、线路、导游、车辆等网上交易;可以降低网络基础设施的投入成本,降低中小旅游企业信息化的困难。

DMS建设的旅游电子商厦,集聚了各种特色服务,产生了虚拟市场聚集优势。并且DMS以一种平等的、毫无偏阻的方式来代表目的地的所有旅游企业,并特别对支持当地的中小旅游企业负有责任。因此在DMS电子商务平台上中小旅行社可以获得与大型旅行社同等的机会。中小旅行社以低成本加入政府建设的电子商务平台,主要面向拼团散客、自助游散客和商旅客人,以旅游产品预订、交易收入作为其主要的盈利渠道。

DMS 在建立一个标准化的旅游电子商务平台,随着全国 MDS 的建立,旅游电子商务在区域、技术上的壁垒将会消失,加入平台的旅行社的市场空间将会进一步增大。

(四) 横向联盟模式

中小型旅游企业由于资金少、规模小、知名度不高等原因造成了资源短缺的劣势。为了增强自己的竞争实力,中小型旅游企业可以选择在保存核心能力的基础上与其他旅游企业建立战略联盟的策略,整合旅游资源。可以加入大型旅行社的电子商务平台,只需支付一定的费用,成本较小,可以充分应用平台的技术、市场优势,面向拼团散客、自助游散客和商旅客人、观光和度假游客开展自己的电子商务。

另外一种方式是众多中小型旅行社共建电子商务平台。由于平台网站和系统建设及维护成本由加盟企业共同分担,每个企业所负担的成本较小,并且互相之间可以整合市场、资源。共享旅游信息资源有利于各企业更有效地从整体上把握市场动态及其趋势,更全面地了解游客的个性需求,使旅游产品及服务更有针对性,更能符合游客需求。

共用客户关系管理系统的各个企业可以共享客户信息,从单个特定产品和整个组合旅游产品两个角度来分析与管理客户信息,有助于各企业在做好自己特色产品及服务的同时加强相互之间的协调与合作。共享人力培训资源和网络营销资源,统一进行人才培训、广告宣传和促销。

我们把上面两种中小旅行社开展电子商务的发展模式共同概括为横向联盟模式,这种模式下,因特网作为一种信息技术,完全可以从信息管理的各个方面把多个小企业武装成很有模样的“大企业”,利用网络虚拟化的特征,使小企业变大,使得中小企业不再受到经济规模大小的制约,随心所欲地进行信息的交流、管理与利用,这为中小型旅游企业提供了难得的发展机会。

(五) 买方主导市场模式

旅行社属于中介行业,需要整合上游吃、住、行、游、购、娱等各相关旅游企业的产品,才能为旅游者提供旅游产品。旅行社可以建立 B2B 电子商务平台,在这个平台旅行社本身是买家,而处于产业链上游的旅游饭店、旅游景区、旅游交通是卖家,其他一些欲与该旅行社有合作需求的旅行社也是卖家。它们有在该平台发布产品信息的内在驱动力,该旅行社可以与平台选择的企业进行合作,通过 B2B 平台整合自身的供应链。同时,随着平台上的企业越来越多,会产生集聚效应,平台上的企业可以互相交流信息、发生交易。平台可以收取旅游企业会员的年费来拓展盈利渠道。

旅行社需要在建设和维护 B2B 平台的基础上,加强电子商务的后台建设,建设完善旅行社管理信息系统,逐步安装企业资源规划系统、客户关系管理系统、供应链系统等,整合信息管理。并建设外联网,整合合作企业的信息。建设 B2B 平台需要企业有强大的实力、足够的资金、较大的规模。但从长远来看,建设 B2B 平台,开设买方主导市场,适合于大型旅行社。

第三节　旅行社电子商务案例
——中青旅官网唯一官方网站——遨游网

中国青年旅行社电子商务有限公司是由中青旅控股股份有限公司、约克投资有限公司和郭凯泰实业发展有限公司在京注册成立的高科技旅行社电子商务服务公司。1997年11月成为我国第一家在 A 股市场上市的旅行社。其主营业务范围为旅游产品供应，网络咨询服务，旅游、高科技、风险投资领域的投资企业商旅解决方案等各个方面。

公司建设运营的"中青旅网站"(http：//www.aoyou.com)，如图 7-5 所示，它以中青旅控股股份有限公司为依托，与电子商务平台融为一体，承继了原"青旅在线"和"遨游旅行网"的功能和特色，承载其丰富的产业资源和雄厚的资金支持，利用现代网络技术对传统资源进行重新整合，依托中青旅的综合资源优势和先进的 IT 技术，为用户提供更为丰富、全面、便捷和个性化的旅游度假产品、开拓商务旅行，酒店机票预订服务，主题旅游等个性化服务，以及更好的用户体验和丰富的旅游资讯，休闲度假，主题旅游等个性化服务领域。

图 7-5　中青旅网站

一、功能结构

（一）商务旅行

青旅在线为城市商旅人士定制的各种商务旅行服务套餐，涉及商务旅行各个层面，全力营造商旅新感受。青旅在线提供国内和世界主要城市的机票查询、预订，提供国内旅游城市和商务城市的酒店查询、预订,同时独具特色地推出"机票＋酒店"的组合产品,为商旅人士提供了更多的实惠和方便快捷的服务。

(二)国内旅游

青旅在线为游客提供了全方位的专业推荐与指导,全国各地的白山黑水、大漠日出、高原风光、民族民情、都市休闲、奇山异水、文物古迹等图片和文字资料在网站上应有尽有,让游客先在网上进行"预游"。

(三)出境旅游

东南亚的热带风情,欧洲的古典浪漫,美洲的科技文明,日韩的民族风光等,在网站上得到了充分的展示,为游客领略异域风情提供了丰富的素材。同时青旅在线提供了境外著名旅游景点的详细介绍和游记攻略,大大满足了游客的需求。中青旅为出境游的游客提供境外旅游的查询和预订服务,是中青旅网站的重要商务功能。

(四)自选旅游

越来越多的青年游客厌倦了半军事化的参团旅行,希望能自我安排旅游行程。青旅在线推出了百变国内自由行和百变国外自由行,用户可以在网上提出自己希望旅游的特殊需求,在网站上进行个性化定制,如定制机票和酒店等,最大限度地满足客户个性化需求。百变自由行是青旅在线最有特色的服务。

(五)资讯服务

为游客提供丰富的旅游资讯服务是旅游网站最基本的功能,青旅在线也不例外。青旅在线提供了国内重要商务城市各方面的商旅资讯,为游客与相关机构联络沟通、入住酒店、购物消遣、品尝美食、休闲娱乐提供了极大的方便。此外,网站还提供了国内和国外旅游城市各方面的旅行资讯,包括会展信息、主题旅游活动、旅游景点介绍等,帮助游客实现网上畅游。

(六)青旅社区

青旅社区是网站为游客提供的在线交流空间,在这里,富有经验的导游们讲述的旅行见闻、花絮趣事,给各位游客带来轻松和欢乐,各种游记攻略和景途知识,也可让游客增长见识。游客也可在这里发表旅游心得,介绍自己的旅游经验,分享自己旅途的趣闻,也可寻找游伴一起出游。青旅社区为更多的游客提供了有关旅游的宝贵财富。

二、青旅在线的商业模式

(一)战略目标

中青旅发展战略——以资本运营为核心,以高科技为动力,构建以旅游为支柱的控股型现代企业。中青旅上市 10 年来,秉承"发展决定一切"的价值取向,以不断创新的精神,坚持市场化改革,不断深化企业制度、管理机制和公司文化的全面创新,大力推进符合未来发展趋势的旅游主业运行模式的彻底变革。通过调整业务结构,创新经营模式,掌控相关资源,确立竞争优势,提升核心竞争能力,实现企业可持续发展。中青旅将通过市场细分,重塑业务流程,走专业化道路,推动旅游主业发展,成为国际化大型旅游运营商。

青旅在线把顺应社会变革和消费者需求的变化趋势,成为兼容并蓄,富于创新精神的国际顶级专业旅游服务供应商作为自己的目标,充分整合品牌(中青旅 10 多年缔造杰出品牌优势,雄居中国三大旅游团之列)、资本(首家 A 股上市旅行社,总资产 57.90 亿元,净资产 20.69 亿元)、客户(年接待游客 135 万人次,服务分销支持网络遍布全国,延伸全球,战略合作伙伴数量余万)以及产品(专业产品研发人员,有机组合国内外旅游资源,创造精致完美的旅游服务产品,积极挖掘市场空白,有效保证客户利益)等各方面的优势,立志成为中国旅行社发展旅游业电子商务的"领头羊"。

(二)目标客户

中青旅的客户主要集中在拼团散客、自助游散客和商旅客人。

青旅在线为喜爱自由、不愿受拘束的旅行者们提供了前所未有的广阔舞台和崭新的生活空间。网络会使得传统意义上的旅游概念发生改变,一种新型的以个体为中心的自助式旅游文化应运而生。

在过去,部分旅游者选择跟团出游是因为车票难买,交通、住宿等问题劳心费力及旅行社的低价。在线旅游网站的介入,将使旅游资源成为全球旅行者共享的对象。随着自助式旅游的发展和网络的发达,通过电子旅行社选择线路、预订机票和宾馆将成为国内游客畅游世界的首选方式。

(三)收入和利润来源

(1)组团利润,这是青旅在线最重要的盈利途径。

(2)酒店预订代理费,这是从顾客的订房费中获取的差价,一般从房费中预先扣除,或者是以酒店盈利返还的形式获取。

(3)机票预订代理费,这是从顾客的订票费中预先扣取的一个差价。

(4)"自由行"产品中的酒店与机票预订代理费。

(5)目的地营销组织或旅游企业的广告费。

(6)其他服务,如租车服务、签证服务、量身定制服务的服务费。

(四)核心能力

青旅在线是一种由下而上的发展:充分依托首家国内 A 股上市旅行社——中青旅控股股份有限公司,承载其丰富的产业资源和雄厚的资金支持,利用现代网络技术对传统资源进行重新整合,而后提供旅游相关产业服务的一个电子支持平台。从传统走向网络,而后形成结合体。携程网则是首先搭建了数字平台,从一个网络公司逐步整合传统资源,发展网下业务作为网上业务的相辅相成,从而完成了从网络走向传统,形成结合体的从上而下的发展模式。两者的殊途同归似乎已经不会被人看作万千企业发展中的巧合。

(五)竞争优势

1. 零距离的网络旅游服务供应商

青旅在线是商务、休闲、主题旅游的直接服务者,拥有独一无二的服务保障体系,免除了客户中间环节费用的支出和后顾之忧。

2. 一站式商旅解决方案供应商

青旅在线的业务涵盖酒店、线路、机票、商务、会议等全面旅游服务,客户多元服务需求,都可一站解决。

3. 网络时代旅行,商务新概念

旅行者依旧耳闻、目睹、足行天下,商务人士依旧来来往往,熙熙攘攘,但通过青旅在线获得旅行服务,旅行的内涵改变了许多,为客户带来的价值也增加了很多。

4. 注重点餐制,满足客户个性化需求

很多人已不太可能忍受参团旅游这种形式,大家需要更多的自由空间,需要找到一个能为他们提供轻松旅游条件的服务商,遨游网应运而生。传统的旅行社组团方式大都是"套餐制",而遨游网更注重"点餐制",推出"自由行"服务,让用户自由定制产品,这将给"遨游"带来更多的客户资源。

三、青旅在线的经营模式

中青旅一直在探索、营建先进科学的旅游业经营模式,走自己独具特色的发展之路。中青旅上市之初就提出了"以旅游为主业,高科技为次主业"的"双朝阳"发展思路。到1999年初确立"以资本运营为核心,旅游为基础,高科技为动力"的发展战略。

中青旅变中国入世及新经济浪潮的压力为动力,按照自己的既定目标找到了公司内部两大板块——旅游与高科技——的最佳契合点,引入国际风险投资,设立电子商务公司,创办了青旅在线综合性旅游网站,实现了对传统旅游业经营模式的突破,这种突破是传统旅游业与新经济的融合,是传统与现代的相互不从,而真正的电子商务应当是务实的,拥有坚强后盾的,它的发展应该是以传统产业资源为支点的。

(一)"鼠标＋水泥"模式

在改造传统旅游业的运作模式的同时,中青旅锐意打造新经济时代旅游业的运作模式,即旅游网站利用互联网平台,主要面向营销环节,提供方便快捷的旅游服务,而传统旅行社主要面向操作环节,进行市场调研,产品开发,提供接待保障。前台的旅游网站与后台的旅行社业务有机整合,相辅相成,相得益彰。这就是通俗的"鼠标＋水泥"模式。

(二)市场推广策略

在传统旅游企业信息化进程中,中青旅是少数较成功的企业。当时考虑到旅游业信息化基础较薄弱,中青旅成立了单独的旅游电子商务公司推出青旅在线。

网站是否能够达到预期的目标,除了严谨的网站规划、完善的网站建设以及高效的程序开发之外,还有赖于周密的网站推广计划的制订和实施。针对网站推广及网站性能优化,客户充分利用互联网优势,通过各种网站推广策略的组合,获取更多的商业机会。

中青旅把旅行社搬到寻常百姓家门口,采取了主动为客户提供服务的策略,它们不仅在网下采取主动出击的策略,在网上也采取相应的策略,由于青旅在线意识到消费者的个性化需求日益增长,所以对自己进行了两次升级,利用宏道产品突出个性化服务。

青旅在线所属的票务中心和饭店预订中心,统筹标准化程度较高的饭店预订、机票配送等业务。接着,青旅在线又结合自身优势和网络特点,独立开发出"机票＋饭店"、旅游自助行线路等适合网上销售的产品。这样一来,中青旅和青旅在线形成了相互供求关系:中青旅向青旅在线提供旅游线路产品,负责接待青旅在线的游客;中青旅的机票、饭店全部向青旅在线采购。

四、青旅在线的技术模式

青旅在线开通后,其自身的网站技术和内部管理也在不断提升。公司聘请惠普和宏道公司为新版青旅在线提供了业界领先的软、硬件基础架构,并对公司的项目管理、方案设计及实施后的支持与维护等,提供全方位的咨询服务。

五、青旅在线的管理模式

(一)管理体制变革

通过组建青旅在线,中青旅实现了企业内部管理体制的深刻变革。目前中青旅将原来的 16 家连锁店并入青旅在线,打破部门界限、整合营销体系,实现了前台服务和后台产品开发的分离,并通过前台与后台之间的相互制约与相互支持,提升了服务质量,提高产品开发效率,彻底改变了国内旅行社行业利润被小集体及个人层层瓜分的局面,使大量灰色收入通过"阳光通道"得以回流。

(二)员工管理制度

进一步健全制度,更重要的是对员工给予更大的关注,提高员工满意度,否则,就无法真正提升客户的满意度。企业需要回馈社会,但要优先回馈员工。公司决定对工资福利政策进行调整,不仅是对在职员工,也涉及退休、病休、内退的员工。尽管有些资深员工已经退出了工作岗位,但是公司仍然希望他们共享公司发展的成果,感受公司的关怀。

六、青旅在线的资本模式

中青旅上市三年半以来,经营规模、经营业绩始终保持着快速增长的态势,在资本市场上树立起"绩优、规范、高成长"的形象,2000 年被评为"中国最具发展潜力的上市公司50 强"。在国家旅游局颁布的"中国百强国际旅行社"排名中,中青旅连续三年名列第二。

旅游网站的资本模式大都体现了网络经济的聚集效应和收益递增的优势,即以丰富的信息和产品吸引消费者,同时又凭借规模经济、标准化和高销售量从合作伙伴处获得更优惠的价格。此外,我国旅游电子商务的交易方式具有明显的中国特色:酒店预订以电话预订、前台支付为主;机票预订以电话预订、上门收付为主;线路预订也以电话预订、网点支付为主。

青旅在线的优势资源是中青旅中国公民旅游总部、中青旅联盟企业、连锁门市等,其依托的中青旅中国公民旅游总部开展业务,销售其线路产品;与中青旅联盟企业、航空票务代理、目的地营销组织、目的地酒店及其他旅游企业合作,以强大的经营实力打造在线旅行社。可见,立足自身优势,发展独特的企业能力对旅游预订网站的成功也是十分重要的。

需要指出的是，目前我国消费者对于互联网电子商务的接受程度较低，使得旅游预订网站真正来自互联网的业务还很有限。中青旅电子商务有限公司 2003 年获得净利润132.1 万元，总资产利润率仅 0.9％。入境市场有了明显的增长，公司总部接待入境总人数与去年同期相比增加 20.41％；营业收入比去年同期增加 30.32％。其中，美加市场实现突破性增长，接待人数增加 115.5％，营业收入增加 153.14％。同时，欧洲市场、欧亚市场、亚太市场也出现了大幅度增长。

中国国际旅行社总社、北京神舟国际旅行社集团的管理者也坦言，其建设的预订网站主要起信息查询窗口的作用，业务流的获得还依赖传统的线下方式。在这种旅游预订网站和传统经营的组合模式中，可以说网站对企业整体盈利模式的贡献远远大于其自身的利润实现。

将传统和现代巧妙地契合在一起，各取所长，互为依托，青旅在线所走的路不仅代表着旅游电子商务的发展方向，而且也代表了整个互联网电子商务发展的方向，用传统销售网络的后台支持，建立实物与虚拟、创新与传统相结合的商务网站，是旅行社发展的大趋势。在这一根本性的转变过程中，坚实、庞大的资金支持是极其重要的。

中青旅控股公司通过发行上市股票筹措资金是可行的办法。在过去的一年中，中青旅股票的成功表现证明它可以发挥在传统旅游企业向复合型旅游企业转型这一过程中的决定性作用；同时也为旅行社业在网络时代如何发展自身规模并开拓新市场，转变"小乱差弱"的落后状况指出了一条可行途径，相信中青旅在未来发展空间更为广阔。

 **本章小结**

本章主要讲述旅行社实施电子商务的主要技术和应注意的基本问题。旅行社在实施电子商务时首先要对传统的业务流程进行重组，使企业的组织结构适应电子商务的发展。同时企业还要利用信息化技术，建立电子商务运行平台，确立企业的运营模式。要求读者熟练掌握旅行社业务流程重组、发展策略、旅行社电子商务系统结构及经营模式。掌握旅行社网站的组成要素，旅行社内部信息系统的构成要素和主要功能。了解中青旅发展电子商务的模式、特点和运营模式。

本章习题

1. 简述旅行社如何实施电子商务。
2. 简述旅行社电子商务的发展策略。
3. 旅行社电子商务的系统是什么？
4. 旅行社建立网站应具备什么构成要素？
5. 旅行社内部信息系统构成要素和主要功能是什么？
6. 简述中青旅电子商务的模式特点。

第八章

旅游中间商电子商务

【本章内容】

旅游电子商务的发展,导致了一类新型企业的诞生。它们改变了旅游市场的传统运行模式,以网络技术和信息技术为依托,创造了一种新的商务形式。本章将讲述这类企业如何在市场中产生、发展、壮大,同时通过研究这类企业的商务模式,揭示其价值创造的内在机制,并对相关企业成功经验进行分析。

【本章重点】

电子旅游中间商、电子旅游中间商的电子商务平台分类;

电子旅游中间商的商业模式;

典型企业电子商务的特点。

引导案例

人民网上海 2016 年 5 月 27 日电(记者沈文敏)2016"中国旅游业界奖"休闲类大奖近日发布,国内领先的在线旅行社携程旅游获得年度"最佳在线旅游网站",成为此奖项唯一胜出的在线旅游企业,凸显了携程在休闲度假领域的龙头地位。

"中国旅游业界奖"由《Travel Weekly China 旅讯》于 2002 年启动,2016 年为第 15 届,经过旅游者投票和专家专业评选,2016 年全球多家优秀的酒店、航空公司、邮轮、旅行社等获奖。携程 2016 年蝉联最佳网站奖项。

携程旅行网创立于 1999 年,总部设在中国上海,现有员工 30 000 余人,在北京、广州、深圳等国内 17 个城市设有分公司。作为目前中国最大的旅游集团,携程已于 2003 年在美国纳斯达克成功上市,还战略投资了去哪儿网、艺龙等企业。

除了机票、酒店预订,在旅游度假业务上,携程也是规模最大的专业零售与服务平台。公开数据显示,携程旅游度假业务 2014 年交易规模达 130

亿元,2015 年营收增速达到 50%～60%。业内人士分析,按照这一数据计算,全年的规模将达到 200 亿元的新纪录。这一规模不仅远超其他在线旅游公司,也已成为中国第一大旅行社。

劲旅咨询发布的《2015—2016 年中国在线旅行社市场研究报告》也显示,2015 年中国在线旅行社市场规模达 735.5 亿元,在线渗透率为 20.1%。前三名就占据了 50% 以上的份额,携程旅游以 25% 的份额蝉联中国在线休闲度假市场第一名。

 引言

电子商务的发展,使得旅游供应商能通过网络更便捷地与客源地的旅游者沟通,传统的旅游中间商的地位与作用受到了挑战,同时促成了一类新的企业的诞生,它们就是提高中介服务的电子旅游中间商。本章将对这类企业的特点及其从事的旅游电子商务经营等做全面、深入的探讨。

第一节　电子旅游中间商电子商务

一、旅游中间商的变化

（一）传统旅游中间商

从垂直分工体系的角度划分,旅游市场由旅游者、旅游中间商和旅游供应商三层结构组成。

旅游供应商指的是各种旅游服务和产品的提供商,包括旅游交通、旅游饭店、旅游餐饮部门、旅游景区景点、旅游购物商店、娱乐场所等。

旅游中间商则是在旅游供应商和旅游者之间起中介作用。它又分为旅游经营商（旅游批发商）和旅游代理商（旅游零售商）。

旅游者是构成旅游的主体,是旅游三大要素的基本要素,没有旅游者旅游就无法实现。

（二）电子商务旅游中间商

电子商务的发展造成了旅游中间商的变革。首先,传统的旅游中间商开始利用电子商务手段,在信息技术的支持下提高效率,拓展业务范围,获得了新的生命力。其次,信息技术的发展和应用使一些新型的电子旅游中间商应运而生。这些以信息服务为核心的电子旅游中间商一般提供以下服务。

1. 提供信息服务

信息服务包括基础性旅游信息,如目录服务、旅游产品列表等,以便于旅游者查询,提高了旅游信息的充分性和通达性。

2. 提供检索功能

检索功能帮助旅游者按地区查询旅游服务、旅游景点,按关键词查询旅游企业、旅游产品。

3. 提供咨询功能

咨询功能帮助游客进行行程规划并推荐旅游产品,提供公开的产品与服务比较。这些功能通常由数据库和应用系统的支持自动实现。

4. 提供促销功能

促销功能为旅游供应商提供网络广告服务,或将供应商产品信息输入电子杂志,向旅游者会员发送。

5. 提供信誉评估

由于上网的旅游企业、旅游产品非常繁多,消费者在网上选择产品时,面对从未接触过的旅游企业和产品,往往无所适从。电子旅游中间商设立评估服务,展示以往旅游者对旅游企业或产品的评价意见,供后来者参考,或公布权威部门或第三方的评估结果。

6. 提供虚拟交易市场

只要符合条件的产品都可以在虚拟市场内展示和销售,消费者可以在站内任意选择,进行预订。电子旅游中间商负责客户管理、预订管理和支付服务等,并收取一定的费用。

二、旅游中间商电子商务平台

此类网络平台使用,对传统旅游企业来讲可以不必自己建设网站,而通过此平台就能开展电子商务活动。同时还能与上下游企业进行合作,为游客提供全方位的服务。旅游电子商务平台按统一标准集合了旅游行业大量的信息资源,信息汇聚分类,能自动交流,大大提高了信息的使用价值。

同行业在同一个电子商务平台开展商务活动也会提高市场的商业效率,降低交易成本,使企业获得更大的收益。这类网络平台一般分为两类:一类为旅游中介服务提供商网站,另一类为垂直搜索网站。

(一) 旅游中介服务提供商网站

旅游中介服务提供商网站为旅游企业提供中介服务,它通过向客户提供服务而不通过向客户提供产品来盈利。例如,为企业提供电子商务代理、出租空间并帮助建立附加于电子商务平台的企业网页等,使旅游企业实现电子商务的成本大大降低。这种类型的网站主要有携程、艺龙、驴妈妈、信天游、台湾的易游网、欣欣旅游网等。

1. 携程旅行网

作为中国领先的在线旅行服务公司,成功整合了高科技产业与传统旅行业,向超过4 000万会员提供酒店预订、机票预订、旅游度假、商旅管理、特约商户等全方位旅行服务,被誉为互联网和传统旅游无缝结合的典范,其主要盈利来源于酒店与机票的销售佣金。

2. 同程网

经过数年旅游在线市场的成功运作,同程网已成为国内最大的旅游电子商务平台,也是目前中国唯一拥有 B2B 旅游企业间平台和 B2C 大众旅游平台的旅游电子商务网站。

同程网共有三个旅游电子商务平台:旅游企业间平台、旅游资讯平台以及预订平台。企业间平台作为中国最大的旅游 B2B 交易平台,搭建包括旅行社、酒店、景区、交通、票务等在内的旅游企业间的交流交易平台,被誉为"永不落幕的旅游交易会"。其盈利来源主要有会员加盟后出租网络空间的费用、网络广告等。

旅游资讯平台为旅游企业和旅游者提供服务,为中国最大的网上旅游超市,拥有 580 万注册会员,面向大众提供酒店、机票、景点门票、演出门票、租车、旅游度假等服务,并形成了以旅游攻略、点评、问答、博客为特色的旅游社区。其中全球热门目的地旅游攻略和旅游博客数量与质量名列全国第一,网站连续 3 年名列中国旅游资讯类网站第一名,被媒体一致认为是未来中国的"旅游沃尔玛"。其盈利来源有网络广告、出租网络空间的服务费、旅游交易费用等。

预订平台提供旅游一站式预订服务。包括全国 12 000 余家酒店预订,有保障的低价机票预订,3 000 余家景区门票预订,全国演出门票预订,100 多个城市租车预订,全球旅游度假预订。支持 24 小时电话预订和在线网上预订,网上预订更有"先行赔付"和"点评返奖金"等特色增值服务,被媒体评为"中国十大旅游预订网站"。其主要盈利来源有交易达成后的佣金以及网络广告。

(二)垂直搜索网站

垂直搜索引擎是针对某一个行业的专业搜索引擎,是搜索引擎的细分和延伸,是对网页库中的某类专门的信息进行一次整合,定向分字段抽取出需要的数据进行处理后再以某种形式返回给用户。垂直搜索是相对通用搜索引擎的信息量大、查询不准确、深度不够等推出的新的搜索引擎服务模式,通过针对某一特定领域、某一特定人群或某一特定需求提供的有一定价值的信息和相关服务。

其特点就是"专、精、深",且具有行业色彩,相比较通用搜索引擎的海量信息无序化,垂直搜索引擎则显得更加专注、具体和深入。

垂直搜索网站以提供搜索信息为主要服务内容,如去哪儿网、到到、酷讯等。目前,去哪儿网可以搜索超过 700 家机票和酒店供应商网站,向消费者提供包括实时价格和产品信息在内的搜索结果,实时搜索 12 000 条国内、国际航线,80 000 家酒店,20 000 条度假线路。以机票比价搜索起家的去哪儿网已涉足酒店领域。去哪儿的盈利模式主要是点击收费,即向用户提供酒店信息的搜索,当用户点击某一家酒店的链接时,该酒店向去哪儿支付一定费用。

(三)技术特色

在互联网发展初期,也就是 Web 1.0 时代,诞生了一批旅游网络企业,代表就是携程、艺龙、遨游网、芒果网等专业的在线旅游代理商网站,这些网站提供给用户的内容是网站编辑进行编辑处理过后的,用户阅读网站提供的内容,从网站到用户这个过程是单向行为。这种技术的缺陷是面对海量的信息,网站所提供的内容是有限的,而且网站无法把所有精力都花费在为旅游者编辑各种信息上。

在这种情况下一种新的网站建设指导思想出现了,这种思想主导以用户为中心,在功能设计中加入用户产生内容(UGC)板块,应用了像博客、标签、图片视频共享、比价搜索、社区搜索等技术。在这种思想主导下的互联网发展就进入了 Web 2.0 时代,也诞生了一批旅游企业,代表就是去哪儿旅游垂直搜索引擎、酷讯网、Trip Advisor 旅游者点评网站、绿人旅游攻略网站、驴友俱乐部等一系列以比价搜索、UGC 和社区为特色的网站。

经过了 Web 1.0 和 Web 2.0 时代,互联网继续发展,但是此时人们已经不再满足于使用个人电脑进行互联网的接入,因为它们笨重,携带不方便,无法满足人们随时随地上网的意愿,在这种情况下移动互联网就诞生了。在移动互联网下也产生了各种类型的移动旅游中介,如无线旅游代理商、移动旅游垂直搜索、移动旅游点评及攻略、移动旅游网络社区、移动网络交易平台等。

三、旅游中间商电子商务的发展

(一)成长维度

成长维度指旅游预订网站在从无到有、从小到大的生长、发展过程中那些对其具有基础性的支持或至关重要的影响因素。旅游预订网站要在新经济的竞争中脱颖而出,必须在其最初核心资源的基础上,在综合利用多元融资、资本运作、合作网络拓展、消费者群体培育、技术与服务创新、品牌建设六个方面实现发展,这六个方面表示了旅游预订网站的一般成长维度。

在网站的不同发展阶段,各个具体维度的重要性可能有主有次,但一个旅游预订网站的成长,从总体来说是这六个维度共同伸长的结果,任一维度如果长期处于欠缺状态,将产生"短边制约",影响网站的整体发展。

1. 多元融资和资本运作推动超常规增长

互联网企业在发展中,融资和资本运作推动的超常规增长是其典型特征。融资方面,风险投资、股权融资和上市融资是大型旅游预订网站的主要资金来源。2003 年以来,得益于互联网的复苏和盈利模式的逐渐清晰,旅游网站融资重新活跃,并显现出一些新趋势。

一是国外公司纷纷注资与中国主流旅游预订网站合作。

二是资本融合往往伴随着国内外同业的强强联合和业务网络的更深层次整合,增强了网络的国际化。例如 2004 年世界最大的在线旅游服务公司 IAC 注资 6 000 万美元与艺龙合作,携程不久前也得到了日本网络零售商乐天(Rakuten)1.09 亿美元的注资。美国的全球 500 强企业,全球排名第四的全方位服务旅游电子商务平台 CendantTDS 与中青旅电子商务有限公司成立合资公司等。

三是上市融资,继携程网在美国纳斯达克上市之后,艺龙也在将优质资产提炼、整合,以加快上市步伐。

资本运作方面,经过"互联网的寒冬"能够维持并继续发展下来的旅游预订网站,大都与传统企业实现了某种形式的整合,借助传统资源来支撑自身的网络业务。携程和艺龙通过收购传统的订房中心或旅行社企业实现业务的"落地"，只用了两三年就发展成为目前行业的领先者。同时，旅游网站在转型过程中，也常常通过资产剥离和分立来使品牌与核心业务纯粹化，使盈利模式更加清晰。

2. 上下游合作：拓展网络，构造范围经济

研究机构 Forrester Research 调查表明，可交易产品信息的"广度"和"精度"两个层面的搭配成为电子商务网站成功的第一大要素，这需要旅游预订网站强大的供应商网络来支撑。在供应商合作方面，旅游预订网站与旅游供应商逐一谈判的传统方式只是低效率的初级方式。

近一两年来新的趋势包括如下方面。

（1）整合被购并对象的供应商资源。

（2）随着我国出境旅游的迅速增长，旅游网站更加注重与国外大型旅游分销网站及CRS、GDS 等合作，实现全球范围内的资源合作与共享。

（3）借助技术实现旅游产品采购的自动化。目前旅游网站通过 CRS 客户终端预订机票已经非常普遍；在酒店预订方面，一些网站研发了酒店实时预订系统和房态管理系统，实现了与目的地酒店之间交易信息与预订信息的实时沟通。

分销渠道整合方面，旅游预订网站通常采取三方面的策略。

（1）与旅行社等传统资源整合，继承了传统企业原有的处于国内领先水平的分销渠道。

（2）建立在线分销联盟，借助合作网站的人流量扩大预订渠道。

（3）发展全国会员卡发行代理商。由此可见，一系列强有力的上下游合作网络建设，正使旅游预订网站确立起在旅游价值链中的地位，显现出强大的扩张力。

3. 消费者培育，网络社区渐受重视

稳定忠诚的客户群体是旅游预订网站的经营之本。我国不少大型旅游预订网站已开始重视培育自己的网络社区。通过提供网络论坛空间，鼓励网民交流信息、结伴同游、发表游记和组织俱乐部活动等，以凝聚在线人群。挖掘网络社区的商业价值，今后的趋势是针对社区人群的消费特征开发专项产品，推动高附加值业务的增长。

4. 技术与服务，构筑人性化服务空间

目前我国旅游预订网站对技术和服务的重视主要体现在建立内外部信息管理系统、建立实时预订系统、提供多渠道（电话、网络、短信息、代理店）服务、建立对客服务标准与服务程序，建立包括后台服务在内的完整的服务链等基础领域。许多网站建立了客户关系管理系统，但个性化产品开发和针对性营销尚显不足。

信息技术对旅游业的贡献是使得以规模经济的成本提供个性化产品成为可能，特殊服务的开发和超细分产品的提供将是增值服务的主要途径。我国旅游消费已逐渐步入成熟期，旅游者对品质、个性和体验的追求将越来越强烈。在这种条件下，旅游预订网站应当更注重客户关系管理，通过数据挖掘技术，了解和追踪顾客浏览行为、社区行为和历史购买行为，估测其品位和需求特征，从而开展细分到个人的差异化营销。通过一系列方法，网站可以找到促使消费者购买的关键因素，将浏览者变成预订者。同时，顾客信息也可以资本化，成为可售产品或企业资产。

从国际上看,新开发的信息通信技术在旅游行业的应用具有极大的潜力,这主要包括3D互动视觉、环境智能、地理信息系统、互动地图、人机互动、移动互联网、虚拟现实、3G移动技术,等等。而更重要的趋势是对旅游者的全方位关注。旅游网站针对用户的生活方式、文化、个人心理特征、旅游体验、消费者体验价值、度假决策、分销渠道选择等设计营销方式、电子服务内容并更合理进行定价将是未来的发展方向。2004年,国际旅游电子商务界的几次重要会议正反映出一个共识——旅游业即使是引入再高精尖的技术,其最终目标还是人本身,需要以人为本,必须关注人,关注文化。

(二)我国旅游电子商务发展对策

1. 建立支付平台,实现电子支付

国外电子商务发展迅速,与网络和信用卡的普及密不可分。网上交易必须通过信用卡或银行账户来完成,并且使用信用卡完成交易是网上支付手段的发展方向。在中国,如果不普及信用卡,电子支付方式不被社会广泛接受,那么电子商务的发展将面临重重障碍。因此,各大银行应抢占先机,尽快介入旅游电子商务,为旅游企业网络营销提供信用担保。企业也应当积极参与合作,借鉴和学习发达国家的成功经验,使电子支付变得更安全、快捷。

2. 加强网站建设和管理

网站好比虚拟的"橱窗",网站的内容就是"橱窗"所展示的商品。因此,网站提供的信息必须丰富多彩,及时更新,才能够吸引顾客。其次,网页设计要有特色,还要定期更新,不能一成不变。例如,青旅在线在建成的一年多时间里,页面曾多次更新,每一次都增加许多新的内容和板块,给人耳目一新的感觉。

除了及时更新信息,旅游网站还应建立在线旅游咨询和信息服务体系,根据客户的出游意向、个人兴趣、支付能力和时间等要求,及时生成不同的方案供客户选择。对客户提出的问题予以及时解答,充分体现人性化和情感化。

3. 建立盈利新模式

结合自身条件走符合自己的发展模式。针对不同规模不同特点的旅游网站,应有不同的选择。大型旅游网站由于规模大、知名度高、有庞大的用户群,网站介入电子商务比较方便,可立足旅游信息收集处理,向虚拟旅游交易市场转型,成为网上旅游中介商。小型旅游网站可凭特色服务吸引特定的用户群,或立足地方旅游信息资源的开发利用,成为地方性的旅游中介商,成为大型旅游网站的分站点、合作伙伴等,以便为消费者提供更周到的服务。

4. 向个性化的方向发展

旅游电子商务网站应像传统市场营销一样,做好旅游市场(旅游中间商和旅游者)调查,进行市场细分和目标市场选择。在这方面一些网站有成功策划与营运的先例,如"梦幻之旅""网络之旅度令营""南方快车驶进大西北"等特色旅游项目深受游客欢迎;潜力巨大的自助游,以自定行程、自助价格、网络导航、网际服务为特征,适应了人们个性化的要求。"白领畅想游""合家欢乐游""新婚度假游"等项目的潜在市场也很大。

第二节 商 业 模 式

一、商业模式

(一)商业模式的定义

商业模式是企业进行价值创造的内在机制,它基于一种体系结构来进行商业运作,其目的是通过给客户提供价值增加的产品而获取利润。

一个旅游网站的商业模式,具体来说,即旅游网站能为客户提供什么样的价值,为哪些客户提供价值,如何提供价值,如何为提供的价值定价,以及如何在提供价值的过程中保持竞争优势。

(二)电子旅游中间商商业模式的组成要素

1. 客户价值

商业模式中谁拥有的客户价值越多,谁的盈利能力就越强。客户价值是商业模式中最重要的核心内容。电子商务能使旅游业为客户提供哪些差别性的产品或服务,是旅游网站的商业模式最需要解决的问题。

艺龙旅行网市场副总裁王世忠指出"从营销成本上讲,寻找新客户的成本是最高的,而留住客户,不仅可以有效降低成本,更能为口碑营销带来机遇"。通过主动服务,将服务上升到关怀的高度,对改善用户的体验有显著的作用,这部分沉默用户,在问题得到解决后,忠诚度明显高于其他用户。

目前而言,旅游网站提供的产品和服务中,很多只是简单介绍旅游景点的知识和一些通俗的旅游路线,我国的旅游网站还没有真正地为各个消费层次的客户提供有价值有特色的产品和服务。服务内容雷同的旅游网站很容易就会被互相替代,失去竞争优势。

个性游及深度游将会在未来3~5年成为我国旅游者旅游的主导方式。随着国民收入的总体提高,会有越来越多的休闲散客成为在线旅游市场的主要收入来源。因此,旅游网站必须建立起以客户价值为本的经营理念,敏锐地细分市场,为不同层次的客户群提供他们所需要的价值。

2. 收入来源

盈利点是关系到旅游网站生存和发展的关键。要盈利,网站必须给旅游者提供比竞争者更好的服务或者更新的产品,赢得市场承认后,迅速增大销售额,才能获得收入。

目前,绝大多数商务网站尚未真正盈利。然而旅游网站由于经营特点,开始显示出蓬勃的生命力,部分旅游网站营业收入已开始高速增长,其收入主要有以下3个来源:第一网络广告。广告收入将会成为访问量大的信息商务网站的重要收入来源。这些广告不仅仅限于传统旅游行业,凡是跟旅游相关的,如旅游的户外用品、越野车,甚至矿泉水、DV、帐篷等都可以包括在内。第二网上交易收益。通过提供产品和服务实现收益。第三为旅游企业提供在线服务,收取服务费用。即帮助旅行社、酒店、航空公司建网站,通过互联网开展业务;国内有 6 000 多家旅行社,5 000 多家涉外饭店,7 000 多个景点,这将是一个非常广阔的市场。

3. 系统资源

企业资源系统的构建主要是为了传递企业的核心价值,为了使企业提供的产品和服务更好地推广出去,从资源系统中可以了解到企业是如何选择和整合资源(依靠企业自身还是通过合作伙伴),从而为用户传递价值主张或价值组合中的利益。

旅游网站要具有竞争优势须不断将提供的产品和服务的价值形成差别化,进而进行差别定价。像携程、艺龙这样的全国性旅游预订服务网站成功地运用 IT 技术,利用集中式 call center (呼叫中心)搭建起来的虚拟服务网络支撑遍及全国的预订服务体系,提供标准化程度很高的星级酒店预订、机票预订等服务。一些小型的在线旅游网站由于技术和资金的缺乏,很多高星级的酒店和航空公司并不愿意与之合作,因此大的旅游网站在定价方面具有一定竞争优势。

4. 商业范围

商业范围主要是明确网站所提供的产品与服务,明确网站的核心业务不仅能为企业带来价值,更重要的是能为目标客户带来价值。

旅游电子商务正在改变旅游业原有的产品和范围。大量事实表明,信息技术使传统上行业界限很明显的企业可以相互配合产生出衍生的商业价值。旅游网站的商业范围受其影响也在进一步扩大,旅游网站也可以通过收购与兼并等手段与之融合,使旅游网站在市场竞争中发展壮大,携程在这方面就是一个成功的典范。

二、去哪儿网的商业模式

去哪儿网站,如图 8-1 所示。

图 8-1 去哪儿网站

（一）客户价值

客户价值是企业商业模式成功的关键，它包括两个内容：①目标客户；②价值内容；企业确定目标客户后，要抓住目标客户最看重的要素来展示产品及服务，同时还要确定该产品与竞争对手的差异。企业还必须通过价值创新，对自身的核心能力和战略资源进行不断的维护强化和重新培育。

1. 目标客户

去哪儿网作为新一代的旅游网站，其客户群与网络关系密切。中国互联网信息中心统计截至 2015 年 12 月为有超过 6.88 亿网民用户，用户习惯风格多样，用户层次参差不齐。去哪儿网通过对互联网用户进行精确细分，得出如下结论。

（1）经常出行的商务人士，对于这类人群来讲，酒店和机票成为出行必不可少的。

（2）爱好旅游的人士，去哪儿网提供了团购游，价格优惠，路线多样，对于特别喜欢自助游的人群更有度假路线搜索，可以找到各种各样的玩法，应有尽有，满足各种旅游爱好。

（3）经济宽裕而又谨慎出游的白领或大学生，去哪儿网提供了各种省钱游，包括酒店也可以双向对比，确定最优惠的旅游方案。

2. 价值内容

去哪儿网主要为目标客户提供以下三方面的价值内容。

（1）机票销售。

去哪儿网通过强大的垂直搜索引擎平台，集成所有网络信息，帮消费者分析最丰富的产品和价格，为消费者提供最完善的信息比较。

通过与全国数百家出售机票的互联网运营商合作，去哪儿网可以搜索全球 379 家机票供应商，并将其纳入自己的供应商列表范围，使得每一个航班的机票都可以进行充分的比较与竞争，迫使运营商不得不降低价格参与到竞争中去。

同时，去哪儿网与每一家运营商都签订了合同，供应商必须遵守保护消费者利益的相应条款，有效地杜绝了欺诈消费者的行为，从而保障了消费者利益。在与去哪儿网签约的商户中除了 30% 来自航空公司，其余的机票代理商 100% 拥有中国航空运输协会颁发的证明，能有效地保证用户相关信息的安全。

（2）酒店预订。

酒店预订是商务人士和爱好旅游的人出行所必须考虑的问题。去哪儿网与分布在全国不同地区（从一线城市到各县市）的各种档次的酒店签订协议，并且能够以团购的形式供消费者选择，在酒店经营淡季的情况下，优惠幅度可以达到 6 折到 4 折，即使在经营旺季，酒店价格比平常高 2 倍或是更高的时候，消费者仍然可以享受到 8 折左右的优惠。

去哪儿网是中国最大的中文旅游点评平台，覆盖了 600 家酒店的点评，同时去哪儿网的系统中有 100 万条中文点评。除了有普通消费者点评，还有大量酒店专家，所以在酒店预订方面，去哪儿网为客户创造的最大价值在于：消费者能够以同等的消费金额享受到更高档的服务或者获得最全面的信息并且节约成本。

（3）签证。

对于要出国旅游的消费者来讲，办理签证是消费者最烦恼的问题，个人去办理由于流程和常见问题的不熟悉,往往心里没把握,经常花费了大量时间和精力之后,结果是无理由被拒签,交给代理机构和旅行社又容易被骗。去哪儿网通过与众多知名服务机构签订协议,并提供各种关于签证的专业链接,首先保障了消费者的权益,同时为消费者的签证办理过程节约了成本和时间,这正是消费者所期望的。

（二）收入来源

一个成功的商业模式必须是盈利的,除了有独特的价值定位,满足客户需求的产品,合理的资源系统,还要能够获得价值。去哪儿网把客户价值最大化作为服务的第一宗旨,盈利自然就成了其经营的必然结果。其收入来源主要有以下方面。

1. 广告

广告是去哪儿网的主要收入来源,目前在各产品与服务页面上提供的广告包括如下方面。

（1）首页广告：banner 广告,文字广告,适合品牌宣传或促销,图片广告按显示次数收费,文字广告按点击量收费。

（2）机票搜索结果页面广告：banner 广告、文字广告、图片广告三种形式,机票报价网站推广,适合可以提供实时价格信息的机票预订网站,按点击量收费。大多数航空公司为了节约成本,拓宽销售渠道,将部分机票出售给代理经营商,留一部分价格区间给代理商,由其自行调整出售,而一般代理商为了更好地完成业绩,往往会以低于航空公司机票市场价的价格出售。

（3）酒店页面广告：banner 广告和文字广告,适合酒店相关品牌宣传或促销推广,图片广告按显示次数收费,文字广告按点击量收费。

（4）酒店搜索结果页广告：banner 广告,文字广告,图片广告,首推酒店广告,具有针对性,订单转换率较高的图片广告。

2. 竞价排名服务

去哪儿网在搜索结果中提供排名服务,按照用户点击量收费。

3. 企业客户

为航空公司,酒店,签证服务代理机构,旅游景点,度假村等提供广告服务。

4. 开拓收费方式

去哪儿网开拓了新的收费方式：酒店预订电话费。当消费者搜索到"酒店直通车"业务的酒店页面时,可以通过去哪儿网站的 400 电话与酒店联系和预订。去哪儿网向酒店收取消费者与加盟酒店通话所产生的电话费用,按每分钟 2 元的标准收取。这样比其他旅游网站收取佣金的模式更为划算,去哪儿官网上提供了一个案例,某酒店直通车获得107 个用户电话,实际入住 76 个夜间,按每间房 260 元计算,共获得收入 19 760 元。如果按照 15% 的佣金来算,该酒店需向传统分销商支付 2 964 元费用,但 107 个电话费仅收428 元,为酒店节省了很多利润。所以此项业务不仅能让中小酒店获益,更能成为去哪儿网的重要收入来源。

（三）系统资源

1. 强大的数据库

强大的数据库包括机票、酒店等资源的数据库,能够为客户提供比价、资源条件、优惠信息等筛选服务,去哪儿网与超过 400 家的机票供应商和超过 1 500 家酒店的供应商建立了业务联系,由后者将其机票价格信息、房价与公司的数据库实时连接。

机票方面,去哪儿的搜索范围涵盖了中国国际航空公司、南方航空公司、芒果网、携程旅行网等各航空公司,各区域大型机票销售代理,消费者只要在网站上输入机票的需求信息,即会出现各航空公司及代理商的自低到高价格信息和特惠服务,使消费者对旅行产品进行轻松对比充分分析。

酒店方面,去哪儿网已经与希尔顿国际酒店集团、万豪酒店集团、上海锦江集团、法国雅高集团、速 8 中国酒店等众多国内外著名品牌达成战略合作伙伴关系,为消费者提供更为广泛的酒店选择和直接有效的获得渠道。

2. 超大规模实时数据搜索技术

去哪儿网的核心技术为超大规模实时数据搜索技术,其核心技术实现了 3~5 秒从数百个数据源获得大量数据,处理并展现给消费者最新的在线旅游产品数据,同时服务数十万查询而保证服务的速度和效果。因而数据搜索的时效性能够有效保证,而普通搜索引擎对数据的时效缺乏良好的更新能力。

3. 开发去哪儿网址导航首页

为了培养客户的忠诚度,进一步增加顾客黏度,去哪儿网开发了自己的导航首页,自从"好 123"被百度收购以后,网站导航首页的潜在市场被众多企业看好,各种各样的导航首页虽然相差不大,但是客户对自己忠诚的网站,往往依赖性比较大,这也是提高竞争力的一种手段。

4. 搜索引擎竞价排名

当用户搜索"机票,打折机票,旅游"等热门词汇时,能够快速直达去哪儿网。

5. 去哪儿网抢占无线互联网市场

根据最新数据调查显示,目前全球 3G 用户已超过 8.86 亿,随着 3G 网络的不断完善,手机上网资费的下调,以及用户随时随地上网需求的提升,未来的 3G 应用必然会与广大网民的生活结合得越来越紧密。而去哪儿网为顺应快速发展的网络,于 2010 年 9 月发布了一款无线旅游搜索软件——"旅行助手 2.0"升级版。

该软件已全面匹配诺基亚与三星基于塞班平台的智能手机,诺基亚及三星的手机用户可在去哪儿网手机平台 m.qunar.com 进行下载使用。此软件涵盖了机票搜索、酒店搜索、航班、状态、30 天机票价格趋势、低价机票、行程管理及"我的提醒"等功能模块,为商旅或出行人士打造一个贴心周到的旅行服务小帮手。

此举动为去哪儿网未来在线旅游市场的发展赢得先机。虽然目前利用手机预订度假产品的用户比例低于 2%,但是在用户需求提高的基础上,未来该比例提升的空间很大,发展前景良好。

6. 去哪儿网与腾讯 Web 的合作

2011 年 4 月,全球最大的中文在线旅游网去哪儿与目前最大的互联网综合服务提供商腾讯,在其 Web 开放平台上合作推出旅游搜索应用。用户在 WebQQ 主页上可以直接搜索机票、酒店等信息,也可以通过微博、QQ 空间等腾讯分享应用工具即时与好友分享自己的旅游动态。

作为第三方开发者,致力于整合旅游信息的去哪儿网此次与腾讯网合作推出旅游搜索应用,用户不用登录去哪儿网就可以直接在 Web 的主页上即时获取和搜索在线旅游资讯,包括机票搜索、机票工具箱、酒店搜索等内容;同时,通过 QQ 空间和微博即时与好友在线交流个人旅游动态,不仅获取旅游信息变得更加简单和方便,而且与好友的互动交流更有乐趣。

7. 去哪儿网联手开心网推出旅游搜索组件

2011 年 1 月,去哪儿网与国内知名社交网站开心网(kaixin001.com)合作推出旅游搜索组件。用户在个人开心主页上添加这一组件后,不仅可以直接搜索机票、酒店等信息,也可以即时与好友分享自己的旅游动态。当下,社交网站的发展壮大受到越来越广泛的关注。有数据显示,社交网站为旅游网站带来的流量比重正在不断上升。去哪儿网与开心网的合作,实现了社交网络与专业旅游的优势互补。

8. 去哪儿网与手机新浪网开展深度战略合作

去哪儿网机票搜索与手机新浪网(sina.cn)百事通进行机票数据无缝对接之后,开展无线领域更深度的战略合作。现在手机用户只要登录手机新浪网百事通点击酒店查询,就可以通过去哪儿网酒店搜索查询酒店,并可直接拨打 400 电话完成酒店预订。去哪儿网酒店查询还可向用户推荐特价酒店,并有丰富的用户酒店点评信息和酒店介绍、照片、地图,让用户更聪明地选择酒店。

(四)商业范围

业务范围分析过程包括:确定核心业务,根据目标客户决策过程对业务进行定位。

1. 核心业务

确定企业的价值主张以后,就要确定企业的核心业务,即企业能为客户提供的产品或服务,明确网站业务,不仅能为客户带来价值,还能为企业带来利润,去哪儿网能够于 5 年内在行业内产生如此大的影响力,除了精准的目标客户群定位和成功的市场策划外,其提供的核心产品也发挥了巨大的作用。

目前,去哪儿网提供的产品与服务都属于免费信息,也无须在其网站上注册就可以使用公司产品与服务。去哪儿网提供的产品包括如下方面。

(1)机票搜索频道。去哪儿网提供全面的国内和国际机票搜索功能,用户能够随时查询国内外各城市之间所有最新航线价格信息,并获得该机票在赠送保险、接送机等服务方面的参考内容。

随着人们生活水平的提高以及航空业近几年的快速发展,越来越多的人会选择飞机出行。去哪儿网为了能够快速、准确和真实地将航班的机票价格呈现给客户,与国内数百家互联网运营商签订协议,并且为客户提供多种选择,如果客户认为当天机票过于昂贵,网站还会以曲线的形式将半个月内的同程航班机票价格展现给客户,客户不需要重复搜索机票,就可以轻而易举地决定选择哪家公司购买机票。除此之外,运营商也可以参与到竞争中来,发挥自己的价格和渠道优势。

(2)酒店搜索频道。2010 年 3 月,去哪儿网发布了《2010 年第一季度中国酒店行业用户点评趋势报告》。去哪儿网结合 3 500 万庞大的旅游消费者的搜索数据行为经过大量分析、预测、对比，得出对用户各项关注点的趋势报告。去哪儿网的酒店搜索频道目前可实时搜索121个网站，594个城市，约40 000家各种星级与档次的酒店。也包括短期公寓、度假村、青年旅舍等信息，并提供9大类搜索条件（价格，星级，服务设施，品牌，地标，商圈，行政区，酒店特色，酒店名）、36种搜索要素以及8种排序方式供用户选择。

去哪儿网对各种出游情况进行数据分析，对其影响要素进行综合给客户提供意见，同时酒店也可以根据消费需求提高自己的服务水平。另外新推出的团购频道，也提供了全国各地的团购酒店价格，为客户提供了更大的优惠。无论是酒店经营淡旺季都为客户提供4～8折的优惠。去哪儿网拥有全球最大的酒店点评系统，为客户外出提供更便捷更快速的服务。

（3）度假搜索频道。能够快速搜索各类旅行社、在线供应商的旅游度假产品，范围包括海外度假、特价周边游、国内特价机票、国际特价机票、国内特价酒店等。对于没确定目的地的客户来说，去哪儿网提供了最好玩城市，路线推荐，并根据节假日情况提供主题游以供客户选择，而对于已确定目的地的客户来说，如何选择价格便宜、服务优质的旅行社成为客户最关心的问题，去哪儿网度假频道可以根据客户出行的地点提供自由行或跟团游等各种形式，并提供多种玩法，总有一种能打动客户的心，给了客户充分的选择，旅行社通过竞争，提高了服务质量并实现了市场资源的有效配置。

（4）签证搜索频道。一般情况下，任何签证都以各种各样千奇百怪的条款为特征，如果不是特别有经验的人，将会花费大量的时间跟精力，就算材料准备齐全，也有可能被无理由拒签，为了避免这些情况，客户会委托第三方来办理，然而市场上一些乱收费的代理机构比比皆是，如何找到一家诚信度高的第三方成为关键问题，去哪儿网与佰程旅游网合作，提供全球签证服务，根据用户需求搜索各种签证类型及价格信息，并将第三方的签证服务评论充分暴露在阳光下，只要发现有不良记录，便会影响公司信誉，所以与去哪儿网签订协议的第三方会努力提高业务质量，从而通过客户评论提高竞争力。

（5）火车票搜索频道。2010年3月，去哪儿网推出其第四大旅游搜索平台——火车票搜索频道。火车票并不是去哪儿网的主营业务，是作为网站的辅助功能定位的，供一些经济水平一般的游客查询使用，为了更大程度地方便旅客，去哪儿网首推机票与火车票比较搜索模式。网站在火车票搜索位置前，添加了"搜索匹配"的功能，机票与火车票的价格差异在同一平台中一览无余，甚至很多时候机票价格要低于火车票，此项功能的完善，大大满足了普通工薪阶层的出行需求。

（6）知道频道。"知道"的最先发起者并搞得有声有色的当属搜索引擎老大百度，百度知道题目范围广，问题种类多，并有专业的"知道"团队，所以投入市场不久，就受到了大量网民的喜爱，成为网民解决问题的第一选择，去哪儿网延用这一模式，不过其开发的"知道"是专为解决客户在日常旅游中遇到的问题而推出的，有票务交通、酒店住宿、旅游攻略、满足了人们出行的各种需求，增加了旅客的交流，提高了网站流量。

（7）博客频道。自从博客进入人们的视野就得了众多用户的迷恋并快速发展，2009年自新浪开通微博，至今品牌价值已飙升到7.5亿，去哪儿网开发的博客频道满足了游客分享旅游经历和心得的诉求，并增加了客户之间的互通性，有效地提高了点击率，也为其他游客提供了借鉴和参考，使客户对网站的品牌更加忠诚，有效地增强了客户黏度。

（8）"旅行"频道。2011年3月30日，去哪儿网低调上线了"旅行"频道，为用户提供旅行攻略、游记等相关信息搜索服务。此频道希望能帮助用户更快获得有用的旅游信息，成为最好的游记、攻略、旅游信息搜索平台。此外，该频道还整合了去哪儿网此前推出的行程管理功能，用户规划出行过程更加方便。去哪儿网通过语义搜索对全网内容进行分析，过滤旅游信息，并对优质信息进行排序，可大幅度减少用户查找时间。

（9）团购频道。2011 年 1 月，旅游搜索引擎去哪儿网推出团购频道，这是国内首个以旅游营销为主题的团购平台。去哪儿团主要提供优质酒店、度假村、酒店式公寓、经济型酒店、青年旅舍、特色客栈等团购项目。团购网自出现以来发展迅速，但如何从千团大战中脱颖而出，结合自身优势走垂直化路线成为去哪儿网的不二选择。

2. 业务定位

业务定位是指企业通过产品及服务，基于客户需求，将其独特的个性、理念塑造于消费者心中，并占据一定位置。

大部分旅游直销网站，包括淘宝、携程、腾讯财付通、12580，这些公司都在发展旅游电子商务，航空公司、汉庭、7 天等酒店都在开展直销模式而绕开代理环节，同程网搭建 B2C 及 C2C 模式，立足散客市场，淘宝则采用 C2C 模式补充传统模式，每一家企业都企图开疆拓土，然而所有的模式都是试图在"抢食携程"的桎梏中周旋，只有去哪儿绕道成功，去哪儿网集成了以上所有网站的网络信息，帮消费者分析最丰富的价格和产品在哪里，为消费者提供信息比较。其并不直接参与交易，而是用无形之手来推动所有行为照常运转。

去哪儿网的垂直搜索和通用搜索的区别在于：去哪儿网提供非常精准的产品信息，如果在百度和 Google 搜索，只能搜出大量机票网站，其中还包括大量交易风险。和在线旅游的区别是携程是以佣金为主，以代理费为主，所以携程要想获得高额利润，必须营销对它收益最大的产品，其网站上就不能包括所有产品，那些低价产品或是无法带来营销额的产品信息就搜索不到。

去哪儿网刚好相反，由于它是一个媒体平台，可以搜索到最全最丰富的产品，第一是覆盖面全，第二是价格最优，搜索全球 379 家机票供应商，找出最新价格，这里面包括国航自己的电子商务可能就有很多产品是最低价的，这些产品是在任何分销渠道都找不到的，你只有两个选择：去国航、南航一个一个查，而在去哪儿网上有所有直销产品，这个产品除了代理人的网站别的地方也拿不到，同样信息的来源只有去哪儿网最全面。

除了信息丰富，交易安全，去哪儿网还提供了旅行信息搜索频道，帮助完善游客出行计划，并提供了分享平台供游客交流分享出游心得。

第三节　案例：电子旅游中间商企业

一、携程旅行网

（一）关于携程网简介

公司创立于 1999 年，总部设在中国上海。携程旅行网向超过 5 000 万注册会员提供包括酒店预订、机票预订、度假预订、商旅管理、高铁票代购以及旅游资讯在内的全方位旅行服务。目前,携程旅行网拥有国内外 5 000 余家会员酒店可供预订,是中国领先的酒店预订服务中心,每月酒店预订量达到 50 余万间/夜。携程网站,如图 8-2 所示。

图 8-2　携程网站

在机票预订方面,携程旅行网是中国领先的机票预订服务平台,覆盖国内外所有航线,并在 45 个大中城市提供免费送机票服务,每月出票量 40 余万张。凭借稳定的业务发展和优异的盈利能力,携程旅行网于 2003 年 12 月在美国纳斯达克成功上市。

(二)携程的服务

携程为客户提供全方位的商务及休闲旅行服务,包括酒店预订、机票预订、度假预订、商旅管理、特惠商户和旅游资讯。

1.酒店预订

酒店预订是携程的四大业务之首,也是携程运作和发展的基础。目前携程的合作酒店已超过 5 000 家,遍布全球 34 个国家和地区的 350 多个城市。同时携程在国内的 55 个城市中的 1 000 多家酒店每天有大量的保留房,可为携程会员提供即时的预订服务。携程可为会员提供酒店门市价 2~7 折的优惠价格。携程每月的酒店预订量在同类企业中表现突出,达到总量的 50%以上。

2.机票预订

机票预订是携程四大业务中迅速发展起来的业务。目前携程已和国内外各大航空公司合作,覆盖国内外绝大多数航线。会员可在携程网站上查询丰富实时的机票资讯,包括国际机票信息。携程拥有行业内规模领先的统一的机票预订系统,可以做到订票点和送票点的不同。有别于其他订票机构,携程的国际机票可以实现"异地出发,本地订票、取票",极大地方便了会员。

同时,携程还在全国 45 个主要商旅城市与资源供应商一起提供市内免费送(机)票上门的服务,开创了机票预订服务的先河。携程还开通了各大航空公司(国航、东航、南航、上航、海航)电子客票产品,客人可在航空公司支持电子客票的城市用信用卡支付方式购买电子客票,无须等待送票,直接至机场办理登机,出行更便捷。

3. 度假预订

度假预订是携程四大业务中新的亮点。目前,携程的"度假产品超市"拥有多达近千条度假线路,涉及海内外 200 余个热门度假目的地,是中国大陆丰富权威的休闲度假产品大全。充足的 3 星级至 5 星级众多房型资源与灵活的航班、火车、轮船、专线巴士与自驾车等交通工具的搭配可以充分满足会员需求。目前携程在国内的度假出发城市已发展到12 个,分别是上海、北京、广州、深圳、杭州、成都、青岛、济南等,是国内领先的度假旅行服务网络。

4. 商旅管理

商旅管理是携程新近推出的一项业务,面向国内外各大企业与集团公司,以提升企业整体商旅管理水平与资源整合能力为服务宗旨,携程依托遍及全国范围的行业资源网络,以及与酒店、航空公司、旅行社等各大供应商建立长期良好稳定的合作关系,为公司客户全力提供商旅资源的选择、整合与优化,目前已有可口可乐、松下电器、平安保险、宝钢、UT 斯达康及施奈德电气等多家国内外知名企业签订了商旅管理协议。

5. 特惠商户

特惠商户是携程给予 VIP 会员的增值服务。目前携程的特惠商户遍布全国 15 个知名旅游城市近 3 000 家商户,遍布城市广泛,商户类型覆盖各地特色餐饮、酒吧、娱乐、健身、购物、生活等方方面面。携程的 VIP 会员可在这些特惠商户处享受到最低 6 折的消费优惠。

6. 旅游资讯

旅游资讯是携程为会员提供的附加服务。

(1) 目前携程网站可查询国内外 5 000 多家酒店的详细内容。

(2) 目的地指南涵盖全球近 400 个景区、6 000 多个景点的交通、餐饮、住宿、购物、娱乐、出游佳季、推荐线路、注意事项等实用信息,提供出行情报、火车查询、热点推荐、域外采风、自驾线路等资讯信息,是旅游者出行前必备的"电子导游"。

(3) 携程网络社区拥有 5 万多篇网友游记,20 多万张网友发的旅游图片,此外还拥有大量的全新的自助线路攻略可供查询。结伴同游、有问必答、七嘴八舌等交互性栏目,帮用户解决旅途问题。

(4) 携程还推出新版旅游丛书《携程走中国》以及旅游类杂志《携程自由行》。《携程走中国》首批丛书共有六分册(云南、贵州、海南、四川、广西、浙江),均为大 32 开四色印刷,累计文字近 90 万,照片 800 多张,地图 150 余幅。它完全站在"驴友"的角度,细细梳理国内这六大旅游热点省份,覆盖了几乎所有经典的景点,以及当下备受自由行驴友推崇的新兴旅游景点,给读者提供了丰富实用的旅游资讯。

《携程自由行》是大型旅游月刊,16 开 128 页,总计发行量 15 万册。它荟萃了实力派记者、国内外网友与编辑精心撰写的稿件,以大中城市高端消费群为目标读者,通过大量的旅游资讯、精美的文字信息、多角度的感官体验，为读者提供周到体贴的出行服务，打造独具个性的旅游方案。

（三）盈利模式

作为中国领先的在线旅行服务公司，携程旅行网成功整合了高科技产业与传统旅行业，向超过 4 000 万会员提供包括酒店预订、机票预订、度假预订、商旅管理、特惠商户及旅游资讯在内的全方位旅行服务，被誉为互联网和传统旅游无缝结合的典范。

携程的收入主要来自以下几个方面：酒店预订代理费、机票预订代理费、线路预订代理费、保险代理费、商旅管理及自助游中的酒店、机票、租车预订等代理费用、会员收入、广告收入，如图 8-3 所示。

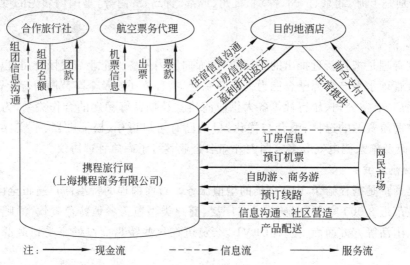

图 8-3　携程盈利模式

在与其他旅行社合作的情况下，携程也推出了一些组团线路，不过大多是出境游，而且数量有限。此外，携程还建立了目的地指南频道和社区频道，有效的信息沟通和良好的环境营造成为盈利流程中不可或缺的辅助因素。

（四）核心竞争力

携程始终扎实打造自己的四个核心竞争力。

1. 规模——优秀的大规模专业服务队

服务规模化和资源规模化是携程旅行网的核心优势之一。携程拥有亚洲旅行业首屈一指的呼叫中心，其坐席数已超过 2 000 个。携程同全球 134 个国家和地区的 28 000 余家酒店建立了长期稳定的合作关系，其机票预订网络已覆盖国外国内绝大多数航线，送票网络覆盖国内 47 个主要城市。规模化的运营不仅可以为会员提供更多优质的旅行选择，还保障了服务的标准化，进而确保服务质量，并降低运营成本。

2. 技术——强大的高科技工具和新技术手段的支持

携程一直将技术视为企业的活力源泉，在提升研发能力方面不遗余力。携程建立了一整套现代化服务系统，包括客户管理系统、房量管理系统、呼叫排队系统、订单处理系统、E-Booking机票预订系统、服务质量监控系统等。依靠这些先进的服务和管理系统,携程为会员提供更加便捷和高效的服务。

3. 体系——成熟、高效的工作体系

先进的管理和控制体系是携程的又一核心优势。携程将服务过程分割成多个环节,以细化的指标控制不同环节,并建立起一套测评体系。同时,携程还将制造业的质量管理方法——六西格玛体系成功运用于旅行业。目前,携程各项服务指标均已接近国际领先水平,服务质量和客户满意度也随之大幅提升。

4. 理念——科学先进的经营和服务理念

携程秉持"以客户为中心"的原则,以团队间紧密无缝的合作机制,以一丝不苟的敬业精神、真实诚信的合作理念,创造"多赢"伙伴式合作体系,从而共同创造最大价值。

(五)资本模式

1. 携程网的创业融资历程

携程网创立于1999年初,由于正处于互联网创业热潮时期,携程在成立初期就得到了IDG、软银、凯雷集团高达1 800万美元的海外风险投资。凭借着私募股权基金的力量,携程得到了迅速的发展,在2003年9月从老虎资金取得了上市前最后一轮1 000万美元的投资之后,于当年的12月9日在美国纳斯达克股票交易所成功上市。此后,携程网不断壮大发展,成为风险投资商成功的创业投资案例之一。

2. 携程网的资本扩张

早在成立之初,携程网就已尝到收购的"甜头"。2000年11月和2002年3月,携程网通过收购北京现代运通订房网络和北京海岸机票代理公司,迅速奠定了产品和服务体系,这也成为携程在机票和酒店预订行业快速发展的重要根基。2004年2月携程网收购上海翠明国际旅行社,进而获得了进入出境旅游市场的经营资格。

早期携程网的收购意图在于打造机票、酒店和度假产品的基础,待这三块业务羽毛渐丰之后,携程网最近两年的收购重心已经转向了对重要市场区域的扩张和对上游酒店产品供应商的控制。近几年,携程的收购动作不断:2008年携程网收购国内领先的酒店PMS供应商北京中软好泰酒店计算机管理系统工程有限责任公司。2009年5月,携程旅行网和如家酒店共同对外宣布,携程斥资5 000万美元收购如家新发行的7 514 503股普通股,此次收购完成后,携程所持如家股份将增至18.25%,成为如家的第一大股东。同年,携程网收购台湾最大在线旅行社易游网。

2010年上半年,携程网在收购上的动作更加频繁:2月,以6.84亿元收购香港永安旅游业务;3月,入股了汉庭连锁酒店集团和首旅建国酒店管理有限公司;4月,收购了专门从事古镇酒店产品预订的中国古镇网。在保持内部有机增长的同时,收购同样成为携程网攻城拔寨的一把利器。展望未来,对国内众多竞争对手"一览众山小"的携程网,已经将收购的目光放到了海外市场,其CFO(首席财务官)孙洁也曾在近期的财报分析会议上称"携程网可能会进行全球范围内的收购活动"。

二、艺龙旅行网

艺龙旅行网1999年成立,是目前中国在线旅游市场领先的预订服务提供商之一,目前公司员工 2 000 多名，总部设在北京。www.elong.net（图 8-4）和 www.elong.com（图 8-5）是艺龙旅行网两个主要的运营网站平台。依靠网络分销技术和 24 小时服务的呼叫中心，艺龙旅行网为消费者提供旅行预订服务。

图 8-4　www.elong.net 网站

图 8-5　www.elong.com 网站

强大的地图搜索、酒店 360 度全景和用户评级等服务是艺龙旅行网优先开发的产品，使用户可以在广泛收集信息的基础上做出旅行决定。目前艺龙可以提供国内 280 个主要城市近 3 700 家酒店和海外数万家酒店优惠的预订服务，国内 57 个主要商务、旅游城市的出、送机票服务，以及度假、租车等旅游服务。

公司大事记,如表 8-1 所示。

表 8-1　艺龙大事记

时　　间	事　　件
1999.5	艺龙于美国特拉华州成立,定位为城市生活资讯网站
2000.4	并购商务旅游服务公司百德勤和其旗下 Lohoo.com,进军旅游服务业
2001.5	完成 1 000 万美元的融资从其母公司 Mail.com 回购中国大陆全部业务
2004.7	以向 Expedia 出售 30% 股权的方式与其结成战略合作伙伴
2004.10	艺龙在 Nasdaq 上市
2004.12	Expedia 行使认股权证,控股 52%,成为控股方
2005.6	收购新浪旗下的酒店分销公司新浪财富之旅,并与新浪签署 3 年战略合作协议
2007.5	剥离度假等非核心业务,专攻线上预订领域
2008.6	宣布与旅游垂直搜索引擎酷讯进行深层次合作

(一) 艺龙旅行网的盈利模式

艺龙旅行网的战略目标就是通过最低成本,最简便的交易,最智能的信息,为客户提供最好的旅行服务,打造中国最大的、最智能的旅行服务市场,让艺龙旅行网成为出行者寻求资讯和帮助的首选,为广大出行者提供完善的一条龙服务。

通过充分挖掘市场需求,艺龙旅行网瞄准了商务出行者、旅游者、住宿者等这一巨大市场。通过先进的网络技术和强大的线上线下整合能力,艺龙旅行网以一种创新的经纪人模式为出行者提供便利服务(如酒店、机票、风景区资讯),并以此吸引了大量的用户使用网站。

通过为这些目标用户提供便捷、经济的出行,可以收取酒店、航空公司、风景区一定的佣金,而面向其他企业又可以向它们提供精确度比较高的广告服务。这种做法不仅使出行者享受到了舒适、经济的出行服务,而且为广大酒店、航空公司、风景区带来客户,艺龙旅行网也通过这种经纪人模式和为广大企业提供目标精确广告对象而盈利,这是一种多赢的价值网络,提高了社会资源利用效率,方便了人们出行,为企业带来了效益,如图 8-6 所示。

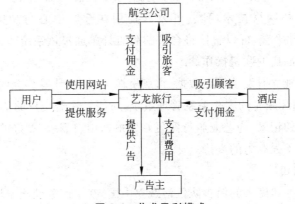

图 8-6　艺龙盈利模式

艺龙旅行网建立了多业务并行发展的多元模式。首先与国内所有航空公司、国际数十家航空公司及全国各地机票服务机构建立了长期、稳定的战略合作伙伴关系，可以提供全球任意一点或多点的机票服务，为旅客量身定制飞行计划及旅行路线等。2005年1月21日，艺龙公司推出了国航第一张BSP电子客票，充分体现了艺龙旅行网作为中国在线旅游行业领军者的重要价值。

艺龙旅行网还与国内各大城市的餐饮、娱乐、健身等多个消费领域的精选特约折扣商户合作，为VIP会员提供特惠价格折扣服务。消费积分除了可兑换免费酒店与机票外，还可以在多家特约商户兑换自己喜欢的礼品或服务。

除了自身的会员卡，艺龙旅行网还与中信银行联合推出了集旅游、金融理财、日常消费于一身的中信艺龙卡，与其他金融服务机构联合推出的信用服务卡，以及与海南航空、中国联通、雅虎、摩托罗拉等合作推出了各种多功能联名卡等，进一步推动了商务和旅行客户的消费与合作，吸引和保留新老客户的同时，拓宽了盈利渠道。

（二）艺龙旅行网的六大核心能力

1. 丰富的出行服务资源

完善的全国酒店销售预订网络，直接可以预订国内430个城市近8700家酒店及海外100多个国家和地区的10万家星级酒店，艺龙旅行网海外酒店预订系统通过Expedia向用户提供全球720个目的地优惠的国际酒店预订服务。艺龙旅行网提供全球任意一点或多点的机票服务，为旅客量身定制飞行计划及旅行路线。

2. 完善的资源和客户服务

艺龙旅行网拥有800人的电话呼叫中心是国内旅行服务行业技术最先进、规模最大的呼叫中心之一，先后通过ISO 9002、ISO 9001：2000国际标准质量体系认证，并配备了国际上最先进的第三代系统核心技术。

3. 先进的技术支持

Travel系统，是艺龙旅行网为合作网站、企业商旅专门打造的高效快捷的酒店、机票预订平台，可以用于合作网站快速开展机票、酒店预订业务，也可以用作企业内部商旅服务平台，使企业的整个差旅流程更加顺畅、便捷，成本控制更加有效。

艺龙旅行网依托网络技术，独立开发并运用在呼叫中心与酒店之间互动高效的E-Booking系统软件平台，可以直接将会员的酒店订单通过该系统传递到指定酒店，从而实现艺龙旅行网与酒店的联机操作。

艺龙旅行网还独立研发了用户数据、市场资源、业绩统计等综合的公司信息管理系统（MIS），并引入了国际领先的客户关系管理系统，对所有注册用户的信息及其每一次消费情况都进行了详细的记录，为艺龙旅行网更好地根据用户需求、偏好等提供更具个性化和人性化的服务提供了强有力的支持。

4. 强大的营销团队

营销渠道除了组建庞大的销售队伍活跃在中国50个商务及旅游城市，艺龙旅行网与中国移动、联通、电信等网络运营商，国航、东航、南航、海航等航空运营商，以及中国银行、工商银行、建设银行、招商银行,中国平安、中国人寿、中国泰康等金融机构合作,为它们的会员提供旅行服务;并与遍布全国的4 000多家代理商结成战略联盟,代理艺龙旅行网的各项业务。

2005年初,艺龙旅行网又通过与VISA的战略合作,为旅行消费者提供安全、便捷的在线支付管理系统。2008年9月,艺龙旅行网携手支付宝,率先推出全面的在线支付方法,客户可以用信用卡、借记卡、Alipay账号在eLong.com实现在线支付。多样化的在线支付手段,让消费者可以放心地在线购买酒店、机票产品,有力地协助了艺龙旅行网营销渠道的拓展。今天,艺龙旅行网已经建立起立体的、互动的、完善的、覆盖全球的营销服务网络。

5. 独具优势的资源合作模式

艺龙旅行网与国内著名的网站建立了排他性合作,建立了广泛的网络营销渠道。谷歌、百度、腾讯、互联星空等国内大型网站均为其战略合作伙伴。2002年艺龙旅行网隆重推出了"艺龙旅行网旅行产品在线分销联盟",大大加深了自身营销渠道的拓展。在线联盟加盟方法简单,个人或企业均可申请。数千家网站加盟并从中获利。

另外,艺龙旅行网依托Expedia的旅游资源、成熟网络及雄厚的技术支持力量,并通过elong.net英文网站平台为世界各地的用户提供全球的旅游产品预订服务。

6. 设计良好的网站

艺龙旅行网网站,是艺龙旅行网引入用户体验流程、基于先进的平台架构精心打造的大型在线旅游服务系统,是国内首家采用眼球跟踪技术和地图搜索方式的在线旅行网站。艺龙旅行网网站可以为用户提供在线机票和酒店预订等多种服务,并提供了酒店360度大全景、机票价格动态查询系统、机票7日低价日历等业界领先的功能,帮助用户更好地自主选择酒店及机票服务。艺龙旅行网还与谷歌强强合作,推出酒店地图搜索功能,为用户的预订提供更好的体验。

(三)艺龙旅行网的管理模式

在管理上艺龙旅行网实行的是精英管理理念,聘用高级管理人才和技术人员,带领团队帮助企业发展。艺龙旅行网也为广大员工提供良好的入职培训和专业技术岗位培训。面向全体优秀员工的"CEO奖学金",给员工更多深造的机会。每一位新进入的员工都会安排"导师"和"伙伴",帮助他们快速成长。

本章主要讲述了电子旅游中间商如何在市场中产生、发展、壮大,同时研究了这类企业的商务模式。要求熟练掌握电子旅游中间商的概念、成长维度、商业模式及组成要素。熟练掌握电子旅游中间商服务平台分类及主要技术、功能特点。了解去哪儿网的商务模式及典型企业及服务平台的特点。

本章习题

1. 简述电子旅游中间商的概念及成长维度。
2. 简述电子旅游中间商的商业模式及要素。
3. 简述电子旅游中间商服务平台的分类，并各举两例。
4. 简述去哪儿网的商业模式。

第九章

酒店电子商务

【本章内容】

信息化是酒店实施电子商务的基础,是酒店进行电子商务的前提。本章首先介绍了酒店信息化的一般构成、具体实现结构及系统功能、发展趋势。同时分析了酒店实施电子商务的信息平台系统结合功能,并指出了酒店实施电子商务的途径、现阶段发展的不足与对未来的展望。最后介绍了7天连锁酒店集团和希尔顿饭店集团在酒店电子商务应用方面的成功经验与发展模式。

【本章重点】

酒店信息化系统的构成、具体实现方式与技术特征、应用;

酒店电子商务体系结构、实现途经分析、现阶段的不足与展望。

引导案例

2016 年 12 月 1 日消息,美团点评与洲际酒店集团在北京正式签订全球分销合作协议。双方将打通数据连接,用户可通过美团点评对洲际酒店集团旗下酒店的实时房态和动态进行查询、预订。

洲际酒店集团表示看重的是美团点评 6 亿的总用户量以及 2016 年上半年连续四个月超过 1 000 万的入住间夜量。而美团方面则称,面对携程在高级酒店领域的垄断地位,洲际酒店也想借此摆脱这种局面,而消费者方面越来越多的年轻人也更注重高品质的消费,来自两端的需求促使其将与高星级酒店合作作为未来的重点。

美团点评酒店旅游事业群总裁陈亮表示:"作为最大的吃喝玩乐互联网平台,美团点评致力于让中国人吃得更好、活得更好。在互联网的下半场,住宿业作为服务业核心支柱之一,需要不断扩展用户服务深度,促进消费升级。洲际酒店集团在酒店行业取得卓越成就,美团点评在互联网＋生活服务方面有深厚积累,此次双方携手,将形成优势协同、资源互补,实现互利共赢，为用户带来更加优质的服务体验。"

洲际酒店集团大中华区首席商务官陆怡华表示："洲际酒店集团始终致力于为中国旅客提供更高效、更优质的在线预订体验。和美团点评的合作，是对集团官方网络预订、官方移动应用程序预订以及电话预订中心强有力的补充，将极大便利中国旅客的出行。"

 引言

电子商务是 20 世纪信息化、网络化的产物。近年来，随着信息高速公路的建设，电子商务在互联网上快速发展起来，它可以有效展示酒店形象和服务，降低销售成本、提高经济效益和管理水平。信息技术是酒店实行电子商务的基础。信息技术的应用在酒店业的发展中起着越来越重要的作用，酒店经营集团、连锁酒店以及大型酒店在经营中已经离不开信息通信技术，它已经成为酒店现代化的标志。本章将从多个角度对这些问题进行探讨。

第一节　酒店信息化管理

低效的手工操作和人工业务流程的管理方式必然会雇用更多的员工而增加成本。在酒店行业竞争日益加剧的背景下，利用信息化手段提高酒店自身的生产效率和管理效率成为必然的选择。

一、酒店信息化管理概述

酒店信息化管理是指企业在其制定的信息战略的指导下，采用先进的管理理念，通过信息技术和通信技术对酒店企业信息资源进行深度开发、综合分析和广泛利用，不断提高生产、经营、决策、管理的效率和水平的过程。

从应用主体来分析，酒店信息化管理主要体现在 3 个层面：第一，单个酒店的信息化——以"酒店管理信息系统"和"酒店网站"为代表；第二，酒店集团或联合体的信息化——以"中央预订系统"为代表；第三，酒店分销平台的信息化——以"全球分销系统""接口技术""互联网分销商"等为代表。

酒店信息化管理主要应用在以下三大领域：一是为酒店的管理者、决策者提供及时、准确地掌握酒店经营各个环节情况的信息技术；二是针对酒店的经营，为节省运营成本、提高运营质量和管理效率的信息化管理与控制技术；三是直接面对顾客所提供的信息化服务。在信息化管理的过程中，酒店将传统的组织结构向顾客导向的组织结构转变，酒店业务流程的再造不仅是为使用计算机系统，更在于转变和理顺酒店的组织结构，使信息技术架构同酒店的新业务流程及组织的管理目标相互适应协调，形成酒店在信息时代的新竞争优势。

酒店信息化管理软件功能主要包括：业务管理和操作、合作伙伴关系管理、供应链管理、客户关系管理四大模块,各个模块之间无缝集成,同时还与多种饭店智能自动化系统有接口,并能与在线电子交易系统集成。这些信息系统是整合在一起的集成系统,存在各种交叉功能,这些交叉功能可以减少信息孤岛的存在,如图9-1所示。

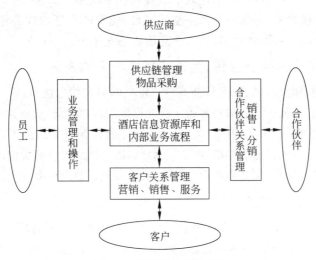

图9-1　酒店信息系统功能

其中各模块功能如下:

业务管理和操作:通过内部网和内部的管理信息系统解决,如酒店前台信息系统、后台信息系统等。

合作伙伴关系管理:通过外部网和互联网的企业间信息系统解决,一般企业间信息系统是基于互联网的信息系统,或虚拟专用网(VPN)的信息系统,主要用于企业间的业务协作。

供应链管理:酒店采购相当频繁,与酒店用品供应商可以采用外部网建立协作关系,实现在线采购,同样是利用企业间的信息系统来实现。

客户关系管理:客户是上帝,是酒店经营的重要资源。客户一般通过互联网来实现沟通,实现对客户的营销、销售和服务。

进入互联网新经济时代,酒店业信息化的新追求境界是在集成化基础上的协同化应用,酒店通过互联网搭建统一的信息应用平台将客户、酒店、员工、供应商、合作伙伴等各方连为一个整体以实现纵览全局的跨行业、跨组织、跨地区,实时在线的、端对端数据无缝交换的业务协同运作,其重点在于各方连为一体直接面向顾客提供个性化服务。

随着信息时代的到来,企业的竞争方式也发生了新的环境变化。企业的竞争市场环境有如商业生态系统是由一群共同生存和发展的企业组成的,它们既相互竞争资源,又必须保持生态平衡。互相竞争的各个企业之间,出现了新型的共生竞争关系:竞合。竞合关系迫使酒店业内相关的企业都要重新审视自身在市场中的定位,调整竞争战略,以相互协同运作进而达到共赢。

酒店信息化的作用表现在以下几个方面。

（一）提高酒店内部的生产率和管理效率

实践已经证明信息化是生产效率的倍增器，在我国酒店行业竞争日益加剧的背景下，利用信息化手段提高酒店自身的生产效率和管理效率成为不二选择。高速的数据交换网络、强劲的信息处理设备、完备的数据库基础平台、优秀的管理软件都能有效提高员工的工作效率，提升管理者的管理效率，从而提高酒店的竞争力。

（二）提升酒店的品牌宣传，为酒店招揽更多的客人

通过酒店信息化建设，依赖 IT 行业高科技带来的强大信息优势，更广泛地将酒店的信息传递到客户眼前，也便于酒店的销售团队获取更多大客户信息，从而为酒店招揽更多的客人。可以利用网络的广泛覆盖和广泛使用，建立网上客房预订系统或者和外部知名酒店预订网站对接，便利客人预订酒店客房，增加了酒店客源。同时可以通过网站、网站链接、网络广告进行广泛的品牌宣传，树立品牌形象，稳定并增加酒店的入住率，增加酒店收入。

（三）提高酒店的服务水平

通过酒店信息化建设，依赖其集中管理的优势（如智能房间终端电话、PDA 下单、一键式服务等），可以更快地响应客户需求，提高了客户对酒店的服务满意度。采用强大的数字安防技术（电子门禁、数字监控、海量存储等），可以为酒店及客户提供有力的安全保障，增加客户的安全感。

（四）利用信息化手段进行服务创新，提供个性化服务

国内和国际的一些高档酒店充分发挥它们信息化的优势，建立诸如常客管理系统、客人消费习惯分析系统，能够为客人提供个性化的服务，如客人入住期间恰逢生日为其赠送生日礼物与祝贺，了解客人的饮食习惯和娱乐习惯从而适时推荐恰当的项目，既提高了客人的满意度又增加了酒店收入。

（五）利用信息化手段降低酒店的经营管理成本

低效的手工操作、人工业务流程、管理方式必然会因雇用更多的员工而增加成本。例如酒店的信息化系统如果缺少优秀的管理软件，必然需要更多的 IT 管理人员。相反，采用优秀的信息化手段则能有效降低此类成本。例如，连锁酒店的采购如果采用网上集中采购，供应商信息网上分享，所需成本必然低于传统的分散采购方式。

二、酒店信息化管理系统

（一）酒店信息系统的功能

酒店信息化管理的主要系统有前台系统、后台系统、扩展系统和接口系统等，如图 9-2 所示。

前台系统主要包括预订接待、客房、账务等与客户直接相关的信息系统，还包括客户关系管理等系统。这些系统是商务流程的核心。

后台系统主要包括财务信息系统、人力资源信息系统以及工程设备管理系统等，这些系统是支持前台经营的重要系统。

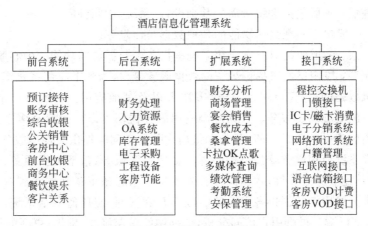

图 9-2　酒店信息化管理系统具体功能

扩展系统主要包括财务分析、成本控制管理以及商场管理等信息系统，这是酒店经营的分析和辅助性信息系统，是酒店管理不可缺少的系统。

接口系统主要包括程控交换接口及其他外部系统接口。

（二）系统整体技术架构

系统的整体技术架构，如图 9-3 所示，它一般分为以下几层。

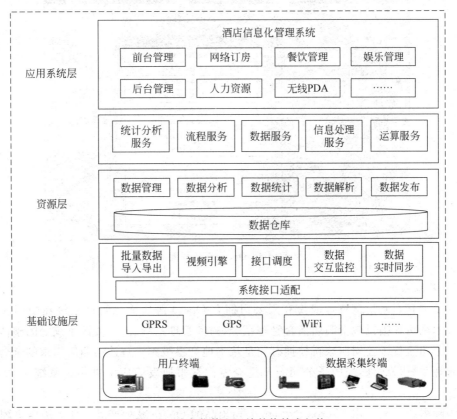

图 9-3　信息化管理系统整体技术架构

基础设施层：一般包括系统所需的基础设备、系统、中间件等。

资源层：一般包括实现具体功能的各种数据与信息库。

应用支撑层：一般包括对所有应用系统提供各种数据访问功能的中心服务系统。

应用系统层：应用层通过提供统一的数据服务接口，为各个应用系统提供服务，应用系统的表现可以是网站、客户端系统、Web 服务以及其他应用。并通过目录与负载均衡服务提供统一的负载均衡服务。任何一个应用服务器都可以同时启动多个服务，通过目录与负载均衡服务进行负载均衡，可为大量用户并发访问时提供高性能服务。

酒店管理系统应用服务器提供核心酒店管理系统服务，包括数据服务、管理服务、基本安全服务、其他业务服务等；数据同步服务器将数据有条不紊地同步到各个数据库；系统更新与版本升级服务器提供各个系统的版本升级管理，使任何一个系统都保持最新版本；Web 日志分析服务提供用户访问分析，提高网站后期修改、维护、更新的针对性。

（三）主流酒店管理系统产品介绍

1. Opera 及 Fidelio 系统

Fidelio 系统是世界上著名的酒店管理系统，Opera 是在 Fidelio 系统基础上发展出的最新产品，界面如图 9-4 所示。Fidelio 和 Opera 几乎是所有国内高端外资酒店的共同选择。在国内，除非五星级或者有一定影响力的酒店，一般都不进行合作。

图 9-4 Opera 系统界面

2. 石基系统

北京中长石基信息技术股份有限公司拥有 Opera 酒店前台管理系统在中国大陆的独家技术许可。提供包括酒店前台管理系统、财务管理系统、人力资源系统等的整体解决方案。公司全资子公司西软科技拥有满足从本地高星级到经济连锁酒店需求的全套酒店信息管理系统。此外，控股子公司石基昆仑专门从事研发酒店中央预订系统/会员管理系统。

国际酒店一般采用 Micros System 公司出品的 Opera 系列产品。几大酒店集团的管理软件多采用以下厂商提供的产品,如表 9-1 所示。

表 9-1　主流酒店管理系统

公 司 名 称	核 心 产 品	说　　明
Micros System Inc	Fidelio 系列产品 Opera 系列产品	Opera 为目前酒店业国外管理最常用的系统,国际星级酒店或高星级酒店均标配此系统。Opera 是 Fidelio 系列的最新产品。 缺点:费用高昂(300 万元一套起),维护费用高,只有 30% 左右的内容符合中国环境
石基信息	Opera PMS Infor Sun SA	国内最大的酒店管理软件提供商,中国的 Opera
西软科技	西软 Foxhis 酒店前台系统	石基子公司,集团版软件很少
中软	中软酒店系统专业版(CSHIS)	包含集团版软件,但是功能不完善
中软华仪	饭店管理系统 网络系统工程(门锁系统、电话系统、网站建设)、企业管理软件(人力、财务、餐饮收银、仓库管理、物业管理)	基于单体酒店的酒店管理系统,目前市场份额极小,并不断缩小
深圳捷信达	捷信达酒店管理系统(GSHIS)	基于单体酒店的酒店管理系统

三、酒店信息化发展过程中的不足和发展趋势

(一)酒店信息化发展过程中的不足

酒店信息化发展过程中的不足,可以从以下几个角度探讨。

1. 信息化机构及管理模式

信息化建设从部门开始,没有从酒店全局的高度去考虑,没有打破部门的界限,将信息化应用到酒店的全面管理中。调查显示,设立专门信息化机构的酒店占所调查酒店总数的 16%,在信息化管理模式的选择上,分散式管理的比例大约是集中式管理的两倍。当前酒店对数据的综合利用率不高,信息的共享度较低。

2. 酒店信息化应用领域

应用较为频繁的是办公自动化和会计电算化。酒店在成本管理、供应链管理、客户关系管理等方面的应用信息化较少。

3. 电子商务发展滞后

电子商务发展不应仅仅是信息查询和广告宣传,而是供应商、客户进行双向的信息沟通,并能建立一个基于互联网的全球酒店网络系统。调查显示,40% 的酒店网站建设是为了宣传酒店的形象,只有 30% 的酒店开发网站是为了发展电子商务。

4. 酒店信息化人才队伍

酒店信息化建设的关键之一是要拥有一支知识全面、技术过硬的信息化人才队伍。

在对酒店信息化人才队伍调查时,我们发现现在酒店急需以下两类人才:一是精通信息技术,同时又具备足够的酒店管理专业知识的技术型人才;二是通晓全局,具有前瞻性思维,熟知酒店信息化、电子商务理论与应用,能够从战略上分析和把握其发展特点与趋势的战略型人才。

5. 酒店信息化缺乏中长期规划

对于酒店来说,是否制订适合酒店发展信息化的长短期规划,从某种程度上决定了酒店信息化建设的成败。中长期规划的比例偏低说明酒店对于信息化建设的长期性和系统性认识还不够。统计数据显示:约40%的酒店制订了酒店信息化的短期规划(1年以内);有12%的酒店制订了中期规划(1~3年);另外有7%的酒店制订了长期规划(3~5年)。

(二)酒店信息化的发展趋势

在今后的几年中,店内装潢、客房数量、房间设施等质量竞争和价格竞争将退居二线。酒店业的竞争将主要在智能化、信息化方面展开,以下三个方向将得到迅猛发展。

1. 电子商务

对于酒店而言,盈利是根本,若要加快酒店行业的信息化进程就应当首先从能够为酒店创造或提高经济效益的项目着手。建立一个基于互联网络的全球酒店客房预订网络系统已不再是难事。无论是集团酒店、连锁酒店还是独立的酒店都可以加入成为该系统成员,并且享用全球网络分房系统。

全球网络分房系统,可以通过互联网接入。让旅行社团、会议团队、散客都可以利用计算机直接访问该系统,从中得到某酒店的详细资料,包括酒店的各种状况,并能立即接受预订和确认。

2. 智能管理

"酒店智能管理"作为一个综合概念,给酒店业带来经营管理理念的巨大变革。这一变革要经过不断的建设和发展,渐渐形成一个涵盖数据采集、信息保存、信息处理、传输控制等各项功能的应用系统。这些信息库的建立将成为酒店信息化管理和办公自动化的重要基础。从前台客人入住登记、结账到后台的财务管理系统、人事管理系统、采购管理系统、仓库管理系统都将与智能管理系统连接构成一套完整的酒店信息化体系。

3. 个性化服务

服务业现代化的一个重要内容,就是要实现"个性化服务"。例如,酒店的会议室采用可视电话系统,可以跨全球同时同声传影、传音、翻译;基于客户管理积累和建立的"常住客人信息库"记录了每位客人的个人喜好,客房智能控制系统将根据数据库中的信息实现:光线唤醒,由于许多人习惯根据光线而不是闹铃声来调整起床时间,新的唤醒系统将会在客人设定的唤醒时间前半小时逐渐自动拉开窗帘或增强房间内的灯光。无匙门锁系统,以指纹或视网膜鉴定客人身份;虚拟现实的窗户,提供由客人自己选择的窗外风景;自动感应系统,窗外光线、电视亮度、音响音量和室内温度以及浴室水温等可以根据客人的喜好自动调节。

第二节　酒店电子商务

　　酒店电子商务是当今酒店业发展的必然趋势。它通过互联网向客户多姿多彩、声情并茂地展示自己的风貌、特色,推销客房和各种服务,并可依此组成酒店连锁业,结成战略联盟,以强劲灵活的营销手段向广大市场进军。它向客户提供了新的营销方式,开拓了市场的广度和深度,这些都是常规方式下的人力、物力所无法与之比拟的。它代表了新的和有效的营销方式,为酒店开发客源市场带来了无限的商机。

　　酒店的核心业务是客房销售,因此酒店电子商务的主要内容包括客房销售、网络营销以及客户关系管理等,利用网络提高酒店销售、营销、客户服务的效率和效益。

一、酒店电子商务体系的基本内容

　　酒店的电子商务体系主要可以分为内外两个系统,即外网(酒店企业网站)和内网(酒店内部电子管理系统),这就决定了酒店要兼顾外部经营环境和内部管理环境两个环境系统。两个系统之间有沟通的桥梁,每个系统还应具有各自独立的系统。下面对酒店的内外两个系统进行探讨。

(一)酒店企业网站

　　网站是酒店企业面向外界的窗口。通过互联网可以实现远程预订、远程访问酒店内部网络,查询经营情况和电子邮件,进行运营控制、企业集团经营数据汇总传送、预订确认;电子促销、信用卡支付确认,发布公司住处主页及对外宣传等。

　　在酒店的网站上,首先是网站的主页使浏览者有了对企业的第一印象,而后,酒店的CIS 形象设计,酒店的徽标,标志性形象体现,以及通过 Flash 动画或播放酒店介绍的VCD 片段等生动的表现手段,突出了酒店的企业文化底蕴与精髓,如图 9-5 所示。

　　作为酒店对外宣传的主要窗口,网站的设计要特别重视以下方面。

　　1. 酒店及产品介绍

　　对于不同的酒店,由于所处不同的国家和地区,各自具有独特的风格和特色,成为其取胜于其他同行的优势所在。通过酒店的网站,不仅可以对酒店的背景、实力及特色进行全面的介绍,同时,还可推出不同风格的酒店产品,满足不同国家或爱好的客人的需求。通过文字图片及三维动画等方式,生动地介绍酒店的背景和发展状况,在相当的程度上起到促进销售的作用,对酒店各种设施(客房、餐饮、休闲娱乐及会议设施)的介绍,使不同目的的客人可根据自己的需要选择不同的产品。

　　有些大型酒店集团还根据不同的市场定位,将旗下酒店定位于不同的细分市场,分别冠以不同的品牌名称,以此来适应不同的客人。如凯悦酒店集团,旗下的酒店共分四个品牌:主要服务于一般客人的凯悦酒店(Hyatt)、服务于商务客人的君悦酒店(Grand Hyatt)、服务于高级商务客人的柏悦酒店(Park Hyatt)以及服务于休闲度假客人的凯悦度假村

图 9-5　酒店电子商务网站主页

（Hyatt Resort）。这些产品信息通过网站的介绍，让客人对酒店的产品有了详细的了解，有助于酒店树立形象及产品销售。

另外，可以将一些新的技术应用在酒店电子商务中，比如虚拟现实（virtual reality，VR），它是一种可创建和体验虚拟世界的计算机系统，生成各种虚拟环境，作用于人的视觉、听觉、触觉，使人产生身临其境的感觉，VR 技术应用于酒店网站时不仅可以看到图像，而且可以看见内部操作演示。如果将这些技术应用于酒店客房营销就可以使顾客事先对酒店的客房、环境甚至服务进行体验，大大提高顾客与酒店的交互性。

2. 酒店最新信息发布

面对随时变化的国际市场，酒店要及时调整市场策略和产品组合以力图在竞争中获胜。通过后台管理系统，向顾客提供酒店最新的产品信息、价格及优惠政策，向公众发布酒店的最新动态以加强用户对酒店的信任和忠诚度，以及通过网络和合作伙伴保持密切的沟通与联系。

具体表现形式包括：文字、图片、Flash 动画等，还可以根据需要做成不同语言版本，方便不同国家的合作企业和客人使用。目前，我国高星级酒店的网页基本上都做成中文和英文版本，同时根据主要客源的不同，又会有第三种、第四种语言版本。

3. 客户反馈系统

建立完善的信息反馈系统，酒店的客人，不论是内部客人还是外部客人，均应方便地通过网络反馈意见和建议，反馈的内容要及时、自动发送到相应处理人员的邮箱及酒店高层领导或质量管理部门。

客户反馈系统的信息流向可以是上行、下行或平行，相应的信息都会及时出现在相应的位置,不管是通过电子邮件还是其他方式,都能确保信息及时、准确地到达信息接收者。也可以提供网络管理接口,由管理者通过网络直接查看客户的反馈,及时向客户进行问题解答等。通过客户反馈系统进行顾客满意度调查,对调查结果进行及时的数据分析并提出解决方案,报请管理部门审批执行。

4. 预订中心

预订中心是酒店进行销售的最重要的部门之一。酒店的预订中心要支持对酒店的所有客房和会议设施等进行预订,客人可以在线实时查询是否仍有空房以及酒店的会议日程安排。系统根据不同的客户预订,能够支持 VIP 客人利用特殊的链接和优惠条件进行预订,能够支持单位或团体用户预订,支持签约企业或机构的协议价预订。同时要提供电子支付平台,支持在线预订的在线支付。

(二)酒店内部电子管理系统

先进的电子商务系统不应仅限于企业内部管理的文件无纸化传送,基于互联网平台的电子商务管理系统,还应能完成以下职能,使酒店各个部门可以共享酒店的信息资料,实现实时的市场跟踪和对客服务。

1. 酒店的行政管理职能

酒店作为一个企业,除了特定的酒店产品销售和服务提供以外,需要相当大量的行政工作来确保酒店组织内部各机构的正常运转。酒店的内部网络将处于不同物理位置的部门连接在一起,同步执行酒店管理层的各项行政政策和方案。

通过内部网络系统,酒店高层领导将决策同时通报给酒店的所有部门,或者通过在线聊天工具进行网上会议,节约了大量的时间成本和资金成本。传统酒店内的许多行政传达工作由内部网络来完成,可以节省出大量的时间用于经济效益的创造工作中。

2. 成员间的信息沟通职能

内部网络不只是用来传达酒店高层指示的,基层部门完全可以利用它来互相沟通、交流,甚至向高层反馈基层的意见和建议。通过内部网络,这些信息是可以完全、真实地传递到高层领导的手中。保证了原始信息的真实性,对策才有可能有针对性,解决方案才能有效。

3. 酒店内部的数据共享职能

所有客人都是整个酒店的财富,也是酒店内各个部门应该加以关注的目标。通过内部网络的数据库,可以得到相应客人的所有资料,便于对特定的客人提供有针对性的促销和个性化服务。

4. 整体的协作发展职能

经济全球化的进程使得酒店的全球化发展变得越来越重要。酒店要依靠战略联盟及合作伙伴的紧密联系来发展业务,向客人提供全程跟踪服务,相互间的信息提供和服务提供要及时、准确,才能保证协作发展的顺利进行。这一切都说明无论从现实技术、外部发展趋势上,还是从竞争对手方面,建设基于互联网平台的信息网络化不但是切实可行的,而且是刻不容缓的。

二、酒店业电子商务途径分析

随着我国互联网的普及，越来越多的企业开始利用电子技术发展业务，并从中大获裨益。酒店行业作为一个提供服务产品的行业，从目前的发展现状看，能否结合自身产品的特点并利用电子技术的优势发展自己的业务，还处于比较朦胧的状态。但可以肯定的是酒店发展电子商务必将有非常广阔的市场前景。

那么，酒店如何发展电子商务？主要途径有三点：第一，利用企业自身网站；第二，利用网络订房中心等旅游中间商；第三，利用其他网站。以下我们来分别论述。

（一）利用企业自身网站，且关键在于优化企业网站

目前大部分酒店都已经建立了自己的网站，但网站的利用率还有待考证，酒店对自身网站所做的营销还很不到位。酒店网站的营销主要包括两方面：一是酒店网页的建设；二是酒店网页的搜索定位。

酒店网页的建设既要强调页面的美观性，更要注重页面的功能性和实用性。网站的建设应主要涵盖以下内容。

（1）酒店设施设备的介绍。

（2）酒店特色服务的介绍。

（3）酒店产品的预订。

（4）客户信息的反馈。

（5）其他与客人出行相关联的信息，如酒店所在城市的旅游指南等。

酒店网站的建设一方面要满足自身的销售需求，另一方面要进行网站人本化建设，体现对游客的人文关怀，以及酒店的特色。从目前酒店网站的建设情况看，大部分酒店的网站还停留在酒店设施设备的介绍，只是一个对酒店产品的初级宣传，酒店网站的建设没有提升到一定的高度。

网页建设作为酒店宣传的一种手段，其最终的目的是实现酒店产品的销售，所以网站上有效的预订功能和链接功能可以提高网站的利用率，提高酒店客房的利用率。酒店网站建设有待深化。酒店网页的搜索定位是指酒店网页在各门户网站和搜索引擎上的关键词搜索排名。排名越在前意味着被点击的可能越大，则被利用的可能越大，企业的网站也越优化。在茫茫的网海中同类的企业网站不计其数，如果不能有效地在搜索引擎中排名靠前，其网站的存在在某种程度上等于零。

另外，选择合适的门户网站或搜索引擎也是决定酒店网站优化效率的关键。目前门户网站如 yahoo、sina、sohu、163 等，搜索引擎如 Google、百度、3721 等其覆盖面都已经达到了一定的广泛程度，是酒店优化网站的首选。当然这种网站的优化还要受到酒店资金的限制，要想实现网站的优化也不是一朝一夕的事，却是势在必行。

（二）利用网络订房中心等旅游中间商

随着旅游业的发展，旅游中间商的范围不断扩大，除了原有的旅行社、旅游公司外出现了像北京艺龙公司、携程计算机技术（上海）有限公司等利用网络平台等手段为客人提供中介服务的网络订房中心，这些订房中心深化了旅游业电子商务的进一步发展。另外，

越来越多的旅行社在发展传统业务的同时,也在不同程度地扩大业务范围,将其业务拓展到了电子商务领域,开展了一定规模的网络订房业务,许多旅行社也都建有自己的网站。

迄今为止北京艺龙公司、携程计算机技术(上海)有限公司已经成功地在美国纳斯达克上市,是旅游业电子商务的先锋和典范。除了这两家比较大型的公司外,在全国范围内还有更多的规模中等或小型的网络订房中心,其业务操作都是将旅游业与电子商务结合。网络订房中心的发展壮大为酒店发展自己的电子商务提供了广阔的平台。网络订房中心有其自身的优势。

第一,网络订房中心以先进的技术为依托,技术手段现代化。这些网络订房中心首先建设自己的订房网站页面,同时利用声讯、电子、移动通信等多种手段延伸客户,扩大覆盖面,将电子商务与旅游结合,利用高科技手段壮大实力。这种优势使网络订房中心在激烈的竞争中比其他中间商占有更大的优势,同时也适应未来的发展趋势。

第二,较大型的网络公司资金雄厚,形成规模效应。如前所述的艺龙和携程两家网络订房中心,拥有较强的实力,其业务的发展有强大的人力、物力、财力的支持。在这样的公司中不仅有预订部门,更有策划、宣传、销售、客户服务等多种部门,形成了相互配合、相互支持的完整体系,在竞争中更具优势。当然,其他规模中等或小型的网络订房中心目前虽然不具有此种庞大的规模,但随着业务的发展其体系也将更加完善。

第三,网络订房中心业务覆盖面广,对旅游产品进行有效整合。目前较大的网络订房中心已形成了包括航空公司、运输公司、旅行社、酒店等在内的广泛网络,将旅游的食、住、行、游、购、娱进行整合,形成了整体优势。

酒店利用网络订房中心发展电子商务主要有以下两点好处:第一扩大酒店客源范围,提高酒店的客房利用率;第二在更广阔的范围内宣传酒店。

随着网络订房中心的发展壮大,其为客人提供订房的手段也越来越方便,越来越多的客人接受了通过网络订房中心预订客房的方式,网络订房中心拥有大量的客源。酒店通过与网络订房中心合作,通过旅游中间商的销售活动获得更多的客户,提高自身的客房利用率。对酒店来说受资金、人力等多方面的条件限制,酒店不可能在全国范围内进行销售和发展客户,而对网络订房中心来说则存在这种可能。

酒店利用同网络订房中心的合作,可以更大范围地利用客户资源,并以酒店自身的条件赢得更多的回头客,从而提高了酒店的客房利用率。酒店业发展的实际情况也让越来越多的酒店意识到网络订房中心所预订的房间在自身客房利用当中占越来越大的比重。所以,充分利用网络订房中心是提高酒店客房利用率的有效途径。

利用网络订房中心扩大酒店的宣传范围是酒店与网络订房中心合作的第二个益处。网络订房中心一方面可以在自己的网站上为酒店做宣传;另一方面,也通过其对外发放的宣传材料对酒店进行宣传,如艺龙、携程每月在机场等公共场所发放的宣传小册,而这些对酒店来说也是一种免费的宣传。

另外,随着 GDS 系统在中国的不断完善,酒店利用网络中间商的空间也将越来越大。

(三)利用其他网站

利用其他网站主要是指利用现有的各类网站资源进行网络宣传,如网络广告、相关链接等途径。当然,这种方法不是每个酒店都可以采用的,要受到各种条件的限制,是一种电子商务的辅助手段。总之,利用此种途径的原则是要用最少的资金获得最大的宣传。

随着科学技术的不断发展和进步,酒店电子商务将获得更多的发展空间,酒店也将从中获得更大的利益。酒店应分析自身的特点,确定投入的方向和投入比例,使电子商务的发展获得最大的效率。

三、酒店电子商务存在的问题和发展与展望

(一)酒店电子商务粗载的问题

计算机在酒店中的普及和应用,新的技术平台、技术特点不断涌现,适合国内特点的信息系统慢慢进入酒店,使得酒店管理系统进入了一个新的发展时期。应该看到,对于一、二星级甚至部分三星级酒店来说,电子商务环境的建设和应用还处于起步阶段,即使是五星级酒店,电子商务建设进程与客户对酒店的需求也有相当大的距离。

网络营销作为一种网络手段,使用者不方便与客户直接互动,使客户严重缺乏信任感。其次网络营销方式存在一定的技术和安全性问题,容易被对手窃取资料和销售思路。

1. 观念差距

一般的酒店经营者都认为酒店属于传统服务行业,酒店的营收主要是靠出租客房和床位,因此混淆了投资酒店电子商务与投资房间内设施,把它们的投资回报等同看待,没有把电子商务建设和改善酒店的经营、管理效率等方面的功效联系起来,也没有把电子商务的价值融入酒店自身价值链,从而更好地在竞争中发挥作用。

2. 行业距离

酒店业属于以人为本的劳动密集型服务行业,IT行业属技术密集型行业。由于这种行业间本质上的差异,致使IT公司尽管竭尽全力将最先进的产品设备或解决方案推销给酒店,但结果往往是酒店付出了昂贵的代价而不尽如人意。主要是因为技术功能与酒店需求错位,目前很多管理系统不能解决酒店面临的关键问题,并且管理决策层没有整体的规划,让开发商牵着鼻子走,供应商和酒店也没有利益上的一致性。

3. 缺乏行业标准

酒店业对电子商务的理解千差万别,加上IT公司各自为政的解决方案,使得原本就技术水平有限的酒店眼花缭乱,盲目投资上马的项目比比皆是。就客房网络的具体实施来说,有ISDN、ADSL、XDSL、802.11无线网卡、CableModem、光纤、双绞线等方案,作为酒店应该选择哪一种,没有一个定式,也没有相关的行业标准。

4. 服务不到位

酒店是一个以服务为本的行业,依靠客人对各项服务的满意度来提升酒店的入住率和经营效益。酒店电子商务的实施,意味着酒店又增加了一项新的服务——电子商务服务。IT公司负责策划和实施,但通常不承担日后的服务,因为IT公司不属于服务行业。倘若服务的责任落到酒店头上,酒店将无法应付。由于服务不到位,使系统不能充分发挥作用。由谁来为酒店提供电子商务服务是一个值得商榷的问题。

(二)我国酒店电子商务发展环境中存在的不足

(1)发展电子商务还缺乏明确的发展战略和有力的技术经济政策。

（2）电子商务法律法规、电子商务标准、规范严重滞后，亟须加强。现有的行政法规不适应电子商务发展之处未得到及时修订。研究制定电子商务的相关法律法规较滞缓，目前依然缺乏电子合同法、网上知识产权保护、隐私保护法、网上信息管制等多个法律法规，对网络犯罪的定罪和处罚尚没有实施细则。

（3）电子商务的发展所需要的市场经济环境、运行环境尚不完善，社会信用体系尚未完全建立，网络带宽、反应速度尚不能满足要求，电子支付手段尚不完备，物流配送体系尚不配套。

（4）信息产业国产化产品技术水平与市场占有率低，重大电子商务应用工程、应用系统所用的软硬件产品主要依靠国外公司，系统集成、信息服务水平有待提高。计算机应用有关标准、规范既缺乏又不统一，亟须加强。与电子商务有关的标准比较滞后，投入明显不足。

（三）酒店电子商务的发展与展望

1. 电子商务理念，从"以交易为中心"到"以服务为中心"

未来的酒店电子商务应向增强与客户的双向交流、改善信息服务、通过个性化服务增加附加值的方向发展，目前我国酒店电子商务"以交易为中心"色彩较浓，预计未来酒店电子商务将在服务上更加完善，更加人性化。

2. 电子商务规范与标准，整体制定与推行

首先是规范化，建立健全酒店电子商务规范体系，为酒店电子商务的实施和监管、企业和消费者的市场行为、信息内容和流程、技术产品和服务等提供指导与约束，预先对那些可能对酒店电子商务活动产生不利影响的潜在因素加以防范，是推动酒店电子商务持续、稳定、健康、高效发展的关键。

其次是标准化。酒店内部信息系统与酒店电子商务平台之间、酒店业与银行的信息系统之间应能实现互联，以便自动处理频繁的信息数据交换。在国外，通常是由专门的组织（如OTA）制定出一套统一的数据格式和接口标准，酒店电子商务网站、管理信息系统在开发时都遵守这套标准，这样在一开始就保证了与相关单位的信息系统做无缝链接的可能性。我国酒店电子商务的数据也应尽快实施标准化，并与国际接轨。

3. 新技术应用，移动电子商务将成为主流

移动电子商务结合智能网络技术，是真正实现以人为中心的电子商务应用。如移动支付——顾客无论在何时何地，通过移动电话等终端就能完成对企业或对个人的安全的资金支付。新技术的应用将使酒店电子商务功能更加完善，应用更加普及。

4. 人才培养方向，复合型酒店电子商务人才

目前人才的短缺正成为中国酒店电子商务发展的瓶颈。由于酒店电子商务是酒店业和电子商务的整合，所以唯独具有电子商务和酒店业知识的复合型人才，才能将电子商务的技术手段、应用功能和模式密切联系到酒店业组织、管理、业务方式及其特点之中。

教育部门应顺应时代要求，着力培养三个层次的酒店电子商务人才：善于提出满足商务需求的电子商务应用方式的商务型人才；精通电子商务技术，又具备足够的酒店管理专业知识的技术型人才；通晓全局，具有前瞻性思维，熟知酒店业电子商务理论与应用，能够从战略上分析和把握其发展特点与趋势的战略型人才。

第三节　酒店电子商务应用案例

一、7天连锁酒店集团

7天连锁酒店集团（以下简称"7天"）创立于2005年，2009年11月20日在美国纽约证券交易所上市。7天连锁酒店秉承让顾客"天天睡好觉"的愿景，致力于为注重价值的商旅客人提供干净、环保、舒适、安全的住宿服务，满足客户核心的住宿需求。

7天连锁酒店建立的"7天会"拥有会员超过1600万，是中国经济型酒店中规模最大的会员体系。作为业内科技领航者，7天是少数能"7×24小时"同时提供多达5种便利预订方式的连锁酒店，包括：网上预订、电话预订、WAP预订、短信预订、手机客户端预订，如图9-6所示。

图9-6　7天连锁酒店集团电子商务平台

（一）网站规划与网站栏目结构

1. 网站规划

7天连锁酒店官网属于服务型网站，它的整体规划合理，主辅菜单设置清晰。访问者通过网站首页导航栏可以浏览网站上的内容；访问者可以通过企业网站了解公司的介绍及其产品、最新活动等,运用多种方式进行广告宣传,如 Flash 广告、产品图片、静动态文字介绍等具体方式,较好地体现出了企业的形象、产品信息和最新活动、关于酒店的最新资讯及新闻等;访问者无论单击哪个按钮或页面,除了"7 天官博"和"诚聘英才""7 天社区"这三个链接无法返回 7 天连锁酒店官网外,在其他页面只要点击网站的 logo 标志都可以返回网站首页。

网站中也有客服"七仔机器人"在线为访问者答疑解惑,开通论坛和社区,访问者可以对酒店管理和服务等指出不足之处和提出意见,也可以分享得到酒店服务的感受。

2. 网站栏目结构

7 天连锁酒店集团网站栏目结构,如表 9-2 所示。

表 9-2　7 天连锁酒店集团网站栏目结构

序号	一级栏目	二级栏目	栏目功能及说明
1	网站首页		Logo 标志、搜索框、最新资讯、论坛聚焦、当日价格指数、在线留言、简单搜索酒店的模块等
2	公司简介		前台单页介绍,后台无管理
3	酒店预订		前台产品列表展示酒店信息,后台添加酒店图片及房间信息列表;在每条酒店信息里可直接预订
4	特色服务	租车	单击下拉按钮进行选择,查询得出车辆信息,核对订单,预付
		机票预订	单击下拉按钮进行选择,查询得出机票信息,预订,核对订单,直接支付
		论坛聚焦	对酒店最新消息及资讯进行发表、留言
		诚聘英才	以文字、图片对公司进行简单介绍,列出招聘要求,可以在线申请职位
5	会员中心	注册、登录	1.修改会员信息及密码;2.我的预订:我预订服务的历史订单;3.我的积分:我获得的积分及明细流水
6	汇款方式		前台单页介绍,后台无管理
7	特约商户		前台商户列表介绍,后台可添加商户介绍及其联系方式,再配上商户图片
8	在线留言		供访问者在线给本网站留言咨询
9	联系我们		前台单页介绍,后台无管理

(二)网站特色

主要从以下六点来看 7 天连锁酒店集团的网站。

(1)网站以白配青为主色调,有 7 天连锁酒店集团专业、易识别和记忆的 logo 标志,导航栏的"最新活动"是网站的促销信息,做得很醒目。

(2)准确、清晰的信息描述。网站依据目标用户需求信息,提供酒店预订服务及交流的平台等,让用户在该网站找到相对应的需求。

(3)简洁的服务流程。"七仔机器人"在线提供服务,网站栏目结构合理,一目了然,客户搜索浏览信息或内容时能很快找到所需信息。

（4）全国分店及用户评论。7天连锁酒店以连锁方式运营，在全国有分店且已成功上市，说明该酒店做得成功，有实力，有信誉，辅以网站上酒店的分店来说明。

（5）显著的联系信息。包括酒店介绍，真实图片，还有联系方式。

（6）便捷的在线交互。"最新点评""曙光博客"等方便习惯通过网络来联系的用户直接提交对酒店的意见、需求等。可以更多地收集用户信息，方便提供准确咨询。

（三）IT流程再造的运营管理

7天有一种独特的竞争力，就是所谓的"鼠标＋水泥"的经营模式。基于统一的IT系统平台，7天由此架构起了各个分支运营体系，包括店务质量控制、开发评估推进、财务流动管理、工程采购、人力资源体系等，消费者在进行搜索、预订、确认、支付、评价等一系列行为时，7天平台会自主地调动每个运营体系的活动，避免工作流程延长或信息不对称而造成资源成本的上升。

（四）全新电子商务营销管理

拥有全球酒店业第一电子商务平台一直是7天手中的一大王牌，它有效地支撑着7天独特的会员制营销。7天不仅实现了企业门户和数据库完全对接，成为真正意义的酒店电子商务平台；而且还是一家能同时提供互联网络、呼叫中心、短信、手机WAP四种预订方式的酒店。在经济型酒店网站Alexa2009年1月排名中，7天网站流量首度超越宜必思（国际），排名第一，成为全球第一酒店网站。

在强大的技术优势领跑下，7天全方位地运用了互联网的各个综合渠道。从最具影响力的搜索引擎"百度联盟"到生活咨询搜索平台"去哪儿""酷讯""口牌网"，从综合性虚拟社区"天涯""51.com"到门户网站"新浪""腾讯"，从即时通信到支付平台，7天酒店已经把触角全面深入整个互联网中。

消费者可通过触手可及的网络，获取7天连锁酒店免费会员注册入口及酒店预订入口提交订单的服务。据悉，在7天总交易量中超过60％的比例来源于会员在网上和手机WAP预订，这样的比例在所有经济型酒店中是最高的。

7天所使用的网络营销方法有如下四种。

1. 搜索引擎营销

在各大搜索引擎，如在百度、谷歌、雅虎、搜狗、有道等都对"7天""连锁""连锁酒店""酒店"这些关键字进行关键字竞价排名、关键词广告，并且在基于网页内容定位的基础上在各大门户网站、社区投巨资做软硬广告。

2. 网站资源合作

利用自身网站的资源与合作伙伴开展合作，进行交换链接，主要链接的网站有综合社区（如西祠胡同）、社交网站（如人人网、百合网）、旅游网站（如西安旅游网、桂林旅游网）、门户网站（如中国视频门户），等等。

3. 信息发布

在自身网站和各大搜索引擎发布关于酒店优惠促销活动、最新动态资讯、新产品等信息。

4. 网络会员制营销

营销方面 7 天摒弃了依靠旅行社和酒店代理机构的方式，坚持推广会员制。传统酒店每卖出一间房，分销代理商就要抽走 20% 甚至更多的交易额。然而，7 天采取会员制营销节省了大部分的分销成本，而且能把更多的利益回馈消费者，这样有助于培养会员的忠诚度。7 天目前已搭建了行业内庞大的会员体系，拥有会员超过 500 万人。

二、希尔顿饭店集团电子商务应用

希尔顿饭店集团在世界上 55 个国家和地区经营着超过 2 100 家连锁饭店。这些饭店分属不同的子品牌系列——国际港丽酒店系列、希尔顿大饭店系列、双树饭店系列、大使套房酒店系列、花园酒店、汉普敦套房旅馆系列及希尔顿度假俱乐部。

2001 年 6 月，美国 Internet Week 网站公布了 2000 年度全美电子商务 100 强企业的评选结果，希尔顿饭店集团荣膺百强之首。此次评选意在表彰这些公司利用互联网达成商业成功的努力，评选的主要依据是各家公司所取得的切实的电子商务业绩，诸如增加客户、提高收益、降低成本等。相关的调查研究了这些公司如何利用互联网增进企业与消费者及供应商之间的联系，如何开拓电子市场，以及如何利用互联网推进企业基础建设等。

希尔顿饭店集团电子商务应用具有如下特点。

（一）树立多品牌饭店集团的整体形象

希尔顿饭店集团拥有众多不同的子品牌，如其电子商务副总裁 Rosenberg 所说，希尔顿现在是多饭店和多品牌公司。其发展目标是确保顾客能理解希尔顿品牌群，该目标贯彻在希尔顿饭店集团的网站设计上，希尔顿饭店集团通过其网站把饭店集团的形象和一系列饭店成员品牌公之于众。从饭店集团网站的首页可以链接到集团品牌成员各自的网站。

品牌成员饭店网站上都有统一的希尔顿饭店集团形象标志，并且拥有统一的交互设备。希尔顿集团子品牌网站的电子商务负责人 Jeannie Moran 说："子品牌饭店网站应拥有一致的视觉形象、一致的感觉形象和一致的应用技术，但依然允许子品牌饭店注重它们个性化的服务功能。"预订界面和饭店搜索引擎界面在各个子品牌饭店之间都应保持一致，而其他个性化服务功能，如"驾车旅游线路计划"只由汉普敦套房旅馆系列独家提供，因为其客户大多数为自驾车旅游者。

希尔顿饭店集团的"常客积分消费计划"也在各子品牌饭店之间通行。在任何一成员品牌饭店网站上预订的旅游者都能得到积分，拥有积分的旅客在任何一成员品牌饭店网站上预订，都能享受优惠。

（二）面向公众的电子预订

希尔顿饭店集团的网上业务已经取得了成功，2000 年希尔顿的网上订房收入已经达到 3 万美元，是 1999 年的 2 倍以上。希尔顿饭店集团网站的成功之处是有效地把网站访问者变成预订者。据统计，1999 年 10% 的饭店集团网站访问者尝试了网上预订。

希尔顿饭店集团网站之所以能有效地把访问者变成预订者，重要的原因是合理的网站设计。希尔顿饭店集团的电子商务研究人员通过调研，认为网站不能有效吸引预订的原因在于：网站的设计不好；导航困难；反应慢；缺乏有吸引力的优惠。同时他们了解到，只有16%的访问者会逐字逐句地阅读网页上的文字。基于这些认识，希尔顿饭店集团网站在设计上突出了以下特点。

（1）将饭店和度假胜地查询功能放在显著位置。

（2）突出预订功能。

（3）重点介绍特别服务和优惠价格。

（4）重点促销周末、度假旅游、会议和团队旅游。

（5）加亮关键字。

（6）文字叙述简明，从结论开始。

（7）不大量使用图片。

（三）客户关系管理

希尔顿饭店集团具有强烈的客户关系管理意识。集团常常在内部培训中强调以下事实：获得一个新客户比维持一个老客户的成本要高出7倍；满意的客户买得很多并愿意支付更高的价格，使饭店获得更高的利润。而谈到客户关系管理时，它们认为，20%客户的离开是因为价格；而80%客户的离开是因为服务质量低下、缺乏购买后的关系维持。

希尔顿饭店集团开发了一套名为"H honor"的客户管理系统。这套客户管理系统的运营目标是：借助信息技术手段，与世界范围内的客户，包括旅游者、旅行社、会议组织者和旅游业协会保持联系。据2000年统计，希尔顿饭店集团通过"H honor"客户关系管理系统实现的客户接触总数约为500万人次/月，6 000万人次/年。

客户关系管理的基本步骤为：客户资料收集；客户细分；与客户接触；个性化客户服务。这4个步骤是"H honor"客户关系管理系统的设计基础。

1. 客户资料收集

鼓励浏览者在电子商务网站上注册，提供个人信息；为注册的潜在客户提供个性化的服务，包括发送符合顾客兴趣的新闻、每月活动信息和特色服务信息；记录个人或企业客户在网站上累计的预订量；发现有价值的客户，区分其类型和价值程度。

2. 客户细分

按客户类型细分：旅游者、常客、旅游批发商、代理商、会议组织者等。

3. 与客户接触

在网上建立"全体代理商交流中心"，进行知识交流；通过经常沟通增加代理商的主动性；"H honor"客户服务中心通过电话、电子邮件、信件等多种途径与客户联系；等等。

4. 个性化客户服务

对于重要客户免去订金；记录重要顾客的偏好和行为习惯，为他们提供更好的服务；为饭店集团"豪华度假"（HGVC）会员提供相互交流的机会；为预订饭店客房的会议组织者提供"会议策划津贴"；为长期合作的旅行商提供免费的"逍遥旅游"，等等。

（四）电子采购

为节省成本,希尔顿饭店集团在物资采购上采取汇聚需求,统一批量采购的模式。这一过程也是通过电子商务来实现的。在集团内部,希尔顿饭店集团采用一套物品请购系统。属下饭店只需使用简单的操作界面,便可直接向希尔顿设备公司线上请购所需的物品。

面向供应商,希尔顿饭店集团设计了用于物资采购的互联网商务平台,酒店集团设备公司或各子饭店通过这个平台与饭店用品供应商进行交易。2000 年,超过 500 家子饭店和 3 500 家供应商应用这个物资采购平台。其中,部分饭店已将其采购资金的 60% 投进了电子采购市场。

这一采购平台的优越性:一是能回击零散的采购需求,在与供应商的议价中获得优惠的价格,实现成本节约;二是提供采购管理和资产管理的功能;三是交易比较公正透明,能防止个人非法购买行为的发生。通过这一系统,希尔顿饭店集团完成了大量的全国性和全球性的采购。在统一的购买行为确定后,供应商可通过区域性配送,将货物送到各地的希尔顿饭店。

（五）希尔顿饭店集团电子商务应用效果

在互联网信息发布方面,互联网带来了 16% 的新增客源;95% 的成员饭店通过互联网实现了销售;10% 的访问者在网上预订饭店客房。

在网上采购方面,33% 的饭店用品供应商在互联网上与饭店洽谈商务;16% 的采购订单通过互联网完成;8% 的饭店采购资金通过互联网完成转账。

在电子商务收入方面,7% 的饭店销售收入来自互联网;16% 的订单通过网站电子商务获得;1999 年电子商务战略使 2000 年饭店集团销售收入增长了 17%。

在成本节约方面,通过互联网进行物资采购可节约成本 8%;通过互联网进行客户关系管理可节约成本 7%;通过互联网进行信息传递与交流可节约成本 59%。

本章首先介绍了酒店信息化管理的一般构成、具体实现结构及系统功能、发展趋势。分析了酒店实施电子商务的信息平台系统结合功能,并指出了酒店实施电子商务的途径、现阶段发展的不足与对未来的展望。最后介绍了两个酒店实施电子商务的案例。

希望读者熟练掌握酒店信息化系统的构成、具体实现方式与技术特征、常见应用系统。熟练掌握酒店电子商务体系结构、实现途经分析、现阶段的不足与展望。了解 7 天连锁酒店集团、希尔顿饭店集团在电子商务上的应用及特点。

1. 简述酒店信息化系统的一般组成及功能。

2. 简述酒店信息化管理系统的结构与功能。

3. 简述酒店电子商务的体系结构。

4. 简述酒店实现电子商务的途径。

5. 简述 7 天连锁酒店集团在电子商务上的应用及特点。

6. 简述希尔顿饭店集团在电子商务上的盈利特点。

第十章
旅游目的地电子商务

【本章内容】

旅游电子商务的出现,促进了目的地电子商务的发展。它将目的地的食、住、行、游、购、娱等有机地结合起来,为游客提供高质量的服务,同时改变了传统旅游市场的格局,使目的地旅游产业得到了快速、健康的发展。

旅游目的地管理组织更是努力适应这种变化,积极地依靠旅游目的地营销系统对旅游目的地进行营销,推动目的地旅游事业进步,促进目的地的经济、社会发展。

本章将对旅游目的地电子商务进行较全面的探讨。

【本章重点】

旅游目的地电子商务系统组成及业务流程;

旅游目的地电子商务的基本模式;

旅游目的地营销、旅游目的地营销系统。

引导案例

据国家旅游局最新消息,日前,贵州黔南 500 米口径球面射电望远镜入围"首批中国十大科技旅游基地"。凭借着"中国天眼"(FAST)项目高端科学技术的玄妙和游客的好奇感,"科普旅游"已经成为黔南旅游市场新的"卖点"。

据悉,此次发布的"首批中国十大科技旅游基地",旨在进一步深化旅游供给侧改革,推进"旅游+科技"产业融合发展。值得注意的是,依托"中国天眼"不仅给平塘县的旅游扶贫带来新的突破口,也给贵州省旅游产业布局带来战略转型的契机。

"中国天眼"成贵州旅游新宠

据了解,2016 年国家旅游局与中国科学院建立了工作会商机制,并将培育高水平科技旅游产品作为此项工作的突破口和先行军。为此,两部门在全国范围征集了一批国家科技旅游基地候选单位,并组织两院院士和国内知名旅游专家，重点考量科技内容、旅游资源、环境容量、基础设施、市场潜力等方面。

被誉为"中国天眼"的500米口径球面射电望远镜位于贵州省平塘县，于2016年9月25日正式落成启用。自"中国天眼"正式启用后，越来越多的人都想一窥"天眼"之貌。为确保"天眼"有良好的射电波信号接收环境，保障"中国天眼"观景台的安全运行，景区对前来游览的游客实行流量控制和网上预约，每天景区接待游客限量2000人。同时，"中国天眼"景区对周边环境还提出了近乎苛刻的"安静"要求——方圆5千米将成为无线电"静默区"，游客进入"天眼"观景台前，手机、相机、智能手环、机动车钥匙等电子产品必须提前寄存在游客服务中心储物柜。

尽管景区对游客实行限量等控制措施，但是依然挡不住游客的热情。据贵州旅发委公布的统计数据，2016年10月1日当天，景区的车流量达到800辆/小时，游客达到1.2万人。而整个"十一"黄金周期间，"中国天眼"共吸引了21.02万人次游客前往参观游览，成为2016年贵州省旅游的一个新亮点。

根据规划，"中国天眼"景区投资约50亿元，打造平塘国际射电天文科学文化园，包括天文时空塔、时光钟摆、时光刻度、喀斯特地质公园、科幻酒店、天幕商业街、航龙湾安置区、天文时光村安置区、桃源洞静默区、天坑群景区、文化园1号路、停车楼等13个配套旅游项目，将望远镜所在地打造成天文科研、科普旅游和青少年科普教育基地。目前，各项目已经开始正式实施。

克度镇天文题材酒店借势崛起

随着"中国天眼"正式启用，平塘县的克度镇这个人口3万的西南小镇，正迅速成为天文小镇。镇上的天文题材酒店，也借势崛起。

据悉，如今在克度镇上，18家酒店多借助天文题材命名。由于仅能提供400个床位，旅游区在开放初期爆满，需提前预订才能保证不夜宿街头。而在8年前，这个镇上仅有三家旅社，15元一间单间都无人问津。

正是FAST项目的实施，让多年来一直在"姓农"还是"姓工"或是"姓旅"面前摇摆不定、踌躇不前的平塘县，突然有了明晰的发展思路和方向。

"FAST项目给平塘县带来的发展机遇是巨大的，最突出的要算交通基础设施、小城镇建设和旅游业了。"平塘县委书记臧侃在接受采访时曾说，平塘县将围绕天眼、天坑、天书奇观，促进旅游产业升级。

旅游产业布局迎战略转型契机

近年来，贵州对全省旅游发展的品牌形象、空间格局、战略举措及其支撑项目进行了顶层设计，指明了全省旅游转型升级路径选择。目前，贵州正着力将旅游作为支柱产业培育，大力打造"山地公园省、多彩贵州风"旅游品牌，支持全省有扶贫带动作用的旅游景区、乡村旅游点、旅游服务体系项目建设，进一步发挥旅游业综合带动作用，促进扶贫攻坚，助推全面小康。

据悉，"中国天眼"景区所在地及邻近县份均为国家级贫困县，贵州将借助"天眼"规划打造"天文地质"特色小镇集群，拉动平塘县及临近的惠水县、罗甸县部分乡镇的经济发展。

贵州省科技厅厅长廖飞接受采访时曾表示，除增强我国科研实力外，"天眼"对贵州发展也有切实的拉动作用。"天眼"已成为贵州著名的旅游景点,"科研第一、旅游第二,我们将确保 FAST 望远镜在满足科研的前提下发展旅游"。

值得注意的是,依托"中国天眼"不仅给平塘县的旅游扶贫带来新的突破口,也给贵州省旅游产业布局带来战略转型的契机。贵州省在充分保障科研功能的前提下,积极探索科技旅游、天文旅游,利用大射电望远镜静默区的特点,在全球首次推出"静旅游"的新型旅游模式。

 引言

旅游业是 21 世纪的朝阳产业,我国将其列为大力支持与发展的绿色产业,很多地方将它视为地方经济的支柱产业,由此目的地旅游电子商务的发展被放到了比较重要的位置。研究旅游目的地电子商务系统发展规律,增强旅游目的地的营销能力,加强旅游目的地营销系统的建设就成为旅游目的地电子商务的核心议题。本章将对这些问题进行介绍。

第一节 旅游目的地电子商务概述

一、旅游目的地

关于旅游目的地现在还没有一个统一的定义。有的学者认为将一定地理空间上的旅游资源同旅游专用设施、旅游基础设施以及相关的其他条件有机地结合起来,就成为旅游者停留和活动的目的地,即旅游地。也有的学者认为旅游目的地是旅游活动中最重要和最有生命力的部分,是旅游接待的载体,是建立旅游者所需要的旅游吸引物和服务设施的所在地。

还有学者认为旅游目的地是能够吸引游客到某一个特定的地区进行旅游的一组旅游产品、服务和人造吸引物。一个旅游目的地可以是一个具体的风景胜地,或者是一个城镇,一个国家内的某个地区,某个国家,甚至是地球上一片更大的地方。

加强旅游目的地建设是旅游产业发展的一种重要的战略和发展方向。它对于挖掘各类旅游资源,发展配套产业,形成完善的、广阔的旅游产业链,提高旅游整体效益,有极大的推动作用。同时对于旅游与其他产业的整合、互动,进而促进区域产业结构调整,提升区域的可持续发展能力,具有重要的引擎作用。

(一)旅游目的地分类

按照核心吸引力初步将旅游目的地划分为四种类型:城市核心型、景区主体型、区域复合型、产业聚集型。不同类型的旅游目的地具有不同的结构和发展模式。

1. 城市核心型

城市核心型旅游目的地,是以城市作为主要旅游吸引力,并在城市实现旅游产业要素聚集,同时与其他产业形成联动、互补关系。在我国,城市核心型的旅游目的地以北京、上海、大连、杭州等为代表。

在城市核心型旅游目的地的构建中,要处理好"旅游城市"和"城市旅游"的关系,不要让城市成为单纯的游客集散地,而应该充分挖掘旅游资源,打造城市本身的休闲旅游吸引力;同时,发挥城市在交通、住宿、会议、科研、政务等多方面的优势,打造旅游与其他产业的交叉整合产品,比如商务旅游、会展旅游、科教旅游、修学旅游等,丰富产品结构,形成城市旅游目的地的独有特征。

2. 景区主体型

景区主体型旅游目的地,是以某个或某几个著名旅游区为基础和核心形成的旅游产业聚集区,如黄山、九寨沟、峨眉山、神农架、千岛湖等。

我国较早形成的一批大型旅游区,已经逐渐进入了目的地系统打造的进程中,凸显出了旅游业对地方经济和社会发展的引擎带动作用,并通过吸引力的聚合效益,增强了国际知名度和竞争力。

此类旅游目的地以大型旅游区为核心,围绕其形成交通、住宿、餐饮、购物、娱乐、旅行社、旅游管理等配套要素集群,甚至进一步整合周边文化、生态、城镇、温泉等资源,发展会议、度假、养生等旅游消费产品。景区主体型旅游区创建旅游目的地的关键在于,在增强核心吸引力的基础上,发展复合功能,形成产业聚集,并坚持可持续发展原则,形成个性鲜明的休闲生活方式。

3. 区域复合型

区域复合型旅游目的地,是以一定空间内的旅游要素、游憩方式聚合为主发展成的旅游目的地,以旅游地市、旅游区县、旅游乡镇等为主要单元,是目前我国旅游目的地建设的主力军。

在很长的一段时期内,由于旅游吸引力、旅游配套产业、旅游管理体制、旅游发展程度等因素的制约,我国大部分地区尚未真正树立"旅游目的地建设"的思想,实施目的地发展战略。

区域旅游目的地的打造,要在资源整合、形象塑造、产品组合、交通线路设计等方面下大功夫,坚持政府主导和市场化运作相结合,形成拳头产品和品牌形象。

4. 产业聚集型

产业聚集型旅游目的地,是随着旅游业的发展而出现的一种新的旅游目的地形式,以某类旅游产品或某主题旅游产品的聚合为特征形成,比如依托中关村、中国科学院、北京大学、清华大学、海淀园等诸多科教资源而形成的"中关村科教旅游区",以某个大型中心城市为核心而形成的"环城市旅游度假带",还有以乡村旅游而著名的四川某地等。

产业聚集型旅游目的地的关键在于"整合",整合旅游资源,整合产业链,整合市场资源,整合其他产业,整合不同行政区间的利益关系,形成发展的合力,共同打造一张目的地发展的"王牌"。

（二）旅游目的地管理机构

旅游目的地管理机构是旅游目的地不可缺少的部分。由于旅游目的地管理具有综合性、复杂性、联动性,旅游目的地管理机构必须发挥主导性作用,统一规划、统一管理、整体营销。引入市场化运作机制,培育旅游企业,做大做强旅游产业,并利用就业、福利、舆论等手段,提高社会支持度,形成上下一体、管产结合的产业运作结构。

在我国各级政府旅游局承担了相关职能,按照管理范围的不同可以分为以下三种类别:国家级旅游组织,如国家旅游局;省级旅游目的地管理组织,如北京市旅游局;地方级旅游目的地管理组织,如北京市昌平区旅游局。

旅游目的地管理组织的职责:国家级旅游组织是在国家层面行使对国家旅游的管理和促销。省级旅游目的地管理组织负责其所管辖的地区、省市的旅游管理和促销。地方级旅游目的地管理组织的职责是负责较小地理区域,具体的城市或乡镇的旅游管理和促销。旅游目的地管理组织的主要活动包括:信息采集活动、预订服务、市场营销、促销活动以及与旅游产品相关活动,如旅游线路开发与运营、旅游企业资质与分类、游客中心实体资源开发、人力资源开发与职业培训、旅游行业规范与管理等。

二、旅游目的地电子商务

对旅游行业的产业链有所了解的人都知道,在过去的传统产业链中,旅游目的地的经营模式多是以单向的同行渠道为主。也就是说,绝大多数的旅游目的地都会选择直接与旅行社进行合作。但随着在线旅游市场的快速发展,旅行社在整个旅游市场中所占的份额比例迅速萎缩,与此同时,旅游目的地的直客比例却在急剧上升,这就对传统的目的地经营模式产生了重大影响。促成旅游目的地旅游电子商务这一新的经营模式的诞生。

(一)目的地电子商务系统的构成要素

可将目的地旅游电子商务系统的构成要素分为四大部分,即人的要素、物的要素、财的要素和信息要素,如图 10-1 所示。其中人的要素是系统的核心,物的要素是系统的基础,财的要素是系统的保障,信息要素是系统的精髓。

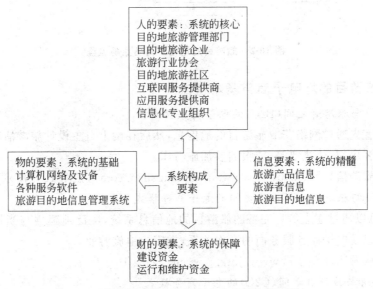

图 10-1　旅游目的地电子商务系统构成要素

目的地旅游电子商务系统是个多层次、多要素的复杂系统。目的地旅游电子商务系统经常用来整合旅游目的地的供给，具有很强的战略管理和营销管理功能，尤其表现在对旅游目的地各利益群体的协调上，能够使旅游目的地以更低的成本、更高的效率在市场上进行营销和推广。

（二）旅游目的地电子商务信息技术手段

旅游目的地电子商务是指以现代信息技术为手段，以高效整合旅游目的地各种资源为目的的一系列旅游综合服务过程。旅游目的地电子商务业务一般主要由旅游目的地管理机构（DMO）、本地旅游服务企业、旅游中间商（如旅行社）等实体活动组成，不断增加目的地对旅游者的吸引力，促成旅游者前来消费，拉动区域经济良性发展是 DMO 永久不变的第一要务。从宏观看，旅游目的地电子商务一般的业务流程如图 10-2 所示。

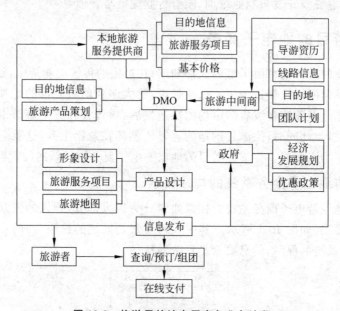

图 10-2　旅游目的地电子商务业务流程

（三）旅游目的地电子商务基本模式

1. DMO 与旅游者之间（B2C）的电子商务模式

旅游散客先通过网络获取旅游目的地信息，然后在网上自主设计旅游活动日程表，预订旅游饭店客房、车船机票等，或报名参加旅行团。

如黄山旅游信息网（http：//www.intohuangshan.com），如图 10-3 所示。

2. DMO 与旅游产品供应商之间的电子商务模式

DMO 可以通过建立信息完备的旅游目的地信息系统，广泛地建立与当地旅游企业、旅游中间商以及电子商务服务商的合作关系，推广当地旅游业。

如济南旅游网（http：//www.jnta.gov.cn），如图 10-4 所示。

3. 旅游者与旅游者之间（C2C）的电子商务模式

旅游者与旅游者之间的电子商务模式的核心是能够通过 IT 技术给那些期望更加灵

第十章
旅游目的地电子商务

图 10-3　黄山旅游信息网

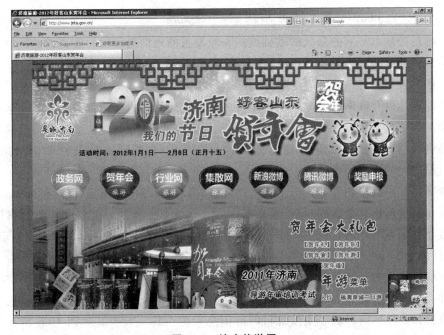

图 10-4　济南旅游网

活、自由以及个人化旅游体验的旅行者提供一个专业的平台。

如 C2C 酒店网（http：//www.c2cjd.com），如图 10-5 所示。

图 10-5　C2C 酒店网

（四）旅游目的地电子商务系统的基础设施

旅游目的地电子商务系统的基础设施是旅游目的地信息网络。它是由旅游目的地管理机构组织建设的以互联网为基础，由目的地内各种不同类型和规模的旅游信息系统和网站组成的大型信息系统。它一般分为三个层次，即内部网、外部网、互联网。

内部网是以互联网技术建立的可支持旅游目的地管理机构内部业务处理和信息交流的综合网络信息系统，用于协调旅游目的地管理机构的内部运作，使信息部门能够通过内部网络进行共享，实现信息的快速传递和无纸化办公。内部网提高了各部门的办公效率和各组织之间的协同工作能力。

外部网是内部网的延伸，通过共同的协议和标准，外部网可以支持旅游目的地管理机构发展与其合作伙伴之间的联系，建立密切的合作关系。包括旅游目的地管理机构在内的旅游业各利益群体的合作能有效地帮助目的地采取协调统一的行动，更好地制定政策、法规、计划。

互联网是旅游目的地宣传和交流的窗口。通过互联网，旅游目的地管理机构提高了与各种类型客户的沟通。同时它在旅游目的地的促销与经营方面起到了更重要的作用。

旅游目的地网络的核心是旅游目的地信息系统。其一般模式如图 10-6 所示。目前世界各国基本建立了本国的旅游目的地信息系统，如丹麦、芬兰、新加坡、中国等。这些目的地信息系统既有以国家为中心的，也有以主要旅游名胜地为中心的，我国的一些旅游大省（如海南省）也纷纷建立了以本地为中心的旅游目的地信息系统。

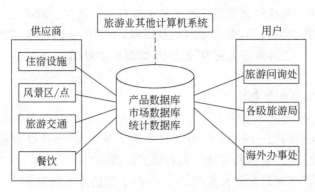

图 10-6　旅游目的地信息系统

第二节　旅游目的地网络营销

一、旅游目的网络营销概述

　　旅游目的地网络营销是指旅游目的地管理部门运用互联网技术了解旅游者需求和愿望,为旅游者提供旅游目的地信息和个性化、定制化服务,传播旅游目的地形象,开展旅游目的地宣传推广活动,引导和促成旅游企业产品交易,吸引更多的游客来旅游目的地旅游的过程。它以网络为基础,继承了旅游目的地传统营销的基本特点,又有其自身优势,能有效提升旅游目的地的市场知名度和竞争力。

　　旅游目的地网络营销是旅游目的地旅游管理部门进行宏观管理的重要工作,也是旅游目的地旅游管理部门开展旅游营销的重要内容,更是旅游目的地旅游管理部门提供公共产品和服务的重要体现。旅游目的地旅游管理部门可以借助网络媒体开展网络营销,以此推动旅游目的地旅游业的发展,增加旅游收入和旅游人数,提升旅游目的地旅游形象,增强旅游目的地竞争力,促进旅游目的地社会经济等各项事业的发展。

(一)旅游目的地网络营销策划原则

1. 政府主导原则

　　旅游业没有特定的有形产品,旅游者购买的是一系列无形产品和服务,包括一个地区的经济、环境和文化,单一经营者一般不能影响游客访问一个特定国家或地区的旅游决策。

　　设计和推广地区旅游形象,举办大型活动等可较快提升旅游业的国际竞争力。这些工作的性质决定了必须由 DMO 来承担。地区旅游业以中小企业为多,只会在特定时间、特定市场推销其特定产品,不会在更大的市场上促销,即使是大型旅游企业集团也不会开展大范围促销。而由 DMO 对目的地促销做统一规划和管理,就能保证目的地营销的完整性和整体有效性。

具有"公共物品"属性的旅游目的地促销不能有效促进单一旅游企业或旅游组织的投资。DMO 必须发挥统筹作用,合理定制利益机制,协调产业内各参与方。企业参加联合促销比自己单独促销更具经济上的合理性,从而政府的统筹可以有效地调动企业参加联合促销的积极性。

2. 强化目的地整体形象的原则

我国旅游电子商务网站基本上是商业性的网站,这些网站在营销的过程中不可避免地遇到了一个相同的问题:网站是以旅游目的地形象为主,还是以企业形象为主? 当以旅游目的地形象为主时,浏览者常常只关心旅游目的地的相关信息,并不通过该网站来预订任何旅游产品;当以旅游企业及其产品为主时,中国的旅游者并不太关心旅游企业的品牌,只关心旅游目的地。

这个矛盾必须由 DMO 来化解,旅游者会先浏览 DMO 所建立的网站,了解了旅游目的地的信息后,再决定选择哪个企业的产品,一般是把企业网站链接在 DMO 的网站上,从而形成一个完整的旅游购物流程,而且要不断培养旅游者的这种消费习惯。因此,DMO 在进行旅游促销时,必须先着力宣传国家和地区的整体形象,当旅游者对这种形象认可时,才会发生购买行为,通过链接到相关的企业网站预订旅游产品。

3. 旅游目的地营销需要系统性原则

一方面,在旅游信息搜索上,不同地区的不同人群会有不同的媒体偏好,因此应该根据这些市场偏好特征来选择不同的媒体组合进行系统的推广。旅游目的地不能依赖于单一的营销媒体,更不能根据相关领导这样的非市场消费人群的喜好来选择目的地营销的媒体。同样地,也不能机械地根据媒体的受众覆盖率来选择营销媒体。

在国内,CCTV 未必是所有潜在客源地的消费人群最喜欢的媒体,比如有调查表明,在上海最受人们欢迎的电视媒体主要是上海台新闻综合频道、上海台电视剧频道、东方台新闻娱乐频道,在广州最受人们欢迎的电视媒体则主要是市网翡翠台、省网翡翠台、南方电视台影视频道。在国外,CNN 也未必是最合适的电视媒体,因为在不同区域(如在亚洲和在欧洲)落地的 CNN 节目可能是不一样的,自然受众的情况也可能不一样。

另一方面,旅游目的地营销不仅仅是信息传播的问题,而是必须和产品开发、服务配套、设施建设等相互协调。没有科学的旅游产品开发,营销必然成为无本之木;没有有效的服务配套和设施建设,营销得越成功,恐怕对人们最终的满意度和体验效果可能越负面,糟糕的满意度必然影响旅游目的地的后续营销。正如有专家曾经指出的,我国很多旅游目的地营销是"敢吹、会吹",但往往很难"经得起吹"。

应该说,在互联网以及移动互联网快速发展的时代,信息的送达性应该没有问题,关键是信息送达的目标群体以及信息内容的确定,以及当信息送达并转化为市场的消费力之后,相应的产品与服务是否可以同步跟上。因此,在目的地营销过程中要强调整体营销,即全环境的营销,要关注少数关键点的价值,尤其要关注那些有之未必加分、缺之必然减分的环节,正所谓"细节决定成败"。

4. 旅游目的地营销的关注性原则

旅游是一种体验和经历,旅游目的地营销自然应该更加关注消费者(关注旅游者的需求和感受),而不能只关注消费(关注旅游者在当地花了多少钱、能给旅游目的地带来多少经济收入)。"消费者"与"消费"虽然只有一字之差,但是对于旅游目的地的持续发展显然会产生截然不同的影响,也是旅游目的地营销应该高度关注的。

旅游目的地营销不仅要关注产品(product)、价格(price)、渠道(place)、推广(promotion)这 4P,同时也要关注满足消费者的需求(customer's need),以消费者能够接受的成本(cost)去定价,本着方便购买(convenience)的原则进行渠道规划,变单向促销为双向沟通(communication),从而把单一的促销行为变为整合传播推广,寻找消费者更易于接受的营销方式。

只有有效整合了 4P 和 4C,一个科学有效的旅游目的地营销体系才算具备了扎实的基础。其实营销领域中不断出现新的理念,4P、4C 之后又出现了 4R、4V 等理念。所谓4R 就是关联(relativity)、反应(reaction)、关系(relation)和回报(retribution)。4V 就是差异化(variation)、功能化(versatility)、附加价值(value)、共鸣(vibration)。

(二)旅游目的地网络营销策划内容

1. 目标定位

一个旅游目的地通过网络来宣传自己时,首先要确定的是:旗帜鲜明地突出目的地的旅游形象。如香港的"动感之都"、武汉的"水上动感之都"等,都为这些目的地在品牌建立和识别方面贴上了独具特色的标签。设计成功的形象并有效地通过网络展现出来,需要进行详尽的调研,需要对目的地固有的旅游资源有创造性的了解。

2. 信息内容确定

旅游目的地常常会在网络上全方位地展示关于该旅游目的地的信息,一般包括以下内容。

(1)旅游目的地常规介绍。

(2)根据旅游中间商在回答旅游者咨询时可能遇到的问题,提供关于旅游地的详细而实用的问题解答(内容可涉及签证、货币兑换、语言、当地习俗、宗教、商店或者银行营业的时间、保健常识、小费等)。

(3)旅游交通信息(包括主要航班、航船、火车、汽车班次和公路网情况)。

(4)官方旅游咨询中心的名录和地址,以及它们提供的服务。

(5)预订功能(让旅游中间商能通过网站订购旅游产品)。

(6)旅游产品数据库查询(使旅游中间商能查到旅游地的饭店、景区点、餐厅、旅游活动等信息,最好能提供报价)。

(7)发布旅游促销信息(当旅游地推出优惠活动、免费券时,告知旅游中间商并通过它们推向客源市场)。

(8)出版物预订(使旅游中间商能通过网站向 DMO 预订年度旅游手册或培训资料)。

(9)提供目的地旅游企业名录(使旅游中间商可通过企业名称、提供产品种类等查询目的地旅游企业,与之建立联系)。

(10)提供旅游中间商注册成为会员的机会(注册时提供的全部资料将纳入客户关系管理数据库)。

（11）向本地旅游企业出售网站广告位（因为本地旅游企业希望吸引旅游中间商的注意，通过它们代售旅游产品）。

（12）公布 DMO 参加旅游展销会、交易会的计划和安排。

（13）公布旅游目的地开放新景点、推出新型旅游产品的信息（这些信息是代理目的地旅游产品的旅游中间商所关注的）。

（14）提供不限版权的旅游目的地风景图片、介绍文字和旅游文学作品、多媒体影像资料（使旅游中间商能从网站下载并自由地用于它们自己编制的宣传资料中）。

3．预算决策

营销任务必须与目标结合在一起，而开展网络营销的预算规模和成本又制约着目标的选择。旅游目的地网络营销的预算包括：开发费用、运行费用。全国性旅游目的地营销系统一般由政府独资开发，地区性的旅游目的地营销系统开发费用来源多样。例如，瑞士阿彭策尔旅游目的地信息系统的开发基金由当地私营企业提供；奥地利蒂罗尔旅游目的地信息系统的开发基金由蒂罗尔州旅游部门和国家旅游局提供。还有许多公私合营的情况。

运行费用一般由 DMO 承担。如果提供预订、广告则可酌情收费。一般不会要求查询信息的浏览者交费。如果能为浏览者提供增值服务（如旅游短信），则可收费。

（三）旅游目的地网络营销手段

1．构建旅游目的地网站

构建旅游目的地网站是网络营销的第一步。网站既是旅游目的地宣传平台，也是与消费者的互动平台。

如景区企业建立网站的目的就是吸引潜在消费者关注，并形成互动。这就要求网页内容与形式设计尽量考虑潜在客户的特征与需求，提供旅游目的地的全面介绍、旅游产品相关的各种信息，使潜在顾客访问页面后，可以通过单击按钮、搜索信息，发现兴趣点，培养起对旅游消费的进一步兴趣。

同时在网站的设计上要考虑基于搜索引擎优化。基于搜索引擎优化是一个技术工作，必须聘请专门的技术公司来实施，通过搜索引擎优化使景区企业获得搜索引擎收录并在检索结果中排名靠前。如果一个网站排在主流搜索引擎的结果页面的首页或第二页，意味着更多的流量和关注度，也就意味着更多的销售机会。

2．网络社区营销

网络不仅是一个媒体，更是一个有着整合、互动、参与功能的平台。目前很多旅游目的地企业所开展的网络营销还局限在打广告阶段，平台应用的意识不够，不能通过网络形成景区口碑效应，品牌的核心价值体现不出来。其实网络营销的手段非常丰富，如网络新闻、博客、论坛话题营销、SNS 社区等，关键是看如何应用这些手段达到企业营销的目的。

网络社区营销的核心是"让用户参与"，注重网民的情感交流，在互动中形成口碑传播，意见领袖在网络社区中扮演重要角色。如在遥远的云南西北边境，有一个几乎与世隔绝的少数民族自治区叫怒江。它位于青藏高原的南缘，高山深谷，经济非常落后。而当我们从互联网上查询"怒江，旅游"这个关键词的时候，能找到的网页数量多达 60 万篇，其中大部分是知名旅行者、行业名人、驴友或背包族的介绍、摄影作品和自助旅游攻略等，这新信息丰富翔实的内容都保存在不同的网站上、博客中。景区每年搞的网络摄影大赛、网络博客大赛等还在源源不断地吸引更多的潜在游客关注。

3. 网络视频营销

网络视频营销是近年来一种新的网络营销形式，增长十分迅速，与博客营销一样，强调网民的互动性，需要精心的策划。网络视频营销与其他营销方式相比具有很多优势，一是好的视频能够不依赖媒介推广即可在受众之间横向传播，以病毒扩散方式蔓延。二是目前网络视频营销的价格也相当低廉，一段视频广告的制作成本可能仅需十几万甚至几万元，不到同类电视广告的 1/10，但传播效果并不逊色。三是优秀的网络视频营销能够与用户互动，摆脱了电视广告的强迫式，更加将品牌内涵进行引申，加强传播效果。

4. 即时通信营销

即时通信营销是利用互联网即时聊天工具进行推广宣传的营销方式。尤其最近几年利用 QQ、MSN 等即时通信软件进行营销大有愈演愈烈之势。使用即时通信营销的优点是可以很方便与客户沟通，维护客户关系，并且可以迅速带来流量，但是需要注意通过这种营销方式，处理不当会给用户带来不好的影响，会对自身品牌有一定的影响。通常即时通信营销常配合网络营销其他手段或地面推广活动共同应用。

5. 新媒体营销

新媒体是近年来不断出现的一个新名词。就其划分界限，一般认为只要与传统媒体有所区别，都可以称为新媒体。比如手机媒体、交互式网络电视、移动电视、移动信息平台等。新媒体较之传统媒体有其自身的特点：传播状态的改变，由一点对多点变为多点对多点，消除媒体之间、受众群体之间、产业之间等的边界。

新媒体可以与受众真正建立联系，同时，它还具有交互性和跨时空的特点。比如目前北京周边有些景区开始与中国电信 12580 合作，用户只需要拨打 12580 就可以方便查询周边景区介绍、交通、住宿、购物和美食等详细信息，并可以参与到互动环节，赢取免费门票等。还有些景区选择了城市公交移动电视作为品牌传播平台也取得很大成功。新媒体营销在旅游行业的应用已经越来越重要，而且随着技术发展有超越传统媒体的趋势。

二、旅游目的地营销系统

旅游目的地营销系统（DMS）是由政府主导、企业参与建设的一种旅游信息化应用系统，为整合目的地的所有资源和满足旅游者个性化需求提供了一个完整的解决方案。

（一）旅游目的地营销系统的功能构成

一个完整的旅游目的地营销系统不仅仅是一个简单的传递旅游信息的网站，它更是一个依靠互联网和信息通信技术进行旅游宣传营销的平台。作为一个信息化的营销平台，它在满足旅游者需求的基础上提升了旅游目的地的知名度，实现了目的地的主动营销。一般认为旅游目的地的营销系统主要包括以下组成部分。

1. 目的地营销传播系统

目的地营销系统通过各种媒体传播旅游信息，如网站、触摸屏、电话、手机短信等。

2．旅游信息搜索系统

旅游信息搜索系统主要指旅游者通过网络搜索引擎、手机查询等方式搜索到自己需要的旅游信息，包括搜索入口、旅游信息数据库、网络用户界面等。

3．旅游产品预定系统

通过预订系统，客户和咨询中心可预订各类目的地旅游产品，游客可用信用卡预订或通过咨询中心、酒店以及机构客户（旅行社和公司）账号等信用实体预订，例如，无信用卡的游客通过酒店触摸屏预订演出门票，酒店需输入密码方可预订，酒店将对此预订承担信用担保。

4．旅游信息即时服务系统

通过建立完善的数据库，利用移动信息设备，为旅游者提供最为及时、便捷的个性化服务，例如移动旅游信息服务、即时交易等。它需要旅游信息供应商、旅游者、移动信息服务商的合作。

5．旅游路线的自动生成

通过建立强大的数据库，为旅游者提供最为快捷的个性化路线，实现旅游路线的定制，其中涉及用户交互界面，提供电子地图等功能。

（二）旅游目的地营销系统使用的主要技术

1．计算机及互联网技术

计算机及互联网技术主要包括互联网以及 Web 技术。互联网技术融信息、通信、计算机技术等为一体。Web 通过超文本的方式，把因特网上不同计算机上的信息有机地结合在一起，并通过超文本传输协议（HTTP），从一台 Web 服务器转到另一台 Web 服务器上检索信息。还有新兴的 Web 2.0 技术，通过建立语义数据库把信息归类，便于搜索与查询。

编写网页的语言除了 HTML 外，出现很多新的支持互动页面的语言，如 ASP（Active Server Pages）、JSP（JavaServerPages）、PHP（Hypertex Preprocessor）。HTML 是客户端的表示语言，它只负责把网页原封不动地从服务器传送到客户端的浏览器上，然后从浏览器上显示出来，3P 语言的作用是在服务器端运行的语言。

比如说一个网站要发布 1 000 个城市的天气预报，如果只用 Html，那么每天都要手工制作 1 000 个页面，那就太累了，而用 ASP/PHP 只需要把数据放在数据库中，然后制作一个 ASP 页面，这个页面在服务器上执行相应的指令，数据库中读取数据自动产生各个城市的页面。

2．多媒体技术

多媒体技术能够完成在内容上相关联的多媒体信息的处理和传送，如声音、活动图像、文本、图形、动画等；此外，多媒体技术还可以实现网络联结，即各种媒体信息是通过网络传输的，而不是借助 CD-ROM 等存储载体来传递的。多媒体技术涉及面相当广泛，主要包括如下方面。

音频技术：音频采样、压缩、合成及处理，语音识别等。

视频技术：视频数字化及处理。

图像技术：图像处理，图像、图形动态生成。

图像压缩技术：图像压缩、动态视频压缩。

通信技术：语音、视频、图像的传输等。

多媒体技术发展已经有多年的历史,到目前为止声音、视频、图像压缩方面的基础技术已逐步成熟,并形成了产品进入市场。

3. 营销技术

营销技术主要是搜索引擎功能的优化。网站提供"海量"的网页,搜索引擎不可能每次在人们输入一个词时就把所有的网站搜索一遍,而是在提前的一个时间点做搜索,并把搜索的结果储存在一个巨大的数据库里。结果通常按照相关性顺序排列,其中关联程度最高的网站排在第一位。

搜索引擎的工作就是找出哪些站点最有可能与检索词有关联性:不但统计出单词数量,而且还能找出这些单词在页面上的位置。因为能开发一个返回真实有用结果的搜索引擎实际上体现了产品的差异性,因而极具竞争力。通过依靠用户行为而形成自己资源网站的排名,这样的搜索引擎能保持竞争力。

以上分析提供了如何设计网页的信息,以便在搜索引擎中的排名能够上升。用户使用计算机时会在两个地方留下记录:拜访过的网站和自己用的计算机。这种从成千上万的用户中收集的信息,能告诉网络营销者哪些页面更受欢迎、谁是老客户、该网站被集中访问的时间和频率等。这些分析为网站重新设计提供了依据,因为营销人员能由此了解哪些网页更受欢迎。

4. 安全方面

信息服务系统设计时要尽可能考虑到网络的安全性,在维护网络安全方面可以运用两种技术。

(1) 防火墙技术。它的主要作用除了防止未经授权的对互联网的访问外,还包括为安全管理提供详细的系统活动的记录。运用防火墙软件,检查访问者的合法性,可确保系统的安全,因此要优先使用这种技术。

(2) 用户使用权限技术。通过设定用户的权限,从而防止非法用户的侵入。根据不同的项目系统和数据性质考虑,进行数据使用权限的界定。在系统中可把用户类型分为区内用户、区外用户、有业务联系的用户、信息中心的普通用户、信息中心的管理人员,再按照用户的类型设置用户的使用权限,必要时设立用户权限认证窗口,使得进入系统必须凭借密码,如表 10-1 所示。

表 10-1　不同用户类型的使用权限

用 户 类 型	使 用 权 限
区内用户	可访问项目的公共信息,进行简单查询
区外用户	可访问项目的公共信息,进行简单查询
有业务联系的用户	除可访问业务和公共信息外,还可进行业务数据的交换
信息中心的普通用户	可访问业务和公共信息,进行信息发布,建立数据库和表,授予或取消用户相应的访问权限
信息中心管理人员	可创建用户和数据库,并授予或取消用户的相应访问权限

5. 形象展示

DMS对旅游形象的传达包括三项要素:DMS的网址、网站主题和网站标志。网址设计要有特色,简单易记;网站主题一般是用一句简短有力的宣传口号对区域旅游形象进行定位;网站标志的设计应简洁鲜明,和网站主题宣传的理念和谐统一。通过网络手段定位区域旅游形象,可以在若干网页反复传达,视觉印象深刻,与传播媒体相比,能强化游客对区域旅游整体形象的认识。

6. 电子地图技术

电子地图技术是融地理信息系统技术、数字制图技术、多媒体技术和虚拟现实技术等多项现代技术为一体的综合技术。电子地图是一种以可视化的数字地图为背景,用文本、照片、图表、声音、动画、视频等多媒体为表现手段的展示城市、企业、旅游景点等区域综合面貌的现代信息产品,它可存储于计算机外存,以只读光盘、网络等形式传播,以桌面计算机或触摸屏计算机等形式提供大众使用。

由于电子地图产品结合了数字制图技术的可视化功能、GIS技术的数据查询与分析功能以及多媒体技术和虚拟现实技术的信息表现手段,加上现代电子传播技术的作用,它一出现就赢得了社会的广泛兴趣,有"大众GIS"之称。

(三)旅游目的地营销系统的构建途径

1. 建立旅游信息数据库,实现旅游信息的有效管理

旅游信息数据库包括两方面的信息:一方面是旅游产品的信息,如景区景点、交通、天气、餐饮、住宿等方面,通过语义Web将这些信息有机的编排,以便根据旅游者的需求特点将最为有用的信息快速、完整地提交给旅游者。这方面运用到语义网技术,即通过建立语义网数据库,实现旅游信息的有效管理,为用户提供最为便捷的信息服务;另一方面是旅游者的信息,旅游者信息数据库主要针对的是实施有效的用户关系管理。

网络营销的竞争是旅游者资源的竞争,虽然与其他行业相比,旅游目的地保持老顾客相对来说比较困难。但随着网络的不断发展,旅游者之间的信息交流也越来越方便频繁,考虑到口碑效应对潜在旅游者决策的影响,旅游目的地还是要注重客户关系的管理,从而鼓励旅游者向其他人推荐旅游目的地。

旅游者数据库的建立,需要收集旅游者个人的信息,这些信息一般可以来自网络上旅游者的注册信息也可以来自市场调查、预订情况、意见反馈表、投诉等。在实行客户关系管理时,应运用专门的信息技术数据库,利用网络与旅游者保持一对二的交流,从而为旅游者提供完全个性化的信息。

2. 提供网络虚拟体验,实现形象演示功能

形象演示的功能指利用网络手段对旅游目的地的产品与服务进行虚拟化的演示,目的是通过旅游者在网络上的虚拟体验,全面宣传与推广旅游目的地。网络虚拟体验包括现有景观的模拟和再现景观的模拟。以往对旅游目的地景点的介绍多以文字、图片为主,缺乏全方位的立体真实感。

如果利用三维技术,给游客一种身临其境的感觉,会有效地提升产品的销售。特别是对于一些体验性的娱乐项目,动态地演示其过程会让消费者一目了然,对产品充满期待。

3. 移动旅游信息服务系统的构建与服务

旅行社与移动通信商合作,构建移动旅游信息服务平台。以旅行社整合过的旅游信息为信息来源,以移动通信商的移动通信网络为传输通道,构建移动旅游信息服务平台,通过平台与自助旅游者交流互动。提供全程旅游信息服务,从而满足自助旅游者个性化的要求。旅行社整合过的信息借助移动通信商的移动通信网络,通过数据通信业务等多种手段传送到移动手机上,促进自助旅游者对信息的提取。当然,自助旅游者也可以主动发送需求短信或者到移动旅游信息服务平台上进行信息查询,再由平台将查询结果发送到自助旅游者的移动手机上。

第三节　旅游目的地网站建设案例

一、海南省旅游目的地网络营销系统

海南旅游目的地营销系统,如图 10-7 所示,符合国家"十一五"规划项目"金旅工程"及"旅游目的地营销系统"的总体要求和标准。它依靠海南省旅游信息数据库建立了海南旅游信息服务公众网络,它是旅游行业信息的交流平台,同时是以海南省为基础延伸至全国乃至国外的全方位的宣传营销体系,它提供全面、及时、准确、权威、实用的旅游信息,通过数字化技术推动产业的发展,加强旅游业内信息交流,全面提高面向旅游者的信息通达性,增强旅游宣传的效果,提高市场业务运作水平。这一系统的使用有助于打造"海南旅游",这个国际著名区域旅游品牌。

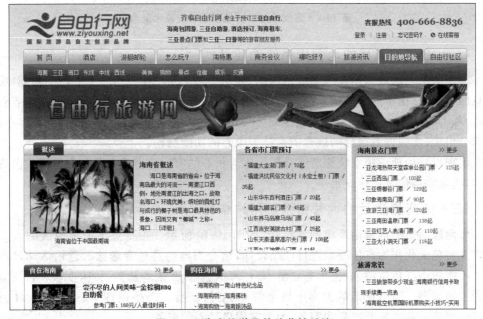

图 10-7　海南旅游目的地营销系统

（一）海南旅游目的地营销系统技术架构图

从系统结构的角度看旅游目的地营销系统，是一个四层结构的体系，如图 10-8 所示，从里到外依次为：

信息数据层：作为核心综合数据库存储信息数据。

信息表现、管理层：作为信息数据的表现形式和管理形式。

信息通道层：作为信息传播的通道和介质。

信息获取层：作为信息获取的终端——人的不同群体。

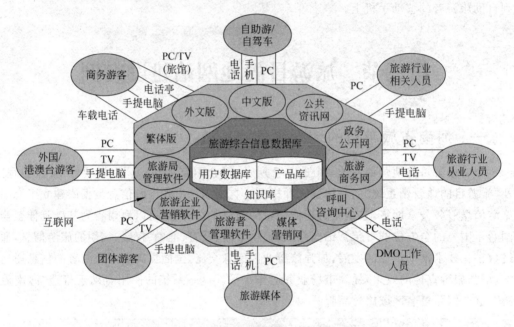

图 10-8　海南旅游目的地营销系统技术架构

（二）海南旅游目的地营销系统功能结构

海南旅游目的地营销系统功能结构图，如图 10-9 所示。由 DMS 五大产品功能（旅游信息服务系统、旅游网络分销系统、旅游网络营销系统、旅游业务管理系统、网站内容管理系统）和 DMS 三大客户端（DMS 旅游局客户端、DMS 旅游企业客户端和消费者客户端）两部分组成，实现以海南目的地营销系统为中心的功能结构。

实现以目的地营销系统旅游综合数据库为核心的海南旅游政务平台和海南旅游商务平台，提高海南信息化建设水平。

（三）海南旅游目的地营销系统网站结构

海南旅游目的地营销系统网站结构，如图 10-10 所示。主要突出海南地区的人文景观以及特色文化作为宣传要点进行产品设计，结合当地的特色专题旅游营销活动带动市场。打造海南红色旅游、绿色生态旅游、蓝色海滨旅游、工农业旅游、休闲度假和自驾游等特色主题旅游。吸引更多的游客来海南观光、度假旅游。产品预订中心提供吃、住、行、游、购、娱等一站式旅游产品和服务，为游客提供贴心的服务。

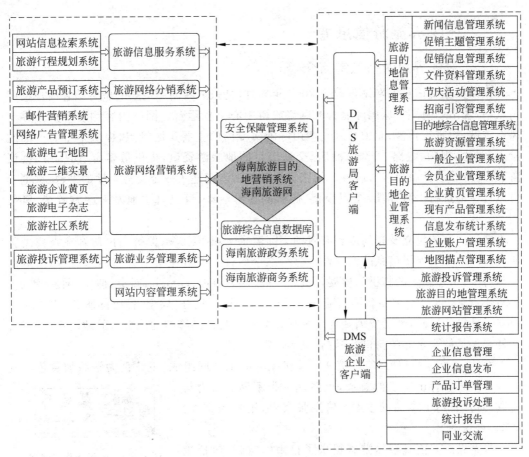

图 10-9　海南旅游目的地营销系统功能结构

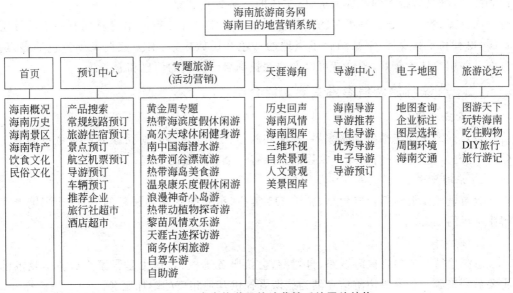

图 10-10　海南旅游目的地营销系统网站结构

二、张家界旅游信息港

（一）张家界旅游信息港简介

张家界旅游信息港网站创建于 2002 年 6 月,是张家界创建最早的旅游综合门户型网站之一,现由湖南湘中旅国际旅行社网络旅游中心全权运营。网站内容侧重于张家界及凤凰古城,附带有长沙、韶山、岳阳、衡山等湖南境内的主要景区景点,提供丰富而全面的景点、图片、视频、线路、天气、酒店、交通等目的地旅游资讯,提供散客游、团体游、会议游、自驾游等多种旅游接待服务。给张家界的旅游者搭建了一个交流互动的平台,浏览者可以自主地进行出游征伴、景点投票、旅游问答等活动,可以自主地发表旅游游记、风景图片。

网站内容的设立及布局以旅游者的实际需求为出发点,确保每一位访客在查找浏览便利的同时也确保了信息的实时性、实效性、全面性。服务注重信誉与品牌,推广注重广泛与力度,历经多年的打拼与发展,现已根深蒂固。百度、Google、新浪、搜狐、网易、雅虎、HAOL123、265 等众多知名网站随处可见该网站身影,良好、周全、信誉的服务,也在业界树立了良好的口碑,现已发展成为张家界知名的且具备品牌型的旅游目的地门户型网站。是外来人了解张家界的窗口,旅游张家界的第一站。

网站 LOGO 简单明了,以英文 e 及张家界的山共同组成,主体色为翠绿加黄色。既体现了张家界青山绿水的意境,也体现了张家界的活力与进取,同时表达了本站的主题：信息张家界,旅游张家界,如图 10-11 所示。

图 10-11 张家界旅游信息港 LOGO

张家界旅游信息港给游客提供了自由的空间,包括旅游征伴、旅游问答、旅游投票,旅游者还可以自由地发表游记和照片,满足旅游者的心理需求;以实体的旅游景点和旅行社为支撑,相比而言拥有更多的优势。湖南湘中旅国际旅行社本身就拥有一定的社会资源,也有利于其发展;网站结合了当地的特色和民族风俗,努力挖掘民族特色的亮点。且网站的用户体验较好,浏览者可以方便地找到自己需要的信息和服务。

（二）张家界旅游信息港主要功能介绍

1. 景点介绍

景点介绍主要包括感知张家界、神秘湘西等栏目。主要是对张家界所有景点的一个介绍,让浏览者在第一时间对张家界的景点有一个较全面的了解。

2. 旅游资讯

旅游资讯主要包括门票价格、旅游 315 等栏目,介绍张家界最新的信息,让浏览者了解张家界的动态。

3. 旅游接待

旅游接待主要包括旅游线路、自驾游、会议服务等栏目,这也是张家界旅游信息港的主要盈利来源。张家界旅游信息港为旅游者提供其他相应的附加服务。

4．互动交流

互动交流主要包括旅游征伴、旅游游记、旅游问答、景点投票等栏目，旅游者可以在网站上自主地发布旅游征伴信息、旅游游记、心得、旅游图片等，给浏览者搭建了一个自主交流的平台。

5．会员中心

对于注册的会员，张家界旅游信息港提供了一个会员中心，在这里，会员可以有效方便地管理自己的账户。

6．交通和酒店

交通和酒店主要包括折扣机票、火车时刻表、酒店预订等，为浏览者提供旅游过程中出行和住宿等必要的服务。这也是张家界旅游信息港的主要利润来源之一，网站主要是通过收取机票、酒店的佣金来获取利润。在网站上浏览者可以查询机票、火车票、酒店的价格，进而预订，如图 10-12 所示。

图 10-12　张家界旅游信息港酒店查询界面

 本章小结

本章主要讲述了旅游目的地电子商务系统构成、业务流程及基本模式，以及旅游目的地营销原则、策划内容和手段。通过学习要求熟练掌握旅游目的地电子商务系统的构成及基本模式，理解目的地电子商务的概念和业务流程。熟练掌握目的地网络营销的原则、内容策划、手段、构成及功能。了解海南省旅游目的地网络营销系统和张家界信息港的功能和特点。

本章习题

1. 简述旅游目的地的概念及旅游目的地电子商务系统的组成。
2. 简述旅游目的地电子商务的业务流程和基本模式。
3. 简述目的地网络营销的原则、内容策划及手段。
4. 简述旅游目的地营销系统的构成与功能。

第十一章
航空公司机票业务电子商务

【本章内容】

本章从航空公司机票交易的角度,分析了航空公司机票销售的两种途径:中国民航的 GDS 和航空公司基于机票销售的电子商务活动,同时对南方航空公司机票业务的电子商务案例进行了分析。

【本章重点】

中国民航的 GDS 运行环境、系统结构和功能;
航空公司机票业务电子商务特点和发展方向;
南方航空公司机票业务的电子商务发展的特色。

引导案例

2016 年 7 月 21 日,同程旅游与奥凯航空在苏州签署了微信机票战略合作协议,并正式对外公布与奥凯航空首发合作微信机票 2.0 版本。据了解,本次战略合作基于微信机票 2.0 版本,同程旅游将微信机票平台与奥凯航空公众号进行数据打通,从而实现用户在微信机票上无缝跳转到奥凯航空公众号,享受航空公司提供的专属服务。

同程旅游机票事业部 CEO 徐建中介绍,同程旅游本次推出微信机票 2.0,是以开放的心态与航企共同探索移动互联网营销新模式,在民航大数据、会员体验、增值服务等多个领域与航空公司直连接口,从而打破平台与公众号的使用壁垒,使得用户可以在微信机票平台中自由切换到航企公众号,享受官方的差异化服务,保证用户体验一致化、产品丰富化、服务规范化。

徐建中表示:"同程旅游机票事业部一直致力于为用户与合作伙伴创造价值,从 2012 年 PC 时代分众营销系统的推出到 2014 年微信机票 1.0 版本的发布,再到今天微信机票 2.0 的公布,同程旅游致力于为民航产业链开发创新营销方案,并带动整个线上机票销售行业的技术革新。"

奥凯航空市场部总经理韩蓓表示，奥凯航空十分高兴与同程旅游达成战略合作。"与同程旅游的合作对于奥凯航空互联网营销模式是一个全新的开端，未来双方将通过这一契机，合力打造出更多高端产品，为广大旅客带来全方位多角度的新型旅游服务，以真心服务用户，以产品回馈社会，力争在业内引领一股全新的营销模式浪潮。"

据悉，随着同程旅游和奥凯航空战略合作协议的签署，未来双方将在市场营销、产品开发与创新、客户服务等各个方面进一步扩大合作范围，优化产业链结构，共同打造民航业新的风向标。

奥凯航空是经中国民用航空局批准、中国内地第一家开飞的民营航空企业，于 2005 年 3 月 11 日开航。总部设在北京，下设天津分公司与湖南分公司，在天津、长沙、西安、哈尔滨、烟台、阿拉善盟设有运营基地。截至 2016 年 5 月，奥凯航空拥有 33 架飞机（19 架 B737 系列客机、1 架 B737 系列货机、13 架新舟 60 飞机），累计执飞 100 多条国内外航线，运送旅客超过 1 900 万人次。目前，奥凯航空已成为总资产超过 70 亿元、年营业收入 30 亿元以上的航空运输企业。

同程网络科技股份有限公司是中国领先的休闲旅游在线服务商，创立于 2004 年，总部设在中国苏州，连续四年入选"中国旅游集团 20 强"，2015 年位列第 8 名，是中国在线旅游行业三大企业集团之一。目前公司在中国景点门票预订市场和邮轮领域处于领先位置，并积极布局境外游、国内游、周边游等业务板块。2016 年服务人次超过 3 亿，年均增长 300%，让更多人享受旅游的乐趣是同程旅游的使命。

 引言

航空业走电子商务发展之路早已成为不争的事实，无论是国外还是国内的航空公司都在谋求自己的电子商务未来，而差异化战略和用户驱动的服务体系无疑将是这场战役成功与否的关键所在。它不能简单地等同于曾经的电子客票销售，也不能仅仅是指公司网站，而应该是通过全球互联网络和自有网站销售机票、提供自助服务并与客户交流信息的一种全新的经营方式。

第一节　中国民航的 GDS

全球航空旅游服务分销系统（GDS）是基于计算机网络和主机系统的，包括航空公司座位情况、航班时刻、酒店、出租车、旅游场所等一系列旅游信息的产品销售系统。目前，全球民航业通过 GDS 的销售量约占总销售量的 90%，是航空机票销售的主要渠道。

1986 年，在民航总局的统一领导和部署下，由当时的民航局计算机中心（中航信的前身）引进的中国民航旅客计算机订座系统正式投入使用。国内航空公司国内航班随即陆续加入该系统。随后，为适应国内机票销售代理业务蓬勃发展，遵循代理分销订座系统与航空公司订座系统相互独立的国际惯例，在原订座系统的基础上，完成了代理人机票售票系统(CRS)与航空公司订座系统(ICS)分离的工作。在此基础上建设了中国航空旅游分销系统(GDS)。

一、GDS 运行网络环境

GDS 数据传输系统为中国民航数据网,它以 ATM 信元交换技术为核心,是为中国民航代理人机票售票系统、航班控制系统、离港控制系统(DCS)、航空运输、航空保险、民航信息管理和民航辅助决策等提供实时数据的大型计算机网络。

中国民航数据网能够实现对 ATM、X.25/HDLC、IP 及语音等业务的支持,并能提供专线连接、VPN、局域网互联、程控交换机互联等高质量网络服务。中国民航数据网为全民航所有的机场,提供良好的数据和专线服务,并支持全国机场的程控电话交换机联网、语音拨号、专线业务网络及各种规模、不同服务质量要求的 VPN 应用。

中国民航通信数据网的结构可分为三个层次:核心层、分布层和接入层,全网共有 135 个网络节点,如图 11-1 所示。其中核心层以主机资源为主,由 2 个核心节点和 8 个一级节点组成。该层 ATM 骨干网主要负责各地区空管局到总局空管局、地区空管局之间数据包的高速转发。在核心层中,总局空管局和民航总局、首都机场之间采用本地高速线路互联。

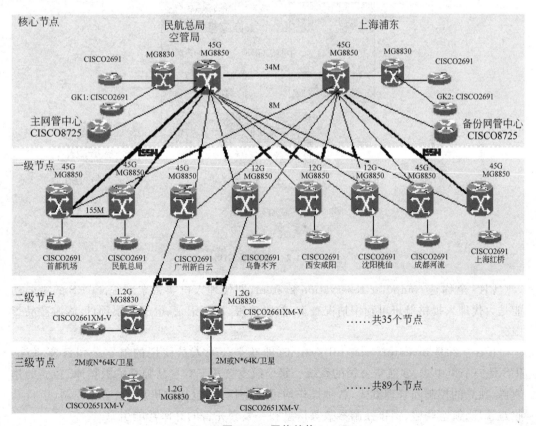

图 11-1　网络结构

分布层构成网络框架，由 7 个管理局下辖的 35 个二级节点组成。该层用于连接接入层网络到核心层网络设备，其结构以管理局所在地的一级节点为核心的星形结构，负责为本地节点的中高速业务提供接入服务，和二级节点之间、二级与各三级节点到核心层的数据转发。

接入层以用户端接入为主，由 35 个二级节点下负责空管的 89 个三级节点组成和 1 个实验网节点。中国民航通信数据网以机房的骨干连接为核心层，将订座、离港、货运主机和高端 DCP 连接于核心层之上。以高端路由器作为骨干接入点，这样的网络结构设计可确保信道的通畅性。中国民航通信数据网目前采用的线路备份机制主要为卫星备份和 ISDN 备份。同时中国民航正在研发新的备份方案，力保通信的快捷、安全。

二、GDS 系统结构和功能

中航信的 GDS-Travelsky 主要功能模块，如图 11-2 所示。

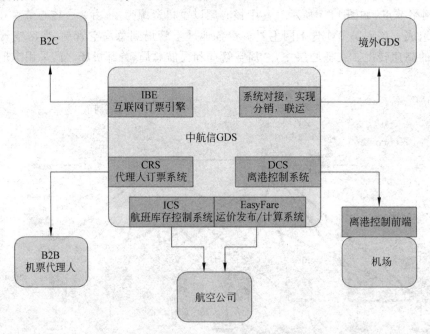

图 11-2　中航信 GDS

CRS 全称是 computer reservation system，即代理人机票售票系统。CRS 的主要功能是为代理人提供航班可利用情况查询、航段销售、订座记录、电子客票预订、旅游产品等服务。

ICS 全称是 inventory control system，即航空公司人员使用的航空公司订座系统。ICS 是一个集中式、多航空公司的系统。每个航空公司享有自己独立的数据库、独立的用户群、独立的控制和管理方式，各种操作均可以个性化，包括航班班期、座位控制、运价及收益管理、航空联盟、销售控制参数等信息和一整套完备的订座功能引擎。

DCS 全称是 departure control system，即机场人员使用的离港控制系统。DCS 为机场提供旅客值机、配载平衡、航班数据控制、登机控制联程值机等信息服务,可以满足值机控制、装载控制、登机控制以及信息交换等机场旅客服务所需的全部功能。

IBE(internet booking engine),即中国航信互联网订座引擎,是基于互联网的开放平台技术,它为各种用户应用系统提供访问中国航信传统订座业务系统的途径,是采用 API(application programming interface)方式的接口。

上述系统的运行过程如下:假设一名旅客来代理处订购机票。此时机票代理处首先要做的就是在 CRS 系统为旅客查询航班信息,那么 CRS 系统的航班信息是从何而来的呢?CRS 系统航班信息是由 ICS 系统得来,ICS 系统的主要功能就是建立、控制和销售航班,所以航空公司就会把建立好的航班信息传送到 CRS 以便代理人查询销售航班。

如果旅客要购票,代理处需要在 CRS 系统为其建立旅客订座信息,当我们建立好记录并封口后,旅客的订座信息会传送到 ICS 系统,告知航空公司有旅客订取了某某航班的某某舱位。如果订座正常,代理处就可以为旅客出票了。

旅客拿到机票后需要去机场进行值机换登机牌登机,那么机场是如何知道旅客的订票信息呢?DCS 系统会在飞机起飞 48 小时之内对航班进行初始化,ICS 系统这时会对 DCS 系统拍发一份 PNL 报(旅客名单报),PNL 报是指 ICS 系统把这个航班上所有旅客订座过的记录信息传送到 DCS 系统以便进行旅客值机。但在航班初始化完后到航班起飞这段期间内,ICS 系统还会向 DCS 系统拍发一份 ADL 报(旅客增减报),ADL 报指航班初始化完后到航班起飞这段时间,如果有新的旅客订座和原有旅客取消座位的信息,也会传送到 DCS 系统以便对上次初始化信息进行修改。

最后,当旅客正常登机并且飞机正常起飞之后。这时 DCS 系统会向 ICS 系统拍发一份 PFS 报(最终销售报),PFS 报是指把最后所有正常登机的旅客订座信息传送给航空公司系统,那么航空公司系统就可凭这些数据进行结算了,如图 11-3 所示。

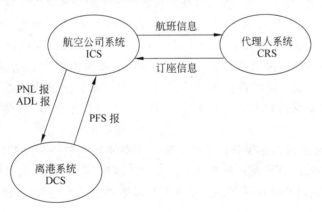

图 11-3　GDS 系统运行

三、中航信 GDS 意义与作用

(一)中信航 GDS 意义

客货运输是民用航空业的主体业务,其产品就是所飞行航班的旅客座位和货运舱位。

由于航空运输产品所具有的可消失性特点,不同于其他行业生产的产品能够在一定的时间段进行存储。航班起飞前是否能够予以尽可能多、尽可能早地销售,是航空公司争取最大利润的关键,也是航空公司全部生产和服务的最终体现。

正是民航服务产品的这一特别的销售需求,使得现代信息技术的威力在民航销售环节得到淋漓尽致的体现。

早在20世纪60年代,国际上先进的航空公司就开始引入计算机系统应用于业务处理的自动化,建立计算机订座系统。到70年代,航空公司又将其自动化服务拓展到销售代理领域。而到了八九十年代,随着世界经济全球化和旅客需求多样化,航空公司、旅游产品供应商逐渐形成联盟,为旅客提供航空运输、旅游等一体化服务,并形成了Abacus、Amadeus、Galileo等著名的GDS系统。

1986年中国民航引进美国的民航旅客计算机订座系统;1996年民航计算机中心通过对ICS的改造,推出了CRS代理人分销系统;2001年由中航信承建的GDS主体工程通过了民航总局的验收,标志着中航信完成由区域CRS到具备全球旅游分销能力GDS的转变。经过30多年发展,中航信构建起了支撑民航业发展的订座、离港、分销、结算四大商务信息系统,跻身全球GDS前四强。它掌控着覆盖中国大陆全境5 000多家代理人,占到民航机票销售总量的80%~90%。

(二)中航信GDS作用

GDS建成后,将在以下几个方面起到积极作用。

(1)有利于保护民族产业,增强国内航空公司的国际竞争力。GDS通过代码共享、电子客票、运价系统、收益管理系统、电子商务等技术的应用,使国内运输销售市场资源得到合理有效的利用,使航空公司及时把握市场动态,改善运营管理,提高经营效益、资金周转率,改变销售手段,增强国际竞争力,从而从整体上保护中国航空市场。

(2)有利于国家对民航业的宏观调控,规范航空运输销售市场。GDS拥有完备的航班数据和旅客信息,以及强大的数据统计和分析功能,可以为中国民航行业管理和有序均衡发展提供科学决策依据,便于国家随时把握国内航空公司的运营销售情况,及时进行运力和航线架构的调控与设计。同时,在技术上全面实施电子客票开账结算系统(BSP),为彻底解决代理人市场销售秩序混乱提供技术保证,为各航空公司公平竞争提供了可能。

(3)有利于促进国内旅游分销市场发展。GDS不仅是航空领域的信息平台,它还包括强大的非航空产品,特别是在旅游领域。在酒店客房、旅游景点、汽车租赁、出行向导等方面提供了方便快捷的服务平台,使GDS扩充到旅游的多个层面,推动整个中国旅游市场的信息化发展进程。

(4)可以产生巨大的经济效益。GDS强大的技术优势和广阔的开放平台,使广大百姓切身感受到信息社会所带来的方便快捷,带动整个国民素质的提高。GDS的建设还将促进国内计算机信息产业和网络技术的发展,为社会培养一批熟悉当代计算机信息和网络知识的技术人才,加快第三产业从劳动密集型向技术密集型转变的步伐。

第二节　航空公司机票业务电子商务

一、GDS 与航空机票电子商务

全球分销系统(GDS)的诞生和广泛应用早于互联网。GDS 与互联网旅游电子商务相比较,既有共同点,又有差异性。

(一)共同点

(1) 都属于可以提供数字化信息服务的计算机广域网系统。

(2) 都可以实现远程销售服务。

(3) 都适应旅游服务业的市场需要,有其市场价值和生命力。

(二)不同点

(1) GDS 的数字化信息服务必须使用限定的软硬件,而电子商务可以使用互联网的各种资源。

(2) GDS 属于主机终端体系,电子商务使用的互联网属于客户机/服务器体系。

(3) GDS 是封闭的系统,互联网是开放的系统。

(4) 由于 GDS 使用特定的软硬件,所以要上网成为 GDS 用户所需的投资较大,而电子商务有多种形式,上网开展销售的投资不一定很大。

(5) GDS 掌握在它的开发商手中,利用它进行市场销售业务时必须依靠代理商(GDS 的开发商)。而电子商务不一定需要中间商。

(6) 使用 GDS 销售要按照业务量的一定比例付佣金给代理商,而电子商务不一定要支付佣金。

(7) 使用 GDS 需要经过特定培训的专业操作,比较复杂,而电子商务的操作相当简便。

(8) GDS 在销售服务中能够提供的服务信息很有限,而电子商务中互联网可以提供丰富的信息。

(9) GDS 满足顾客个性化需求的能力远不如互联网的电子商务。

(10) GDS 的服务时间和地点远不如互联网服务的时间和地点那样广泛。

(11) GDS 的用户身份明确,网络支付和税收都不存在管理上的难题,而电子商务则相反,在安全可靠性上有难题。

(12) GDS 交易活动中服务商承担完全的商务责任,在互联网电子商务中服务商往往只承担有限的商务责任。

(13) GDS 客户是专业的商务公司,而互联网电子商务的客户范围更广,包括广大消费者及个人买主。

二、航空公司机票业务电子商务概述

我国计算机应用已有 50 多年历史，电子商务也有近 20 年的发展过程。民航是最适于发展电子商务的行业，有着广阔的电子商务发展前景。目前各航空公司纷纷建立自己的电子商务网站，提高本公司机票的直销比例。国航主页，如图 11-4 所示。

图 11-4　国航主页

航空公司机票业务电子商务为航空公司节支增收创造了新空间。在市场因素的影响下，航空公司之间的竞争越来越大，航空公司运营目标变为成本削弱及成本控制。在运营成本控制中航空公司一般采用两种手段：一种是降低佣金水平，另一种是利用电子商务创造的平台。航空公司积极开发内部订座系统并应用，在线购票可将全球分销系统（GDS）避开，节省了付给分销系统提供商的订座费用。

航空公司在自己网站上利用互联网手段进行销售，能够节省超过 2/3 的分销成本；航空公司还可以利用电子商务完成在线购买办公用品、飞机零备件、机上航食等。除此之外，航空公司在电子商务平台还可以完成其他产品及服务的网上消费，如宾馆客房、旅行保险、汽车租赁等。

航空公司机票业务电子商务为航空公司高效开发市场创造了有力工具。信息技术的应用及发展可对顾客、代理及服务供应商之间的关系造成影响，从而一定程度改变航空公司运营特点。在电子商务环境影响下，顾客可更为便利地获取信息。在选择航空公司时，顾客可充分考虑航空公司的航班时刻、常旅客计划及航空公司品牌等，对代理推荐的依赖性降低，削弱了航空公司市场营销中代理的地位，可直接建立顾客与航空公司之间的联系，有助于直接将产品销售给顾客。

互联网的应用为航空公司创造了新的营销手段，可提高航空公司市场营销力。顾客可选择互联网、电话或航空公司销售点直接订票，航空公司也可以全面掌握顾客信息，为顾客提供优质服务。利用互联网进行营销,比电话营销更为直观,顾客可以看到机场、旅馆及飞机客舱布局等,并选择喜欢的座位。

航空公司机票业务电子商务促进航空公司在定价上更灵活且与市场更为贴近。电子商务能够促使航空公司快速对市场变化做出反应,例如常见的竞争公司减价、近期订座位数不足使即将起飞的航班有座位剩余等情况,航空公司能够借助电子商务平台在短时间内发现上述情况,并给出相应的处理措施。

在具体运行中,相关管理人员或计算机程序自动出现的价格变动,均可用航空公司网站、综合业务商或者专门的在线票务代理等向市场推广。电子商务的应用能够促使顾客不经中介直接获取相关航空信息,及时掌握最新的价格及航班信息,并进行快速订票。

相关数据显示,我国大型航空公司网络直销占全部销售的 10%～20%,而美国达到 61%、新加坡达到 50% 以上,国外一些低成本航空公司网络直销占全部销售的 70% 左右。从发展阶段看,国外一些大型航空公司的电子商务在经历了信息发布与网上交易两个阶段后,目前已经发展到用户与航空公司互动的第三阶段,国内航空公司还有很长的路要走。

航空公司电子商务发展阶段如图 11-5 所示,它存在的问题集中在以下几个方面。

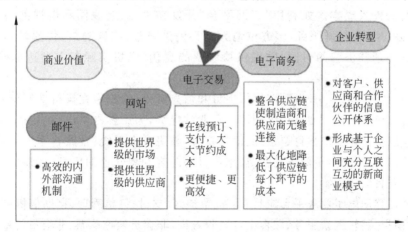

图 11-5 航空公司电子商务发展阶段

第一,服务支持缺乏整合。目前航空公司网站功能比较单一,主要体现在产品链条不完整、系统整合不全面、简化商务有差距、服务支持不统一。这都是由于公司服务支持体系未全面整合造成的。

第二,关键节点功能模糊。竞争乏力主要是没有发挥价值链的核心竞争力、内部知识管理和企业商业智能应用薄弱,需要确定核心竞争力即确定价值链实现过程中的核心组件以及进行必要的流程优化乃至流程再造。

第三,在线营销存在盲点。和传统客户相比,互联网客户更注重得到个性化产品、即时回应等方面的服务。目前营销面窄的主要原因是没有充分开展在线网络营销和有效互联网客户管理,没有很好地利用电子商务来开展 CRM 管理、扩大联合营销和拓展客源。

第四，缺少盈利模式。电子商务在航空公司是高投入低产出的局面，由于官网销售额低，节约的代理费和宾馆预订、租车代理、旅游产品分销的佣金收入远远比不上巨额投入，单独核算都处于严重亏损状况，没有建立起新的盈利模式。

未来航空公司电子商务发展应着重于以下三个方向。

第一，借"三网融合"，创新电子商务营销模式。

"三网融合"给民航业创造了更多更广的领域，广大的民航消费群体由原来的懂得上网会用电脑的人群到不懂电脑不会上网的人群，用户从年轻人扩展到所有年龄段。地域区域性由原来的城郊区域扩大到了农村，甚至可以扩大到边远的山区，达到无缝覆盖。网络区域性由原来的单一网络区域扩展到互联网、移动、电视网络区域，真正走进了千家万户，走进每个人的生活。民航业要为今后的发展提出挑战，要从自身做起，加强自身信息化建设，提高网络安全性，不断地开发适合民情的产品，要抓住这次机会，通过"三网融合"发展及推广电子商务，为广告宣传及扩展市场打下坚实的基础。

"三网融合"对民航业来说并不仅仅是为销售提供平台，还为民航业自身的发展提供了一定的空间。民航企业可充分运用"三网融合"的机会整合自身的信息网络建设，减少不必要的投入成本。如利用"三网融合"开发在手机、互联网和电视网络上查询、订票、支付及办理登机牌服务，多方位地为旅客提供服务，节省购票、付款时间，省去赶往机场排队办理登机牌的时间，并提供检验票的真伪、飞机实际起飞到达准确时间等服务。

还可利用"三网融合"开发更多娱乐项目和信息资讯，为旅客在候机楼等待起飞时打发时间和信息获取提供方便。还可利用航空业的优势，为旅客提供出行、住宿、娱乐等项目的服务。航空公司要加强订票系统、值机系统、航班查询系统、常旅客系统等系统的接入及兼容性，通过移动电子商务平台，让旅客可随时查到想知道的信息，增强旅客应用移动电子商务平台的体验感。

航空公司移动电子商务平台应具有：机票预订、支付、订单管理、自助值机、航班动态查询、天气预报、签转退票服务、知音会员里程查询，非会员快速购票、非会员订单查询、手机功能小提示、论坛等一系列丰富用户体验的随身服务，保证用户的出行无忧。同时优化交互界面及操作体验，自己建立支付平台或者支持支付宝、快钱及易宝等第三方支付方式，覆盖国内主流17家银行的信用卡在线支付，实现便捷支付。签转退票等不正常航班服务及时跟上。

第二，分析客户购买行为，创新电子商务数据库营销。

通过官网销售可以分析客户的消费偏好、访问路径、产品关注、订单、访问时间、顾客体验评价、顾客的黏度、顾客其他需求分析的数据库历史数据，得出旅客喜欢通过互联网、手机还是有线电视访问航空公司官网；关注机票还是宾馆、旅游、租车等产品；订单消费何种产品，偏好价格，是否选择机型、座位餐食偏好等；访问时间通常在什么时间，在官网停留时间，每次订单间隔时间，哪部分浏览时间较长；顾客对产品价格服务、网站速度、准确性、便捷性、支付环境的体验评价如何；旅客是否经常访问网站，浏览哪些内容，什么订单等。

根据旅客需求偏好,设计对应产品和营销方案,投其所好提高成交率,精准营销提升航空公司竞争力。比如,各等级会员(如白金卡、金卡、银卡)在目前积分奖励等方面差别基础上,推出更多激励产品或更多增值服务。同时在各等级会员划分基础上,具体进行数据库分析,有侧重地或有区分地提供产品和服务,激励其成为更高一级的持卡客户。

以金卡会员为例,通过数据分析哪些会员消费基本持续达到金卡标准、哪些会员接近达到白金卡标准、哪些会员有下降到银卡趋势?对于这三种情况,应有所侧重。对于接近达到白金卡的会员,是否在提供服务方面,比其他金卡会员标准更高一些、服务更多一些?而对于有下降到银卡趋势的会员,则应推出些激励措施,助其维持住金卡会员的身份。

总之,通过分析客户购买行为,会让我们的电子商务营销渠道真正留住那些高忠诚度、高质量、高收益的旅客,让他们切实感觉到航空公司营销模式的改变所带来的服务品质提升。让旅客明白,航空公司的网站并不是一个仅仅提供低价格的地方,而是可以给旅客带来更多价值的地方。更进一步地说,普通代理人能提供的我们都能提供,同时我们可以以整套产品设计、整合、保障方案解决旅客的出行需求和后顾之忧,毫无疑问营销效率会大幅提高,航空公司的竞争力也大幅提升了。

第三,以客户为中心,创新电子商务的客户体验平台。

航空公司的客户需求呈现多样化、个性化,需要航空公司官网专业化、高附加值、整套商旅解决方案、与客户及时互动、国际化的建设,需要航空公司做好企业内部和外部上下游产业链的协同、整合。电子商务的发展给航空公司营销增长创造了新的可能,成为扩大利润的重要手段之一,但是电子商务并不仅仅是网上售票这么简单,面对激烈的市场竞争,航空公司应当改变观念,充分利用网络功能,构建满足客户需求、提升客户体验的新电子商务平台。

三、航空公司电子商务网站的基本功能

电子商务不仅是电子交易,而是商务过程的电子化。如何将商务过程在网络的终端媒体上体现出来,是电子商务技术人员一直在探索的问题。东方航空公司的电子商务网站在这方面做了有益的探索,努力将自己从一个客户"搬运工",变成服务集成提供者,延伸自己的商务产业链。

网站提供国际国内机票、酒店、度假产品的查询和预订功能,同时还提供网上值机、订座时座位预留、特殊餐食预订、航班动态查询和短信提醒等服务。服务的范围从点到点,发展到家到家。如图 11-6 所示。

提供丰富的旅游信息。网站为用户提供了国内外各个地区的介绍,涵盖了吃、住、行、游、娱、购等各方面的内容。大到地区概况、风土人情,小到紧急电话号码、使馆联系方法,为用户出行提供了最大限度的便利。同时,网站还为用户提供了各类旅游常识,包括国家各职能部门出台的政策法规、航空旅行常识、前人经验等。如图 11-7 所示。

以"客户为中心",用信息技术支撑营销手段和服务内容的创新,通过电子商务平台为

图 11-6　机票、酒店、度假产品的查询和预订界面

图 11-7　旅游信息界面

客户提供更多精细化、个性化增值服务。如图 11-8 所示。

　　多种接入方式。网站具有多种接入方式，不仅具有传统的基于互联网的接入方式，更有新兴的基于 WAP 技术的无线网络接入方式。采用 WAP 接入方式即手机订票服务，用户可以使用带有 WAP 功能的手机随时随地订购机票或查询航空旅游信息。同时支持多种支付方式和 Web 2.0 技术的应用。如图 11-9 所示。

图 11-8　提供更多精细化、个性化增值服务界面

图 11-9　提供多种接入方式界面

提供资讯类服务，如图 11-10 所示。

图 11-10　提供多资讯界面

第三节　南方航空公司机票业务电子商务案例

一、南方航空公司的信息化建设

（一）网络基础建设

南航网络系统是南航自建、独立运作的企业内部网络，已经形成了以广州为核心、分/子公司为区域中心的辐射结构，范围覆盖国内外 39 个城市的南航 43 个分支机构；拥有各级路由节点 77 个，利用电信链路总带宽 50 Mbps；同时，南航网络具有高速国际互联网络出口，还为南航提供电子邮件、IP 电话、漫游拨号、视频电话会议等服务。南航网络为南航各应用系统的成功运作、信息沟通、数据共享提供了强大的基础平台。

南航信息网络具有典型的星形分级网络结构的特点，广州计算机中心三楼网络机房是整个网络的核心，伴随在其旁边的是南航数据处理中心（各应用服务器群）；广州网络中心既是全网的中心，也是广州园区网络的中心、南航网络与国际互联网及其他网络的接口中心。在各地，南航网络分布了众多的二、三、四级网络路由节点和交换节点。

（二）主要应用系统

多年来，南航采取自主开发、合作开发、引进等多种形式，从生产实际需求出发，对应于航空公司五大业务（商务、航务、机务、内务、财务）建设了相应的计算机应用系统，企业内部网络日趋完善，数据中心初具规模，可以说，南航信息系统构架已经基本搭建，系统集成和数据共享具备一定水平,如图 11-11 所示。

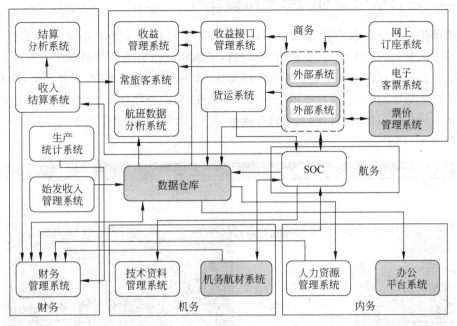

图 11-11 南航业务系统结构

1. 运行控制系统(SOC)

航班信息是航空公司的主要业务信息。SOC 系统是一个控制整个航班周期中业务运行情况的运作系统,它建立了一个航班运作过程从计划阶段到当天运作控制一体化的信息平台,覆盖了从航班计划到签派管理、放行、载重平衡、机组管理、基地管理和地空通信的所有与航班运行有关的业务,有机地集成在统一运行环境中,使整个航班运行变得规范和可控。

南航的 SOC 系统于 1996 年筹建,1998 年实施,2000 年投入生产,2002 年推广到分/子公司。系统的设计容量满足南航未来 10 年的机队发展规模。项目获得 2002 年民航科技进步一等奖。

系统采用机队集中管理、控制的模式,在航班和机组设计上引入成本最优的复杂数学模型,具备将航空公司的航班、飞机和机组三大主要资源集中统一调配的能力,能够优化航线布局,提高飞机和机组利用率,降低航空公司运营成本。

2. 电子商务系统平台

随着互联网的飞速发展,电子商务带来的巨大商机使各大航空公司趋之若鹜。网上销售是航空公司销售体系的一场革命,也是航空公司实施低成本战略的关键手段。从1999 年以来,南航在电子商务方面加大开发投入,经过多年的开发,目前南航电子商务初具规模,网上常客服务、网上订座、网上支付、电子客票等系统陆续投入使用,为南方航空的客户提供全方位的服务。南航的电子商务不管是应用范围还是销售额都走在国内航空公司的前列。

二、南方航空公司的电子商务分析

中国南方航空股份有限公司（China Southern Airlines Company Limited，简称"南航"）是中国最大的航空公司，总部位于广州白云机场。作为中国民航电子商务的领跑者，南方航空公司现在已迈上了电子商务的快车道，其秉承"客户至上"的服务理念，致力于加快电子商务建设的步伐，通过技术创新和管理创新，借助现代化网络、通信技术，不断推出多元化支付手段、自助值机、网上值机等服务，保持了国内民航电子商务数个"第一"，南航主页如图 11-12 所示。

图 11-12　南航主页

（一）南方航空公司的电子商务模式内容

国际航空运输协会（IATA）认为航空公司电子商务，就是利用互联网、自助在线服务设施等在个人、公司之间从事客票、货运销售业务的行为。国际航协在 2004 年提出了"简化商务"的倡议，并在"世界航空运输峰会"上得到与会航空公司的一致通过。该业务主要措施包括：电子客票（ET）、旅客自助值机服务系统（CUSS）、标准登机牌条码（BCBP）和电子货运，其中电子客票是"简化商务"的重中之重。

国际航协对这次产业革命寄予厚望，并把中国作为了首个"简化商务"的试点地区。南航顺应了国际航协"简化商务"的理念，开创了中国航空公司机票直销的新模式，将对航空电子商务的发展产生深远的影响。

任何一家航空公司的电子商务模式都不是一成不变的，它所依赖的技术以及经营所处的环境都在不断地改变，公司本身和竞争者必须不断自发地，或者被动地跟进这些变化，才能立于不败之地。

（二）电子商务为南方航空公司提供多样化价值

1. 向客户提供价值

一站式服务的便利。中国南方航空公司2009年4月8日正式推出全国首张手机电子登机牌。旅客购买南航机票完成网上值机后，手机就能接收到一个二维条码，凭着这个条码就可以直接到机场过安检、登飞机，再也不用排队办理登机牌，真正体验到从订票到值机、安检、登机的全程无纸化一站式便捷服务。

服务的保障。2009年是南航的"品牌服务提升年"，公司在"品牌服务年"的启动大会上提出"两个一"的服务理念，即"一切从顾客感受出发"和"珍惜每一次服务机会"。把旅客的感受作为检验服务的标准，旅客的需求就是南航的追求，"围绕以旅客为关注焦点"的基本原则，始终坚持"一切从旅客出发，一切为旅客着想，一切对旅客负责"的服务方针，坚持贯彻服务与安全同等重要的中心思想来开展优质的空中服务。

可靠性和可执行性。如果客户从南航网站购买南航的机票，他们所获的服务比从不知名的个人网站零售时所获得的服务可靠得多。当客户提供了他们的信用卡卡号时，他们会感到很放心，因为南航是非常可靠的。

2. 向代理商提供价值

品牌认知。品牌的构建和发展是航空运输企业建立持续性经营战略的主要目标，也是航空运输企业在社会效益最大化方面的具体体现。良好的品牌构建不但取决于企业资源管理和配置的合理利用，而且植根于企业高层对品牌发展战略的远见卓识。

南航坚持"以人为本"的管理理念，实施文化战略，以"让南航成为客户的首选，成为沟通中国与世界的捷径"为公司使命，以"南航人、客户至上、安全、诚信、行动、和谐"为核心价值观，倡导"对员工关心，对客户热心，对同事诚心，对公司忠心，对业务专心"的企业文化。

获得很大的客户群。2009年是南航明珠俱乐部成立的第11个年头。据悉，截至2009年12月8日，南航明珠俱乐部会员总人数已突破700万，会员分布遍及全球！近年来，为提升整体品牌竞争力，南航正通过不同服务触点满足商旅人士的出行需求，致力于打造随心商旅、提升精英会员服务体验，并提供丰富的增值服务。每一个环节都体现出南航人不断追求创新的服务理念。

保障和信用。2009年南航的官方网站（www.csair.com）推出了包含"旅程延误"保障内容的"万里通旅行保障计划"，将是旅客旅行安心的选择。"万里通旅行保障计划"包含一般性的航空意外保障，还包含了国内保险业首创的"旅程延误"保障内容。主要包括：因恶劣天气、自然灾害、机械故障、航空管制和航空公司超售等原因导致航班延误或者航程取消，旅客便能获得赔偿。自推出一年多来，该保障计划使乘坐南航航班的旅客尊享安心的旅途保障，深受旅客好评。

3. 为南方航空公司增加价值

南航承运的旅客数量连续20多年雄踞中国第一，而电子商务在南航的运用，更为南航插上了腾飞的翅膀。南航取得了一系列的成就：中国最大的航空公司——南方航空公司，被瑞士"世界经济论坛"评为"正在崛起的市场领导者"，全球共有100家企业获此殊荣,而南航是中国唯一获奖的航空公司。在航空界,南航被认为是国内最具发展前景的航空公司之一。南航在世界的航空市场变得更加有竞争力。

（三）南方航空公司电子商务模式的评价

我们从以下几个角度,对南方航空的电子商务模式进行简单的评价。

1. 客户价值

商务旅客对航空公司是重要的,因为他们更有可能在年内数次旅行,他们更倾向于购买升级了的飞行服务,导致航空公司获得更高的利润。而休闲旅游的乘客则较少购买这些优质的服务,同时他们对价格非常敏感。因此,抓住重点客户满足个性化的需求,是电子商务营销的重点。

美国哈佛商学院的一项研究报告显示:多次光顾的客户比初次登门者可为企业多带来20%～35%的利润,固定客户数量每增加5%,企业的利润则增加25%。其次,客户忠诚度的提高,不仅可以使客户重复购买,而且可以产生口碑效应,吸引更多的消费者惠顾,使企业的业绩得以提升。企业80%的销售业绩往往来自20%的顾客,一个老客户比一个新客户可为企业多带来20%～85%的利润。

2. 航线结构

航线结构对于航空公司来说是非常重要的。利润丰厚的航线是航空公司的生命线。南航的国内、国际航线盈利改善的顺序依次是:南航国际线、南航国内线。南航盈利改善幅度最大的航线占比小,因此增加南航国际线和营销力度是扩大利润的重要手段。

3. 成本结构

航空公司的成本结构主要是燃油成本、机场起降成本以及员工薪酬等,这些成本都具有相当大的刚性,不会随着收入的减少而减少。由于航线和飞机数量相对确定,因此航空公司的运载能力也相对固定,表现为可用吨(客)千米指标,由于上述原因,航空公司之间在成本上的竞争主要在油耗上,表现为可用吨千米油耗,而在收入上的竞争主要表现为客座率(货邮载运率),即运载能力的实际使用比率,以及客运收益(货运收益),即航空公司在单位客(货)的单位里程上收取的费用。

4. 网络营销

航空公司感到,以往依托旅行社和机票代理机构售票的模式,已经逐渐在网络上产生了市场,并且交易模式日趋成熟。同时,纸质机票全面退出市场,电子客票的普及将大大推动中国航空公司直销份额的增长。国航和南航这两家行业巨头显然已经制定了网络直销的整套策略。国航将最具有价格优势的机票产品尽数放在自己的网站上,而南航提供的产品显然对提前15天以上预订的用户更具有吸引力。这些举措都有效地吸引了更多用户转移至网络直销领域。

5. 支付安全

目前,国内银行卡网上支付技术以及安全保密技术均已成熟。网上支付是通过国内各大银行的支付网关进行操作的,采用的是国际先进的SSL方式加密。安全性是由银行方面负责的,并且经过国家权威机构的安全认证,安全支付是完全有保证的。

作为国内航空信息化技术的领跑者,南航电子商务平台一直致力于为旅客提供最优惠的产品、最便捷的服务和最可靠的支付方式。针对网上购票旅客最关心的支付安全问题,南航不断完善网站功能,提高支付安全的技术和标准,保证旅客数据和支付安全,避免数据被盗、丢失等风险,防范网络欺诈交易。

(四)南方航空公司电子商务的发展前景

目前,全新的电子商务模式打破了传统模式的壁垒,转向由顾客驱动型为主导的经营模式,不仅顾客化被动为主动,传统的中间商也变成信息集成商,从航空公司的代理人转变成顾客的代理人。未来航空电子商务走势应该在各个接触点上为客户提供差异化的服务,所谓的各个接触点简单来说就是从寻找信息、接触客户、形成交易、提供服务和持续关怀五个层面来为客户进行服务。

通过搜索引擎、门户网站、社交网站、邮件营销以及RSS新闻定制服务吸引用户,并通过对用户的偏好、个性、国别等方面的分析提供个性化的组合产品和服务,如身份识别、手机值机、行李托运等方面的服务。未来还将采取意见反馈、终身关怀、满意度调查等措施来保有忠诚客户并吸引新客户。

本章小结

本章从机票销售的电子化入手,介绍了民航业电子商务的发展过程。重点介绍了民航业在机票业务上实现电子商务的特点、商业模式、发展趋势和软硬件基础设施,阐述了民航业机票业务电子商务的核心为不能简单地等同于曾经的电子客票销售,也不能仅仅是指公司网站,而应该是通过全球互联网络和自有网站销售机票、提供自助服务并与客户交流信息的一种全新的经营方式这一核心理念。同时要掌握机票销售的多种业务模式,并对它们有足够的认识。

本章习题

1. 简述中国民航 GDS 的构成和作用。
2. 简述航空公司电子商务网站的基本功能。
3. 简述机票销售的常见业务模式。
4. 简述 GDS 与航空机票电子商务的相同点和不同点。
5. 简述南航电子机票业务电子商务的特点。

参 考 文 献

[1]   张劲珊.网络营销实务[M].北京：电子工业出版社,2006.

[2]   陈文伟.数据仓库与数据挖掘[M].北京：人民邮电出版社,2006.

[3]   杨安.企业信息化与电子商务[M].北京：清华大学出版社,2007.

[4]   秦城德.电子商务法律与实务[M].北京：人民邮电出版社,2008.

[5]   赵立群.计算机网络安全与管理[M].北京：清华大学出版社,2008.

[6]   刘迎春.网络营销实务[M].广州：暨南大学出版社,2009.

[7]   邹本涛,谢春山.中国旅游文化[M].北京：中国旅游出版社,2010.

[8]   董铁.电子商务[M].北京：清华大学出版社,2010.

[9]   杨路明.旅游电子商务[M].北京：科学出版社,2010.

[10] 周贺来.旅游信息化简明教程[M].北京：水利水电出版社,2011.

[11] 王广宇.客户关系管理[M].第2版.北京：清华大学出版社,2010.

[12] 王学东.电子商务的管理[M].北京：电子工业出版社,2011.

[13] 蔡敏华,刘秀峰.新编旅游文化[M].杭州：浙江大学出版社,2011.

[14] 孙苏苏.中国旅行社电子商务发展的SWOT分析与对策研究[J].现代服务业,2012.

[15] 胡华.旅行社计调与外联业务[M].北京：旅游教育出版社,2012.

[16] 张冬冬.旅行社经营管理[M].北京：清华大学出版社,2012.

[17] 张晓红.中小旅行社电子商务模式研究[J].哈尔滨商业大学学报,2012.

[18] 中国旅游研究院.中国旅行社产业发展年度报告2012[M].北京：旅游教育出版社,2012.

[19] 林灏,郑四渭.基于智能旅游的旅行社业发展模式研究[J].经济研究导报,2013.

[20] 王丹.电子商务法律实务[M].上海：上海交通大学出版社,2013.

[21] 张甜颖,刘婧.论我国旅行社营销管理策略[J].旅游纵览,2013.

[22] 张润彤.电子商务概论[M].北京：清华大学出版社,2014.

[23] 李云鹏.基于综合旅游服务商的旅游电子商务[M].北京：清华大学出版社,2015.

[24] 王忠元.移动电子商务[M].北京：机械工业出版社,2015.

参考网站：

[1]   中国国家旅游局官方网站 http://www.cnta.com

[2]   中国旅游协会网 http://www.chinata.com.cn/

[3]   北京市旅游委网 http://www.bjta.gov.cn/

[4]   北京旅游信息网 http://www.visitbeijing.com.cn/

[5]   中国会展管理网 http://www.sgcec.com

[6]   中青旅在线 http://www.CTYSonline.com

[7]   中国古镇西塘官网 http://www.xitang.net

[8]   携程网 http://www.ctrip.com

[9]   去哪儿网 http://qunar.com

[10] 艺龙旅行网 http://www.elong.com

[11] 济南旅游 http://www.jnta.gov.cn

[12] 黄山旅游信息网 http://www.intohuangshan.com

［13］ C2C 酒店网 http：//www.c2cjd.com

［14］ 中国电子商务网 www.cebn.cn

［15］ 中国电子商务协会 www.ec.org.cn

［16］ 中国信息安全认证中心 www.isccc.gov.cn

［17］ 百度文库 http：//www.baidu.com

教师服务

感谢您选用清华大学出版社的教材！为了更好地服务教学，我们为授课教师提供本书的教学辅助资源，以及本学科重点教材信息。请您扫码获取。

≫ 教辅获取

本书教辅资源，授课教师扫码获取

≫ 样书赠送

旅游管理类重点教材，教师扫码获取样书

 清华大学出版社

E-mail: tupfuwu@163.com
电话：010-83470332 / 83470142
地址：北京市海淀区双清路学研大厦 B 座 509

网址：http://www.tup.com.cn/
传真：8610-83470107
邮编：100084